日本史籍協會編

澁澤榮一滯佛日記

東京大學出版會發行

慶應三年三月朔日（一八六七年四月五日）於佛國マルセイユ　巴里萬國博覽會派遣委員一行

御儒者次席翻譯御用頭取
箕作貞一郎（麟祥）
外國奉行支配調役
日比野清治
外國奉行支配役並出役
生島孫太郎
外國奉行支配通辯御用
山内六三郎（堤雲）
外國奉行支配調役
杉浦愛藏
中奥番
三輪端藏
同
大井六郎左衛門
同
加治權三郎
同
皆川源吾
同
服部潤次郎
砲兵差圖役勤方
木村宗藏
奥詰醫師
高松凌雲
小人格砲兵差圖役勤方
山内文次郎
御勘定格陸軍附調役
澁澤篤太夫（榮一）

佛國領事
レオンジユリー
外國奉行支配組頭 向山公使附）
田邊太一
駐佛公使（若年寄格）
向山隼人正一履（黄村）
小姓頭取
菊地平八郎
徳川民部大輔昭武（十四歳）
小姓頭取
伊坂泉太郎
作事奉行格小姓頭取（保傅）
山高石見守（信離）
歩兵頭並
保科俊太郎（陸軍大佐
英國公使館付通辯
アレキサンドルホンシーボルト

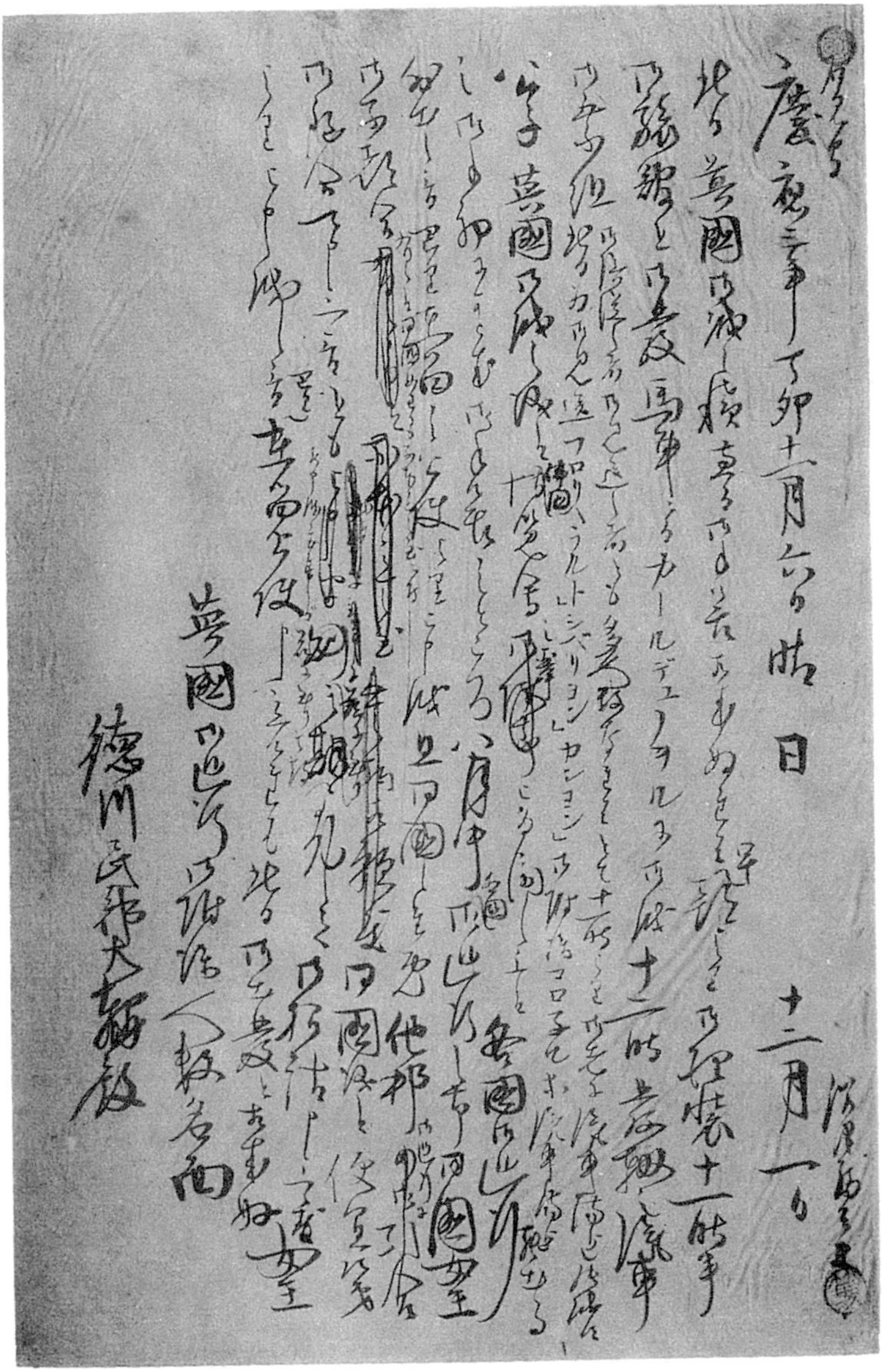

英國御巡行日誌　自筆草稿本　（本文四百六十五頁參照）

澁澤榮一滯佛日記

例言

一、本書ハ澁澤榮一滯佛日記ト題シ、德川幕府陸軍奉行支配調役澁澤篤太夫ノ筆ニ成ル航西日記、巴里御在館日記并ニ御巡國日錄ノ三書ヲ収メタリ。澁澤篤太夫トハ今ノ子爵澁澤榮一氏ニシテ、記事ハ慶應三年滯佛中ノ事ニ係レリ、

一、西曆千八百六十七年佛國巴里ニ於テ、萬國博覽會ノ開催セラルヽヤ、當時佛國ト國交アル諸國皆ナ高貴ノ人ヲ遣ハシテ、其會ニ臨マシム。時ニ德川幕府佛國ト頗ル

交際ヲ厚フセンカバ、大將軍德川慶喜ノ弟ニシテ、淸水德川氏ヲ相續セル德川民部大輔昭武ヲ博覽會ニ遣ハシ、猶序ヲ以テ締約各國ヲ巡回セシメ、使事終ツテ後、數年間巴里ニ留學セシムル目的ヲ以テ渡佛セシム。目付山高石見守信離傳役タルノ外幕臣幷ニ水戶藩士等隨行セリ。一行ノ乘船アルヘー號慶應三年正月十一日（西歷千八百六十七年二月十五日）ヲ以テ橫濱港ヲ解纜ス。

一、武藏國榛澤郡今大里郡血洗島今八基村ノ出身ナル志士澁澤篤太夫學ヲ修メ劍ヲ學ビ、天下ノ志アリ。文久癸亥歲同志ト共ニ橫濱襲擊ヲ企テシモ、機未ダ熟セズトナシ、去リテ京都ニ上リ一橋家ニ仕ヘ、勘定組頭ヨリ御使番格ニ榮轉シ、慶應二年一橋慶喜ノ入ツテ德川宗家ヲ相續シ軍職ヲ襲グニ及ビ、隨ツテ幕府ニ仕ヘ、陸軍奉行支配調役ニ就キシガ、特ニ慶喜ノ命ヲ以テ民部大輔渡佛ノ一行ニ加ハレリ。本書收ムル所何レモ當時滯佛中ノ記錄ニシテ、觀察ノ範圍ハ歐洲ノ風俗習慣等ノ社會狀態ヨリ政治、財政、美術、工藝、軍事百般ノコトニ亘レリ。後二書ハ卷首ニ石見守ノ自署アルヲ見レバ、寧ロ公記ト認ムベク、記錄ノコト多ク澁澤氏ノ手ニ成レルヲ知ルベシ。

一、民部大輔一行差遣ノ事、別シテ巴里萬國博覽會ヲ中心トシテ幕府ト薩藩トノ衝突ノ如キハ維新史上重大ナル外交事件ナルガ、此ハ別ニ史書ノ存スルヲ以テ茲ニ述ベス。本書ハ此等ノ事件ヲ研究スル上ニ貴重ナル史料タルハ疑フベカラズ。

一、本書ノ台本トシテハ、航西日記ハ青淵先生六十年史所載ニ據レリ、但シ傍訓ノ類ハ之ヲ省略ス。後ノ二書ハカツテ維新史料編纂事務局ニ於テ澁澤子爵家ノ原本ニ據リ謄寫セル副本ニ據レリ。而シテ今澁澤家所藏英國御巡行日錄ノ草稿本ト對照スルニ頗ル出入アルモ、今副本ニ從フ。又渡佛使節一行ノ寫眞ト其ノ裏面ニ認メタル役名人名書ハ尾佐竹猛氏所藏ノモノニ據レリ。

昭和三年一月

日本史籍協會

澁澤榮一滯佛日記　目次

航西日記

航西日記

航西日記敘

慶應丁卯余與靄山杉浦子基從我公使使於泰西會法京巴里有博覽會五洲列國與法締盟者各差王族貴冑以莅其會或其君主有親自來觀者而我公使與焉盖法之此會踵於英昔年之擧而更恢其規模洵曠世之偉觀足以震輝他邦也會畢公使回歷瑞白荷伊英諸邦靄山有故途歸余終始從事而其所經歷各有所筆纍々成冊矣東歸之後同移屋於不二山下耕讀之餘對牀把臂出往日之記談往日之事與夫西邦域邑之壯文物之盛以至炎海雪山瀛船鐵路風俗景物出於意想之外目眩而舌吐者共成一夢境而唯此區々冊子足以中於雪泥爪痕也乃有合輯纂正之約無幾余辱　徵書靄山亦先後出山王事鞅掌不能遂前約頃者大藏卿伊達公傳聞慫慂上梓嗚呼吾儕所記特身所歷已耳

目不遍語言不通要是漆桶若帚安足悉全象而世有未渉其境者或因爲臥游之資亦不爲無益也然則亟焉而藏之筐底寧如覗焉而公之世上遂與靄山謀公退之餘挑燈纂輯以附剞劂因思方今法與孛戰兵敗王降當時稱雄鳴豫震輝他邦之蹟俯仰之間不可復觀何其衰之忽諸哉讀此書者或有感於此事則將有得於此書之外則吾儕所記亦將不止於區々臥游之資也

明治三年庚午冬十月

青淵澁澤榮一識

航西日記

卷之一

慶應三丁卯年正月十一日（西洋千八百六十七年二月十五日）朝七時武藏國久良岐郡横濱港より佛蘭西郵船（船號アルヘー）へ乘組み送別の友人など本船まで來りしも多くねんごろにしばらくの別をつげ且此の港に來住せる諸州の人々歸省するものありて次第に乘組み同九時に發せり是一萬里外壯遊の首途なり折しも天晴風和ぎ海上穩靜にて伊豆七島も淡靄中に看過し遠江伊勢志摩など見えて夜に入りぬ

同十二日（西洋二月十六日）曉より北風にて波高く船動搖して遏ず午前九時紀伊の大島を右に見る午後一時頃土佐の地方を望む此の船の社長なる佛蘭人クレイといふ者篤實にて諸事懇切に取扱簡便にて事足り且日耳曼の人シイ

ポルトといへるは横濱に在りしが事充て丶本國へ歸省すとて乘組けるが御國の語に通曉し專ら通辯をなし幸ひに便利を得たり

郵船中にて諸賄方の取扱極めて鄭重なり凡毎朝七時頃乘組の旅客盥漱の濟しころターブル(餐盤なる)にて茶を呑しむ茶中必雪糖を和しパン菓子を出す又豕の鹽漬などを出すブールと云牛の乳の凝たるをパンへぬりて食せしむ味甚美なり同十時頃にいたり朝餐を食せしむ器械すべて陶皿へ銀匙並銀鉾庖丁等を添へ菓子蜜柑葡萄梨子枇杷其外數種盤上に羅列し隨意に截制し食せしめ又葡萄酒へ水を和して飲しめ魚鳥豚牛牝羊等の肉を烹熟し或は炙熟しパンは一食に二三片適宜に任す食後カッフヘエーといふ豆を煎じたる湯を出す砂糖牛乳を和して之を飲む頗る胸中を爽にす午後一時頃又茶を呑しめ菓類鹽肉漬物を出す大抵朝と同樣にて又フイヨンといふ獸肉鷄肉などの羹汁を飲しむパンはなし熱帶の地に至れば氷を水に和して呑しむ夕五時或は六時頃夕餐を出す朝餐に比

すれば頗る鄭重なり凡肉汁よりして魚肉の炙烹せし各種の料理と山海の菓物及びカステーラの類或は糖もて製せし氷漿グラスヲクリームを食せしむ夜八九時頃又茶を點し出す朝より夜までに食は二度茶は三度を常とし其食する極めて寛裕を旨とし尤烟草など吸ふを禁ず總て食事及び茶には鐘を鳴らして其期を報ず鳴鐘凡二度初度は旅客を頓整し再度は食盤に就かしむるを常とす若くは不食か疾病あれば醫をして胗せしめ其症に隨て藥餌を加ふ此等の微事を載るは贅語なれども微密丁寧人生を養ふ厚き感ずるに堪たり因て其略を玆に記載せり

夕方英國郵船の先發して波間に駛行せる影みえて夜に入り雨風東に轉ず昨日發船より此日正午まで三百里を航せり

同十三日(西洋二月十七日)雨風西に轉ず午前十一時土井个崎(日向)を右手に見て鹿兒島灣(薩摩)を過ぐ名にしおふ海門嶽(俗薩摩不二といふ)も煙霧中に靉靆として時々其一斑を望み行々御國の影幽にして見えずなりゆく彼大船の纜きりはなちゆ

くといへる如く心雄々敷ありながらいと餘波おしきやうに思はる

同十四日（西洋二月十八日）風烈しく雨細し船の動搖甚しく折々風潮灑ぎ來りて甲板を濕す或は窓より各室に入れて器械など覆ち餐盤に就く者稀なり終日室に入りて枕藉して皆沈默せり楊子江の流末海面に注ぎ黃色渺々たり此の日二百八十里航せり

同十五日（西洋二月十九日）曇曉より楊子江に泝る（此江海口に注ぐ極て廣し河水溶々として昏濁綠黃色にて風濤洋中に異ならず）凡四十里許泝りて左右に分流し右は楊子江本流にて左を吳淞江といひて我淀河に倍する程なり布帆蒲席の支那船遠近に出沒せり

隋唐佳話に吳都松江鱸魚の膾を獻ずと云所謂晉の張翰の秋風に蓴鱸を思ひし所ならむ

流れ分岐せる所向ふ岸は砲臺の蹟草樹生茂り故壘依然と存せるのみ清の道光廿二年壬寅年（我天保十三年西洋千八百四十二年）鴉片の亂に大臣陣化成の戰死せしも此のあたりといふ坐に感慨の情に堪ずます〳〵泝れば兩岸楊柳の春しり顏

に處々村落の見ゆるもいと風情あり漸く帆檣の影林の如く人烟の稠きを認めなほすゝみて午前十一時頃碇泊せり少焉して支那人朱塗に魚眼を舳に書きたる小艇を艤き來りて乘合の旅客に上陸をすゝむ其一隻を雇ふて上海港に上陸す此の地（支那領なり我橫濱より海路千三十五里通常程六日に至る）午後三時同所に設けたる英國の旅舍に上り英佛其他の人々幷に本地の官人來りて安着を賀し英人鄕導し江に傍ひ遊歩するに陪せり江岸は外國人の官舍連り官邸には其國國の旗を高く揭げ各自便地をトめたり其間に稅館（運上所）あり江海北關といふ扁額を掛け門は江に面し浮波戶場ありて家根を設け鐵軌を敷き荷物陸揚の便利とす稅務（運上の事務）は近年西洋人を雇ひて掌轄せしめしより汎濫の遺利なく舊來の弊を改め歲入の數も倍蓰し凡一歲五百萬弗にいたれりといふ（我凡五百萬兩餘に當る）物產の繁殖せる東洋天然の寶庫にして西洋人資て外府に充るなるべし江岸は都て瓦斯燈（地中に石炭を焚き樋を掛其火光を所々へ取るもの）を設け電線（鐵線を張り施し越列機篤兒の氣力を以て遠方に音信を傳ふるものをいふなり）を施し佳木を栽へ道路平坦にて稍歐風の一斑を

視る夫より一里許にして城内に到りぬ城の周圍は瓦を以て疊みたる墉にて廓門と思しき所に兵器（鉾の類）を飾り護兵といふ文字衣の背に印したる兵卒彳めり其邊より辻賣の商人道路に食物器翫物等を鬻ぐ市街は往來の道幅隘く各廛二階造なれども簷低く門狹し各種招牌を掲げ或は往來の上に横截して掛けしもあり牛豕鷄鶩諸飲餐の店見世先にて烹賣せる故各種の臭氣混淆し鼻を穿ち路は石を敷き並べたれども兩頰の捨水汚湛し乾く間なし諸商人駕舁丐者など聲々に呼て群集の中を行通ふさま厭ふべきに似たり古玩書肆畵家などに至り見れども尋常の品のみにて奇品なし墨肆曹素功幷に查二妙堂に行て筆墨など購ひしが手拭を湯に浸し與へぬ此は顏をぬぐへとの事にて茶に代るもてなしなるべし外諸店に至れども烟草の火なく求れば太き線香に點じて出せり居民の富る者は多く駕籠に乘り往來す貧しきものは衣服垢敝して臭氣なるもの半に過たり城隍廟に抵る城中第一の香火の所と見ゆ繪馬堂樣の所あり廟前の泉池に臨み八橋を架

し池心一介の堂あり禮拜香花を供する體本邦に異ならず社内に覗き見せ物突富賣卜錫笛曲藝などありて其最寄料理割烹店等ありいづれも簷低く暖簾を掲げ各客を迎へ胡牀を借し飲食を鬻ぐ賓客此に群飲合餐す蓋此の日縁日ならむ城外の市街は寛濶にて往來道路も廣く朝々魚市等立て鯉鱸鹹鹽鯛の類廣東菜五升芋其他の野菜等をならべ何れも秤目に掛て賣る鯉鱸は三尺許なるも見ゆ其れより江に傍ひて下り一里餘新大橋と唱るあり橋桁を揚缺して舟行碍りなからしめ橋錢を取る（是は兼て宿にても切手を賣る事なり）其より先に英國客舍も在り其裏通に續き士民の市街軒を並べたり此の處には青樓演劇もありて弦妓樣のものも見へ月琴などの音も聞へ雅致あり此の地高官の街衢往來を兵卒從僕多く引率して巡邏す其行裝の整はざる衣服の粗なる恰も兒戯にひとし此の地佛國の教師支那の風體となり講堂を開き教誘する者あり亦歐人の支那學を研究する爲め設し書院もありて都て歐人の東洋學を修行する者皆教法の人にて其國の教法の由來する所を推し究

め考證の資とし且其敎を弘めんとせるより其宗旨の積金より修行の入費を出せるよし歐人の土人を使役する牛馬を驅逐するに異ならす督呵するに棍を以てす我曹市中を遊歩するに土人蟻集して往來を塞ぐ各雜言して喧しきを英佛の取締の兵來りて追拂へば潮の如く去り少く休めば忽ち集る其陋體厭ふべし東洋名高き古國にて幅員の廣き人民の多き土地の肥饒產物の殷富なる歐亞諸洲も固より及ばざる所といへり然るに喬木の謂のみにて世界開化の期に後れ獨其國のみを第一とし尊大自恣の風習あり道光爾來の瑕釁を啓き更に開國の規模も立てず唯、兵威の敵し難きと異類の測られざるとを恐るゝのみにて尙舊政に因循し日に貧弱に陷るやと思はる豈惜まざらむや此の夜鱸魚の鱠などありて生餐せる廣東菜味殊に佳なり始て水枕を免かれ陸地の眠を覺ふ

同十六日(西洋二月廿日)快晴微暖頗る春日の想をなす此の日交際に係る事故多く其務に從事す英佛東洋に備る軍艦の提督幷に駐在の諸官人來りて名刺を

通じ禮問す本日は祝日なれば(日曜日也)西洋及び支那人共幼稚兒女衣服など粧ひ遊歩踏歌すまた夜色蒼朗月淸く海面鏡中の如く眺望甚佳なり月に乘じて猶散步す此の日各鄕信を寄す

同十七日(西洋二月廿一日北緯三十二度十五分東經百十九度〇九分)晴午前上海を發す吳淞江を下り海口へ出づ天氣淸廓江中波濤穩にして兩岸の眺望春姸を呈す

同十八日(西洋二月廿二日北緯二十八度十一分東經百十九度三十二分)晴昨日の如し船中釋渙の意をなす江河の餘濁海水を界し茫渺たる黃浪と蒼波夕暉に映じ錦を布かごとし支那地方を西に見て甲板上に夕陽を送る此の日二百六十五里を航す

同十九日(西洋二月廿三日北緯二十四度十九分東經百十六度二十八分)晴なほ昨の如し皆甲板上に散步し餐盤上にて圍碁將棊の戲をなし消光の助とす漁舟の地方に添て東風に泛み帆影の烟霞に暮もいとおかし

同廿日(西洋二月廿四日經緯を驗せず)晴けふも風穩にして朝十時頃香港に着ぬ(此の地英領なり上海より八百里通常程四日此の間臺灣との海峽なれば波濤激して暴し北緯二十二度十七分にて季候稍暑し)此の地は廣東府地先海中に在る一

孤島にして港内群嶼繞環し風濤を支へ海底深くして多く船舶を碇泊せしむるに足れり平坦の地少く山腰を截て道路を設け海岸は支那人の家居多く山手は盡く歐人の居なり道光の戰後講和の爲め償金の外割て英國に附屬せし地なり往昔は荒僻の一漁島なりし由なるが英國の版圖に屬せしより山を開き海を塡め磴道を造り石渠を通じ漸人烟稠密貿易繁盛の一富境とはなりしとぞ地圖に據りて考ふれば潮州あたり歟と思はる唐の韓愈の鱷魚の文ありしも昔時に替りて牢固の巨船に乘じ萬里波濤を枕席とせる其時代の境槩懸に異るより推せば世運日新に赴ける亦一瞬の間にあるを知る今英人の商業を東洋に擅にし利益を得る印度の所領によると雖ども其便利の道を得て流融暢通運輸自在ならしめ利柄を掌握し通塞を專斷し開合高低變化を計り東洋貨力の權を執る其由る所なきにあらず且士民の保護の爲め陸海兵備を嚴にし其國の榮名と其利益とを謀る規模の宏大なる所見に就て知るべし鎭臺は全權の大任にて威望ある者なり近來此の地

に大審院を置き裁判の貴官を在留せしめ東洋に分在せる國民の訴訟を准理審判すといへり山手の人家は歐風にて署熱の地なれば水泉茂樹の設け簾幙胡牀の備專ら夏月占涼の爲めに結構したり英華書院其他各書院あり造幣局新聞局講堂病院等盡く備り畧歐洲の體を備へて微なる者といふ英華文學上の書籍多く此の地にて刊行す英人華學を修行するもの皆勉强刻苦固より淺近にあらす其敎法の由來する所を研究するため其學問の源委を考索し其治體風俗より歷代の沿革政典律令は勿論日用文章まで精究し其書を譯し其說を著し大事業を遂るもの其人乏しからず文明の素ある人心の精神ある學術の上に從事すること乃國の强盛にして人智の英靈周密なる所以を徵するに足れり此の地の最高巓を太平山といふ登る凡一里餘にして巓に旗棹あり國旗を揭げ島嶼の錯置風帆の往來望洋の觀遠邇一目に在りて眺覽奇絕なり山を下り花園を一見す闔地土民休暇遊息のため設けたれば泉石花卉を陳ね雅致匠意を盡し遊覽の際。聊客愁を滌ぐべし○本地より限日廣東へ赴く滊船あり凡八時間に到るよし又每週刊行の香港新聞紙あり漢文にて一箇年分定價四弗なり又香港通用の貨幣あり○歐行の旅客此の所より籐牀籐席團扇或は熱帶下を過るに用ゆる帽子を買ふて避暑の用意す其他名產は白檀彫箱象牙細工蓪紙（一種の紙なり）畫楠箱筱細工支那絹張傘摺扇等なり支那店には文墨品あれども上海に比すれば價貴し郵船此の港にて替る船の碇泊一晝夜又は二日程の規程なり○都て歐洲に赴くに横濱にて取替し銀錢を此の地にて英貨ポンドに取替へ航海途中入用とするをよしとす

同廿一日（西洋三月廿五日）陰朝來細雨此の地度數南に移るを以て暄映を催し本邦の暮春にひとし此の地に設け在る造幣局を一見し英國水師提督を尋問の爲め其軍艦に到る歸後佛國の岡士來りて謝す午後三時英國の囚獄を見る其壯宏にして罪人の取扱かたすべて輕重に應じ各器局に隨職業を營しめ且獄中に說法場を建置き時々罪人を集ひ說法を聽かしむ

此の說法といえるは善惡應報の道を說て勸懲せしめ罪人をして後悔懺解なさしめ總て惡を戒しめ善に赴かしむるを專ら說くなり其中には前非を悔ひ放心を取戻し遂に本心に立歸る者ありといふ其人員を減ずるを憂ひ死刑を恐るゝ則皇天の意に順ひ生を愛し民を重んずる道懇篤切實なる感ずるに堪へたり

同廿二日（西洋二月廿六日）烟雨朦朧たり交際上の事務畢りて郵船に託し各鄉信を寄す旅舍樓上眺望新綠を催す横濱より乘來りし船は此の所までにて午前十時比小艇にて佛國の郵船（船號アンペラトリス）に乘替るアルヘー船よりは二層も大なる船にて尤清潔なり午時出帆す風順にして霎時に支那南陲地方を背にして航せり

同廿三日（西洋二月廿七日北緯十八度四十分東經百〇八度五十一分）晴けふも東北風にて眞帆張て船脚速なり安南の南陲及び附屬の小島を西南に見て次第に熱帶下に近く季候單衣に適ふ此の日二百七十八里を航す

同廿四日（西洋二月廿八日北緯十三度五十五分東經百〇七度二十三分）晴昨夜より暑甚しく航する南に移りしを覺ふ本邦五六月の候にひとし俄に麻を着し各甲板上の散歩快よく相集りて探題次韵などして遣興す此の日三百里を航す

同廿五日（西洋三月一日此の日經緯を測らす）晴暑威彌強土用中の如し乃是赤道近きなり午時瀾滄江の入口燈明臺の麓に至る夕四時比東捕寨河口へ入て上流に溯る此の間兩岸緑樹繁茂し根株水涯に浸し樹々尻尾長き猨の群り遊ぶを見る川幅本邦墨田川程なり往々狹曲にいたれば船尾旋らさず艣戻して過ぬ岸に垂るゝ木々も手折るべき程にて水底は極めて深しと見えて舟行碍りなし暮六時頃柴棍の港に着ぬ（此の地安南南隅瀨江の地佛國領なり香港より九百十五里通常程四日緯度十度十七分に在て季候暑熱土地肥飫風俗支那に似て陋し）此の地駐剳佛國總管の使者來りて安着を賀す此の夜星斗燦然銀漢低て叢裡の虫聲秋を報ず季候の變ずる瞬息の間亦航行の迅速なる旅客の感を增す

同廿六日（西洋三月三日）晴朝七時本地官船の迎によりて陪從して上陸す碇泊の軍

艦祝砲ありて騎兵半小隊馬車前後を護し鎮臺の官邸に抵る席上奏樂等畢て其本國の博覽會に摸擬せし奇物珍品を雜集せる所を一見し市街を遊覽し午前十時頃歸船し夜鎮臺の招待により官員會集して猶奏樂するを聽く
○是より先佛國郵便を開く爲め經畫する所あらむとて教師を遣し此の地の形勢を測らしめたるを土人憤怒し其人を殺害せしより竟に戰爭となり佛兵大に土兵を攻擊し內地に深入す是に因て和議を講じ地を割て罪を謝す爾來佛國所領となりし由鎮府在て重官を駐め總轄せしめ三兵の將官及兵卒凡一萬を駐劄せしめ不虞に備へて盛んに開拓建業の目的をなすされども兵燹の後未だ十年にも充たざれば土地荒廢し人烟稀疎にて全く休養殷富にいたらず且土民反覆測り難く動もすれば嘯合作亂し來襲するあり故に佛兵常に戒心ありて兵額を減するなしと云各國船舶も僅に四五艘碇泊せるのみにて商店も少し專ら土地を修繕し既に製鐵所學校病院造船場等を設け東洋根據の要領となし大に他日の遠圖をなすされども一歲の收

稅額僅に三百萬フランクに過ず年々入費多く得失償ひがたき故本國議事院の論も區々也と云○此の港東捕寨口より泝る凡半日程里數六十里なりといへども其水底深き所凡四十五尺許なれば運轉するに碍りなしと云ふ上陸場は平岸にて船は中流に卸碇し小艇にて上る土俗貧陋にて婦女子男工に代り垢面蓬髮にて舟を艤又荷物等を運びて生活す熱帶の地ゆゑ沙塵飛揚し遊步も懶く名勝の探るべき佳地もなし鎭府は江濱より八九丁隔り一箇の樹林清茂の地に在り劇場妓院もありて支那と同風なり追々歐人移住せるものありて人員も增せりと云案內の者を雇ふて椰林(椶櫚に似て大高き木なり)蕉樾の間を行き一の曠敞の地にいたる象奴(象獸をよく遣ものを云)二象に跨り來りて伎藝せんと乞ふ命じて其伎を見る二象を鞭撻し跪坐せしめ或は突立せしめおのれ上下超乘などして自在を示しやがて木立ある所に至り一合杷の木を鼻に掛て拉折せしめ我徒乘らんといへば又撻て跪かしめ其後趾より上りて其背上に跨るに亦自在なり此の邊兩岸すべて荊棘の如き樹木茂りて

處々虫の鳴き田畝にては農夫の熟稲を穫など時候の異る感ずべし田畝は米穀二度の作地にて所謂安南米是なり東洋諸國へ運搬售賣して利益をなす金銀貨幣は傳來して所持するもの多し○土産鄭船に持來りて賣る蒲葵の團扇筋笠等なり又馬車を雇ふて商綸といふ古市に到る此の港より凡二里程もありぬべし往昔は繁華の地と見えて巨閣高廊の頽廢せしあり市中一箇の大社あり聖母殿と漢字にて書せし扁額を掲ぐ蓋し海神を祀るならむ石碑繪額など多く掛並べ兩三の支那人居て緣記樣のものを賣る依て筆話もて猶事由を問しが了解せざりしや答辭なし○碇泊凡一夜半日にて發す英船は寄らざる所也

同廿七日（西洋三月三日）晴午時發し瀾滄江を下り午後四時頃川口なる燈明臺山の麓に至り是より水先案内の者を歸す次第に大洋に航せば船脚速なり

同廿八日（西洋三月四日北緯六度二十一分東經百〇三度五十六分）晴暑酷し風樣昨にひとし白瓜を食し（本邦眞桑の類）苦熱を凌ぐ此の日二百四十七里を航す

同廿九日（西洋三月五日北緯一度四十五分東經百〇二度十三分）晴暑風順なり朝二箇島を右手に見る午時漸く地方近く航し午後二時新嘉埠燈明臺を過る（燈明臺は海中の突起せる岩上へ造立て堅固にして他に超へ高く聳へたる者也）夕五時新嘉埠へ着きぬ此の日二百九十一里を航す

二月朔日（西洋三月六日）晴朝六時上陸す（柴棍より六百三十七里通常程三日）麻刺加蘇門荅刺とを左右にして東洋第一の海關なり亞細亞大地より海中へ長蛇の如く突出し北緯一度十七分に在りて暑酷烈といへども樹林繁茂の地多く清蔭快凉を卜且時々驟雨來りて煩熱を滌ぐ土地赭沙にて港最寄稼穡の地も見えず雜卉野草路傍に蔓延し彩禽文羽其間に矯柔宛轉せり土人の風俗安南と同じく裸跣のもの多し市街も亦同様なり英領に屬す（年記未詳）埠頭の修營より石炭の置場電線の設け馬車の備も在て總て人工を用し功績も見えて英國の志を東洋に逞する素あるを見るに足れり〇灣口恰も園地の如く島嶼數箇環列し緑樹其上に葱籠として園丁意匠を勞し營築せるに似たり瀛船此の處に至れば灣を通じ廣き所に至り船を回轉し發船の便利して碇泊す浮波戶場に

船を着け橋を架し上陸す海岸は石炭倉のみにて居民なし水に臨みて亭舍數箇あり盖歐人の盛夏遊息の爲め設けしなるべし○馬車を雇ひて市府に至る港より凡一里餘雜卉汙沼に沿ひて徑路あり府下は歐人土人とも雜居して諸物を販す價極て不廉なり歐羅巴と號せる客舍に一泊す此の地第一の旅亭也といふ市外數武に花園あり小山を形とり修造し百卉千草を植並べ遠近眺望の趣をなし園中泉池もありて炎暑煩襟を淸くし客思鬱懷を慰す○土產篠蓙筬杖アンペラ其外文禽或は最小の猿など持來り爭ひて旅客に商ふ亦歐洲各種の貨幣を持來り郵船碇泊の間浮波戶場に風呂敷をしき其上に開きて兩替す中には贋もあり又古貨幣の雅なるも見えたり裸體の小兒小艇に乘り船側に群り勸め錢を投げしめ海中に入て拾ひ來る銅幣にては水中認めがたしとて銀貨にあらざれば跳入せず(本邦の江島途中抔の如し人生情態更に異らず)其水中に爭ふ龜の子の如く又海上競渡の眞似して其先を爭ふ迅速なる矢の如し○此の地より瓜哇披隊比へ赴く旅客は上陸して郵船定日の期限を

俟合す〇午後四時佛國の岡士夫婦にて來り送別す各郷信を認め郵便に屬す同五時發す

同二日（西洋三月七日北緯二度東經九十八度四十二分）晴曉來順風暑氣凌ぎよし右手に麻刺加地方を見る昨日より旅客增して船中混雜し甲板上遊步も自在ならず此の日百九十九里を航す

同三日（西洋三月八日北緯五度三十二分東經九十五度十四分）晴けふも軟風暑氣前日に層す安南地方をゆき過ぬ望中一點のものを見ず

同四日（西洋三月九日北緯五度五十四分東經九十度十分）晴昨日より聊か暑を減ず航路熱帶風濤恬寧にして無事互に長日を惜み課を立て洋學を講ずるを與とす

同五日（西洋三月十日北緯七度〇七分東經八十五度〇八分）晴昨夜蒸氣器械少損せしより夜三時頃より航行をとゞめ洋中に碇泊し同五時頃整ひぬとて發す漸く印度洋正中に抵り四顧毫碧も眸中に入るものなし只波間に飛魚の游跳するを見る

同六日（西洋三月十一日北緯六度十六分東經八十一度三十一分）晴今曉四時頃器械また損じぬとて洋中に投

碇せり漸く整ひ風順にして航する甚疾く兩度の碇泊の間を償ふ
同七日（西洋三月十二日）朝七時比錫蘭島の内ホアントヾガールへ着きぬ（新嘉坡より千五百〇四里通常程七日）船中にて朝餐し午前十一時上陸すオリヤンタルといふ旅舍に投ず少焉して此地の官人來りて安着を賀す此地印度の屬島にて洋中に挺立し港は北緯六度一分に在て土地熱帶に近く終歲氷霜なく四時木落を見ず赤壤沙泥にして肥沃なり土民貧瘠支那人とは骨相異り聊か順良勉力の風あり盖し久しく歐人に役使せらる故なりといふ其體披髮倮跣腰間僅に更紗木綿もて掩ふ色黄黑にて深目黑齒赤唇なり下民平生烟草を買ひ得ざるものは檳榔を噛して吸烟に換る故に自ら齒黑みて鐵漿を銜むに似たり男女とも頭に丸き櫛を挿み毛髮を束ぬ始は葡萄牙領にて在しを荷蘭より攻取り爾後竟に英國の所領とはなりて港口城門上に兩獅金冠を捧げたる荷蘭の標記今尚存せり港口岩石あり潮波激揚し上陸甚難し土人狹小の艇へ一方に材もて桴とし釣合はせし一種の舟もて上陸せしめ波戸場木造の小屋

にて直に城門に續く門中砲卒守衞す夫より少し高き所に上りて市街あり海岸はすべて砲臺を建回し砲門を設け火藥庫もあり製造古樣にて荷蘭領の比築きしものと思はる海岸西の方に燈明臺あり鐵造にて高さ六十フートといふ（我凡曲尺八丈餘）海門庶務ハクーフルヌマンヱイシユンといへる役にて掌どる土地熱帶なれば亭榭すべて避暑の工夫せし結構なり產物多し就中果物佳品魚類も鮮にて食料頗る芳美なり椶櫚芭蕉の實黃橙楔檎桂枝甘蔗等良好なりカレイとて胡椒を加へたる鷄の羹汁に桂枝の葉を入るものを亦名物とす○馬車を雇ひ三里ばかり山手に遊ぶ平岡曲折して椰林茂り其間には水田に秧を插むを見る亦水芋蓮等靑々と浮べり山に登る五六丁にて一箇の佛寺に抵る寺名ポーカハウアといふ山門あり門に入れば正面本堂は鎖して常に開かす僧に請ふて開かしむ堂內安置せる釋迦涅槃の像七ヤールトあり（我凡曲尺二丈一尺餘）磁製なり全體黃色額に白毫なし合掌側臥胸より下は衣もて掩ひ衣鱗狀をなし堂の側僧房廇宇みな天堂地獄の圖を畫けり

僧衣は袈裟のみにて跣足禿頭眉毛を剃去り香を奠じ花を供し合掌誦經の音略禪なり山の後卽佛骨を收し所なりといへり三層に築き石壇を繞らし中に一樹を栽たり卽菩提樹にて外に物なし又一所に至れば山頂にて眺望佳絕小亭を構へ三鞭酒など備へて鬻ぐ此山上に一螺青山の雲間に見ゆるあり卽靈鷲山なりといふ歸り來り午餐に就く給仕人みな倮體黑身下部を布もて掩へるのみ甚だ厭ふべく夜に入り微涼に乘じ市中を遊步す土人の家屋新嘉埠に略同じ貧陋偎雜の景況徵すべし〇島產各色の寶石皆指環へ嵌入して賣る又泡玉珊瑚眞珠等あり贋製多ければ漫に信じがたし象牙象骨の細工物椰子烏木蝟毛籐細工各種木の看本鼈甲細工貝類文彩の小鳥の各種を旅亭の戶前に持來て爭ひ勸む其細工物は皆歐人の所用とする爲に製したる也〇貝多羅經の古きは漆塗金字にして尋常なるは皆鐵筆にて貝多羅葉に書せしものなり中央に孔あり紐もて綴たり其字體梵とも異なり一派の體にて蟹行に記せり〇此の港は三方海にして僅に一方築出せし洲

崎のみにて大洋の吹返しを支ゆるに足らざれば碇泊間うねり強く船動搖して甚だしきは器物を破毀するに至る加爾信多。孟買。麻都羅斯。孟智世利等へ赴く旅客はみな此の港より限日の便船ありて發す季候稍〻暑し

同八日（西洋三月十三日）晴朝八時發す暑威昨日より彌〻増し眩暈する計なり午後一時洋中鮫魚の數頭波間に跳躍するを看る（本草に鮫は南海に産し鼈に似て足なく尾ありといふ其言の如し）夕三時驟雨來りて少焉にして海上一團の黝雲起り忽地空中暗黮として俄然低回し波濤に相接し潮浪を捲揚る陸地の驀風の飈揚する如く其響ありてさながら龍腥を挾む勢ひあり俗に所謂龍捲なりとて衆人奇觀の想をなせり

同九日（西洋三月十四日北緯七度十分東經七十三度二十九分）晴昨雨にて暑氣稍〻減ず此の日二百六十七里を航す

同十日（西洋三月十五日北緯八度〇四分東經六十九度十八分）晴朝五時海馬の波間に浮ぶを看る（海馬は魚なりと正字通に見えたり牙骨堅瑩文理細く糸の如し俗に馬の股に焔火を帶び波上を飛跳する畫圖とは大に異なり）此の日二百五十五里を航す

同十一日（西洋三月十六日北緯九度東經六十四度四十五分）晴始て午餐に西瓜を食す味淡にして甘味少

し此の日二百七十五里を航す
同十二日（西洋三月十七日北緯十度十五分東經六十度〇六分）晴此の日二百八十四里を航す
同十三日（西洋三月十八日北緯十一度三分東經五十五度二十七分）晴此の日二百八十二里を航す
同十四日（西洋三月十九日北緯十一度五十一分東經五十度四十一分）晴午前より亞刺比亞地方の島嶼を過る夕帆前船を遙に認る此の日二百八十八里を航す
同十五日（西洋三月二十日北緯十二度十九分東經四十五度五十二分）晴夕五時紅海に向ふ時々島嶼出沒す鯨魚洋中に浮ぶ此の日二百九十里を航す
同十六日（西洋三月二十一日）陰朝六時亞丁に抵る（此の地英領なり錫蘭より二千百三十五里通常程十一日）亞刺比亞南陲の一埠にして西紅海の入口なり北緯十二度四十六分に在て土地赭磧にて山に樹草なく地に潤澤なし磽确瘠薄の地なり人民は卽亞刺比亞人種にて印度に比すれば强壯にして品格又陋し英の官吏在留して管轄す港口に二箇の砲臺あり歐洲各部の岡士も在留せり此の地開拓の利產物の益なしといへども東上西下航海の便を開き萬里運輸の自在を得れば英人の力を

盡し財を費し不毛懸絕の瘠地にも其國旗を揭げ管領せるより東洋の商業を盛大にし支那印度の領地を羈縻する規模を見るに足れり上陸して海岸に在る客舍に入れば馬車乘馬とも店前に來り勸む卽一車を倩ひ市中を看る海岸の細路屈曲にして山に傍ひ半里餘にして漸く磴道に登る城門山腰を截左右石壁聳へて要所に大砲を備へ步卒守衞せり切通しの上十丈許に橋梁を架し要害の往來とす道幅僅に兩車を容るに足る稍〻下りて平坦の市街に至る人家石室などみな陋矮にして茅茨頽屋半に過き人烟甚蕭條たり歐人在留官員の舍屋は皆海岸の山手に在り市街を過ぎ水園場に至る此の地水泉に乏しく雨澤なき時の爲め闔境の飮料を貯へ分配す奇巉怪巖の間幽澗深溪を造築し周圍塗るに白堊をもてし鋪くに靑石を以す其傍磴道盤旋し石梁を架し石欄を繞らし上は峯勢聳へ下は潭心深く茶亭花園も其間々に在りて登臨勝致の一箇の假山水たり澗底は管を通じて平地に達せしめ汲取場あり豕皮に汲み入れ駱駝又は驢に負しめて數里外に送り各所に

分つ人生瘠土生活の難き飲水も容易ならざるより人力勉強せざるを得ず肥瘠土地の異る民の苦樂の相反せる想ひ見るべし肥沃樂地に生れ遊惰宴安に逸し終身人間如斯地あるをしらざる嗚呼幸といふべき歟將不幸といはん歟知る是所謂瘠土の民は勤儉にして剛勁事あれば戎に就や輕し即富國强兵の根基なり肥沃の民は遊惰にして柔弱事あれば戎に就くや難し即亡國逃遁の根抵なり豈しからざらんや土人羊を牧するを業とし負載多くは駱駝を用ゆ○土產駄鳥の羽（歐洲婦女子の帽子の飾に用ゆ）同卵豹皮木彫匕蒲葵の團扇石鹼等なり旅客むなば携來りて之を鬻ぐ但錢を乞ひ價を貪る甚し上陸の時心を用ゆべし○此の地より蘇士までの海上を紅海と唱へ北は亞剌比亞南は亞弗利加なり海上より皆隱顯出沒せり兩地方とも山は何れも樹草なく赭色海面に映じ航行勢ひあれども風を生せず水は油の如く漲りて動かず熱蒸の氣强く自然海面赤光を帶ぶ紅海の名空しからず就中五六月頃は酷烈を極め病者等其候を犯し航すれば必損するといふ我儕の航せし我二月

又六月九月に在り其六月に掛りしは暑熱聞が如し困耗疲勞不寐連夜に及べり牛羊も終夜喘する止ず歐人の此の海上を呼て鬼門關と唱へ怖るゝ人を歎かず夕三時に發す此の日郵便に因て鄕書を寄す

同十七日（西洋三月廿二日北緯十五度〇五分東經三十九度五十一分）晴朝亞弗利加洲北邊の島嶼を西方に見る此の日二百六十六里を航す

同十八日（西洋三月廿三日北緯十八度五十八分東經三十七度〇四分）晴緯度漸く北に移りしより次第に暑氣を減ず略流火徂暑の候にひとし此の日二百六十八里を航す

同十九日（西洋三月廿四日北緯二十二度五十八分東經三十四度五十五分）晴朝より西北風強く起り船動搖す同九時頃より彌〻烈く怒浪銀山の如く甲板上に打揚る夕五時漸凪る伊太利亞船の東洋へ駛するに遭ふ此の日二百六十八里を航す

同廿日（西洋三月廿五日北緯二十六度三十二分東經三十二度四十七分）晴昨日より一層暑を減ず夕四時佛國郵船の東洋に駛するを見る亞弗利加亞剌比亞の地方を左右に見る此の日二百五十里を航す

巻之二

慶應三丁卯年二月廿一日（西洋千八百六十七年三月廿六日）晴漸く海峡に入り午時蘇士に抵る（此の地埃及領なり亞丁より通常程六日）土地沙磧にて草木なく人家樹木を栽るに他所より土を運びて培養す水至て惡し土民黒色頭に白布を巻き佛國アルゼリー隊の如き衣服を着たり士官皆都兒格の赤帽子を冠れり此の地紅海の尾に在る一灣にして近來地中海の通路開けしより新らたに設けし港なれば人家もいまだ扶疎にして總て諸港の如くならねど西紅海の行詰りにて歐人喜望峰を回らずして東洋に達す便路なれば此の峡を經ざるを得ず故に貨物運輸旅客船繼の要港なれば往々土民繁殖すべき象あり○是より亞歴散大までの陸地西紅海と地中海との間を中斷し亞弗利加地域にて北は都兒格に接し港口遠淺にして船を一里半餘隔りて碇泊せり蓋沙漠の吐流故砂色水色を變じて見ゆ水尾屈曲して船路をなし。沙泥船脚を揑し碇泊不便なるより蒸氣器械もて瀨浚最中なり暫時ありて小汽船もて上陸せしむ此間二里許波戸場より左手海岸に臨める英國の客舍に投じ午餐し汽車發軔の刻限を俟つ（庭中に飯臺ありて風鈴の相圖にて食に就く價は正面の店にて拂ひ食札を買て用ゆるを便とす）此の客舍は英人の出廓にて本港第一なり庭上草木を雜栽し待合を慰する爲にす樓上より海洋を望めは諸山歷々として頗る佳觀なり但土地暑熱强き故占凉の設あり門外數弓にして汽車會所也其最寄士人の家は皆燕巢の如く土にて作り頽圮傾倒して古風を存するのみ此の地汽車を建築せしは英國通商會社の目論見にて東洋貿易簡便自在を得ん爲め本地政府に達し年限を定め其費用償戾しの上は地元に屬せしめんとの約束のよし今全く埃及の所有とはなれりとぞ

○西紅海と地中海とは亞剌比亞と亞弗利加洲の地先交接する處にして僅に濤路を隔つ凡百五六十里の陸路あり故に西洋の軍艦商船等都て東洋に來舶するは喜望峯の迂路を取らざるを得ず其經費大にして運漕尤も不便なりよて千八百六十五年比より佛國會社にて蘇士より地中海までの堀割

を企てしかも廣大なる土木を起し此の節經營最中のよし汽車の左方遙にタントなど多く張並べ土畚を運ぶ人夫等の行かふを見る此の功の竣成は三四年の目途にして成功の後は東西洋直行の濤路を開き西人東洋の聲息を快通し商貨を運輸する其便利昔日に幾倍するを知らずといへり總て西人の事を興す獨一身一箇の爲にせず多くは全國全洲の鴻益を謀る其規模の遠大にして目途の宏壯なる猶感ずべし○夕七時比調度食料麵包乾肉果物葡萄酒等を用意して汽車に乘て發す此の車道の傍處々タントを設て（タントは四方鐵又は木柱家根とも布幕をもて雨露をしのぐ土人用て假の家屋とす蓋磽确の地は民水草によりて移轉す故に家屋も運搬に便なる爲め上世より如斯作爲すと云）荷物を積み又は人夫も住居せり發軔會所より數十歩隔て沙漠なり草木生せず茫渺たる曠野風の吹廻しにより所々高低あり途中憩休所五三軒人家ありて汽車中の客に食料を鬻ぐ汽車道の側に一の往還あり土民駱駝に荷物を負しめ通行す凡沙漠を渉るに馬牛は飲料なくては遠きに行かだし唯ゝ駱駝は渴に堪るを以て負載の用を爲すと云上古亂世の時盜患多ければ人民

數百人相集り駱駝數百に荷物を負して隣國に販賣せしといふ此客舍にて汽車中塵沙を掩ふため用ゆる目鏡又は薄紗裁を買て途中に備ふ夜十二時該祿に至る（此の地蘇士より陸路九十里汽車にて凡八時間に達す）陀日多國の都府にして土域は亞弗利加洲なれども管轄は總て都兒格なり亞王ありて（亞王とは王に亞ぐ位權のある者を云）國內の政事を司る其風俗政治とも都兒格と同じ土地東阪は沙漠にて草木水源なく此の地より南方漸く稼穡の地となる地中海に臨める地は廣坦膏腴の嘉壤也尼兒河といふあり洲內月山といふ所より發源し沿流地中海に入る河の兩岸は勿論支流分派して其沿岸都て塗泥の良田とす史に據て按ずるに每歲一次潮水盛に至り漲溢する凡深三十尺廣二十里にいたり田土を培養する農夫の灌漑糞畜するにひとしく其潮水の至ざる所は荒砂に屬せるより其潮の干滿をもて年の豐歉を兆すといふ如斯荒蕪砂磧の地といへども自然の養ひあり天豈人を棄むや此の國古昔極盛の地にして風俗文物歐洲諸邦に先だつて開け其名遠邇傳播して歷代相傳の古國たりしが教法の沿革あ

るより盛衰汗隆相換り建國後七百餘年に至り日に衰弱に赴き亦振はず其後數百年麻哈麥回教を亞喇伯に唱へ興すに當り遂に其が爲に國を奪はれ都城の大庫に藏めたる儲書七十萬册ありしを回部の者其書を取て焚捨たりといふ其文物の盛なる想像すべし千八百年代佛國王拿破崙攻取りしが又都兒格の統轄となり其後久しく羅馬に屬し總督を置しが爾後都兒格に叛て大に土地を開き近頃は其附庸に屬し亞王の權ありといふ此の地に一巨寺ありマルブルにて(蠟石なり)建立し凡十餘丈許の伽藍なり上は柱梁榱題とも彫鏤し天井金箔五彩の焜燿目を眩す下も蠟石を舖て石甃として登る者には沓を脱かしむ回廊層閣環列せり此の禮拜堂には門戶砲卒警衞し寺中より市街を臨めば一目瞭然世界有名のヒラミード(石を三角に積上る凡高六十尺許の大墳也)巨首あり市中第一の奇觀といふ此の行は夜中なれば遊覽を得ず
同廿二日(西洋三月二十七日)晴曉一時汽車にて又發す朝十時亞歴散大に着ぬ(蘇士より陸路百六十里地中海東の大港なり人烟稠密土人多くは驢に乘り通便す)此の地は古國にて殊に首府なれば古器物考

證に備ふべきもの多く博覽會場に收てあり皆太古の物にて多くは土中より掘出したる棺槨の類と見ゆ（人の臥たる形にて彩色ありて堅木なる戸も腐朽せず依然と乾からびたる手足腹部とも幾重も巻たるなり世に所謂ミイラならん）死者の飾に用ひし金具の襟に掛るもの又は指環曲珠土製の人形（蓋備ならん）素燒の甕瓶の類虫形を彫し印類は鳥篆にて雷斧雷槌古劍など種々奇品あり此の港は地中海の要港にて貿易も繁昌し土地も富饒にて戯場妓樓など何れも歐人半せり土俗婦女は黑衣首より包み顏は眼の間に束木を立て掩ひ往來す貴族は常に家居深窓に在て人に面するを耻とす只一夫一婦の外妾を蓄はふ多きは數十人に過ぐといへり

西洋は東洋諸邦と異なり帝王より庶人に至る迄一夫人のみにて妾媵なし卽是閨門より推して天下に及ぼす理ならむ然るに此の國妾嬖多きを榮とする風習にて當時都兒格帝は四百八十人餘の妾ありといふ殊に男子却て妬情深く若し妾私に他の男に面するあれば直にこれを害すといふ此の地歐洲の最寄に在といへども其陋風を改めざるは因襲の久しき

開化に後れたりといふべし
佛國の岡士セネラール來りて安着を賀し其官衙に一泊を請ふ
同廿三日（西洋三月廿八日）佛國の岡士館より直に馬車にて郵船に至る時にセネラール兵隊を出して警衛し小艇もて本船まで送り（サイドといふ印度海郵船より少狹し）朝五時發す午後風起り驟雨あり
同廿四日（西洋三月廿九日）晴無事
同廿五日（西洋三月三十日）晴無事
同廿六日（西洋三月三十一日）晴風強く波暴し暮六時伊太利亞領地西治里島墨西拿港に着きぬ港山を負ひ海に臨み人家海岸に連り結構高く聳て頗る修整せり砲臺は突出せる平嶼の地先にあり碇泊の船舶は數あらずといへども貿易盛にして土人の富饒なる體見はる始て歐羅巴洲瀕海に入る珊瑚精工の業を以て土人繁富なすと云船に來て數種を商ふ
同廿七日（西洋四月一日）晴曉二時墨西拿を發す逆風にて船の動搖甚し

同廿八日(西洋四月二日)晴風強く船動搖昨の如し朝九時撒丁歌爾西克二島の間を過ぐ此の二島は往昔伊太利亞に屬せしが百年已來佛國の屬となるといふサルジニーは其側群島星列して各詭狀あり海峽蜿蜒曲折して恰も園池を渉る山水天然の妙具れり島中一箇の白壁矮屋あり乃是元伊太里亞國の陸軍總督ガルバルジー退隱の居なりといふ

此のガルバルジー六七年前彈丸黑子の地より崛起し敎法の眞ならざるを論じ廢佛の說を主張し奮然兵を興し威を泰西に輝し伊太里亞全地頓整に席卷せんとする勢ありて其雄圖四鄰一時に震慴するに至れり功名いまだ墜ちざるに蕭然退休して桑楡の晩節を高くし悠々餘齡を樂しむ其英風猶欽尙するに堪へたり

コルシカは諸山巍々として雲表に聳へ名におふ佛國初代の那破烈翁の出生の地なり當時勃興する龍虎飛嘯の兵威向ふ所山を回し海を倒し盛名八荒に震ひ功業千載に烜たるを追想し山水の鍾秀靈英よく人傑を生るの信

なる感嘆せり風愈暴く巨船を掀げ英雄の餘氣猶いまだ消せざるを覺ふ

同廿九日（西洋四月三日）晴曉より風西北に轉じ朝九時半頃佛國馬塞里港に抵る（佛國の港口也）先に電線を以て着船を本府に通達しければ我船の岸にいたるやいなや砲墩にて祝砲を報じ程なく本港の總鎭臺バッテーラにて出迎ひ上陸して馬車に乘らしめ騎兵一小隊前後を護しガランドホテルドマルセーユといふに鄕導し鎭臺並海陸軍總督市尹等各禮服にて代る〳〵來訪して安着を賀し午後三時頃フロリヘラルト。ジユリイ先導し鎭臺及び陸軍總督を訊問し佛帝の別業を一覽し市街を見る暮六時歸宿す夜八時鎭臺の鄕導にて劇場を見るに陪す

同晦日（西洋四月四日）晴朝海軍總督及岡士セ子ラールを訊問し夕鎭臺の招待によりて其官衙に到る鎭臺幷附屬の士官多く相聚り饗せるに陪す夜十一時歸宿す

三月朔日（西洋四月五日）晴朝八時寫眞場に到り一行の合圖を寫さしむ其より花園

に至り鳥獸草木の珍奇なるを收羅し畜を看る

同二日（西洋四月六日）晴朝七時各馬車にて本地より三十四里西の海岸ツーロンといふ所に至り軍艦並諸器械を貯ふ所を見る此の日朗霽四望田野麥秀で菜花開き其餘名のしれざる草木の花咲きて聊旅懷を慰せり鎭臺附屬の官吏出迎ひ兵卒半大隊許警衞し。奏樂抔あり程なく汽船にて軍艦に請じ大砲其餘蒸氣機關等を見了れば發砲調練をなし又我輩にも大砲試發せしめ夫より他船三艘に移る毎船祝砲あり午時上岸す鎭臺へ請じ午餐を供し畢りて製鐵所鎔鑛爐反射爐其外種々の器械を見る猶銃砲貯所又は人を海底へ沈沒せしめ暗礁其外水底に在る物を具に見留る術を見る

此の術は緻密なる護謨を縫くるみにして四支六穴へ水の徹らぬ樣にし首には頭形に兜やうなるものを冠り眼の邊りには玻瑠を張り見るを自在にして天窓よりゴムの管を通じ水外へ出し空氣を通せしめて幾時にても氣息堪しむ此の日沈沒せしは水底淺しといへども凡四五十ミニウ

ト程なり空氣通ずれば幾時にても堪ゆるといふ
夕五時半頃鎮臺に抵り其より同所を發し夜に入て馬塞里の客舍に歸る
同三日（西洋四月七日）晴午前十一時郷導ありて三兵調練を觀るに陪せり（三兵は歩卒一レシメント騎兵八小隊砲兵一座なり）此の調練は先頃東捕寨にて戰ありし時有功の者へ功牌を與ふる爲の行軍式なりといへり其褒賞の式は三兵を聯ね前行を進しめ旋回して四方に布列し其中央の稠人廣衆の觀望を屬せる地位に當りて其褒賞する人の功の大小により順序を逐ふて立しめ全軍の總督及軍監いづれも馬より下り高聲に賞詞を唱へ（何々の役にて此の度何々の功勞ありて功牌を與ふと云箇條也）總督手づから功牌を其人の胸間に掛け互に默禮して式畢る
此の式は其出陣の時戰功ありしを軍監より委しく認め確然と顯證あるを大將へ言立て其より帝王に奏聞し其允許を得て其ものへ達し且其國に功勞ある事を國内諸人に見聞せしめむ爲顯然と眼前に其功牌を與ふることにて尤度々功あれば其都度々々其數を懸る故に國人老幼男女に

至る迄是を見て有功の人なるを知りてあがめ貴ぶといへり誠に士を賞する所明かにして功を勵ますこと公なり故に士卒に至るまで軍に赴き身命を輕んじ立功を重とす國の爲に死をいとはざる所以是を見て其素あるを知る

同四日（西洋四月八日）晴學校に到るに陪せり舍密學試驗所にて種々の製藥方及顯微鏡の新發明なるを見る夫より修學所會食所生徒部屋等を看る何れも清潔にて規則修整なり此の時黌中の生徒凡五百人程寄宿せりとぞ

此の生徒寄宿中の費用修行衣食其他一切の雜費都て一歳凡九百フランク程にて足れりと盖富有の者合力して別に助成の設あればなりといふ

同五日（西洋四月九日）晴明朝本地を發し巴里に赴くにより行李を整頓す此の夜鎭臺陸軍總督岡士セネラール市尹其他附屬士官十二人を招集して饗宴あり夜十一時退散せり

同六日（西洋四月十日）晴午前十一時半汽車にて夕七時黎昂に到着す歐洲館といふ

客舍に投宿す（此汽車は毎日午前十一時の發軔の期限なり）此の地佛國の一大都會にして巴里に亞く市街の布置家居も頗る宏壯花麗なり廣大なる繅絲場紡織場あり凡西洋婦女の服飾其他の絹紗綾繻子緞子綾羅錦綉の類皆此の地より出る職工常に七八千人器械屋宇の設も亦壯大なりといふ此の日夜に入て着せし故に遊覽を得ず

同七日（西洋四月十一日）晴朝七時發し汽車にて夕四時佛都巴里斯へ着ぬ此の時書記官カシヨン及御國より先着の士官其餘の人々出迎ひぬフロリヘラルト先導にて巴里都中央のカプシンヌ街なるガランドホテルに投宿せり

同八日（西洋四月十二日）晴七時此の都府の外國事務大臣へ此の方到着せし由を達する書翰を認め向來滯留中の規則等を定めらる

同九日（西洋四月十三日）晴午時在留中衣服等の註文して夫々の工職に託す

同十日（西洋四月十四日）晴魯西亞へ行し人々事充て本邦へかへるとて告別し各寫眞寄書など屬す午後借宅を檢點せんとてフロリヘラルトカシヨン等を連

て市中を巡覽し此の處に名ある花園鳥獸の異類を萃し囿を見る

同十二日（西洋四月十六日）曇曉六時より又借家を見んとて市中へ出ぬ此の日朝七時本邦の生徒倫敦府より來り旅館へ候す

同十三日（西洋四月十七日）晴午後一時博覽會の場所を見る

同十四日（西洋四月十八日）晴夕四時比より海魚を聚め養ふ所を一覽す

此の畜場は海魚抔の游泳するを横より視縦よりも視るに便なる爲玻瑠器を以て製せし大なる函に潮水を湛へ部類を分ち海底の沙石藻草及貝介類の品彙を集め海底の眞狀を摸し魚鱗其中に游泳するを自在に熟視する甚奇なり

同十五日（西洋四月十九日）晴午後二時フロリヘラルート。レセツフなど來り博覽會委任の議事役ブレーシイホルトと同道にて本邦産物等差出す手續等談合ありし

同十六日（西洋四月二十日）晴午後三時佛帝第一世那破烈翁の墳墓を尋ぬ

此の墓はセイヌ川向博覧會場の最寄にてデザンバリードと云所也結構壯麗規模廣大にて他邦より來る者彼此を擇ばず縦觀せしむ墳墓の傍に數棟の家屋あり其家屋に寄寓するは都て戰爭の節重傷を受け廢人となりし類なり盖官より右樣の地を撰みて國に力し癈疾の者等を安治せしむるの法と見ゆ墳墓の前殿及四方の戶々に立て門番などする者は多くは右戰爭の節手を傷めし人々也又器械など裝塡羅列する處を守るは多く足を傷めし人なり

同十七日（西洋四月二十一日）雨朝九時博覽會の事によりて會議せる公事あり

同十八日（西洋四月二十二日）霽午後二時ボワデフロンにて競馬を觀るに陪すカションも從へり

此の競馬場は圓形にて周圍二里餘なり此の日は特に盛擧なれば騎人も諸國有名の者集り佛帝はじめ諸國の帝王も看官となり都下の士庶相競ふて奮出せり

同十九日（西洋四月二十三日）晴無事
同二十日（西洋四月二十四日）雨朝八時なほ借家を見る
同廿一日（西洋四月二十五日）曇夜九時より故の外國事務大臣ロアンデロイス夜茶の招待に陪す各國のミニストル其他親屬男女會集し種々の饗應あり
此のロアンデロイスといへるは墨是哥マキシミリヤンの事件につきて退職し此の時議院の官にて草木會社の頭取を勤めたり此の夜茶の筵は尤禮會の一なり親屬知音男女とも日をトし夜餐後に集會し茶酒を設け相互に歡笑談話して一宵を徹すなり此の會は其身分により交際の事務なども表向の掛合にて爭論に至るべきも歡笑中に彼我氷解する事ありと云又一局一部に冠たる職務に在るものは時々此の會を催し其局官を集め其才能を親試し其懇親を篤くし大に公私に資けありといふ佛國にてハソワレーと唱ふ
同廿二日（西洋四月二十六日）曇朝五時禮式掛ラチユス外士官一人禮部大臣よりの書

翰を持參し來る四月廿八日（我三月廿四日）卽ち日曜日なれば午後第二時にヂュイロリー宮におゐて國帝謁見の事を申來る午後二時にプレイ幷にトナ等來る
同廿三日（西洋四月二十七日）晴朝博覽會掛プレイ我士官の內にて唐銅鑒定のものを定たる事を言遣はす
同廿四日（西洋四月二十八日）雨午後二時佛帝謁見の式あり
午後一時何れも禮服佛國に在る御國の岡士ゼネラールフロリヘラルトも黑羅紗に金飾の服にて禮冠を着け佩劒にて來る同半時禮典掛二人ラミエスシヒエイ禮典の馬車を備へ何れも紫羅紗に金飾の禮冠佩劒にて來りカシヨンも通辯のために來る我公使には衣冠全權幷傅役は狩衣步兵頭並第一等書記は布衣第一等翻譯方砲兵指揮第二等書記等は素袍なり鄉導者に面會し旅舍庭上より禮車に乘れり第一車は前乘四馬御者二人騎士二人宛車の前後に立つ全權傅役步兵頭禮典掛り三人第二車は中

車六馬御者四人騎士二人宛車の前後に立つ公使幷禮典掛一人幷カションン第三車は後乘二馬御者二人宛車の前後に立つ第一等書記步兵指揮幷コンシユルゼネラールフロリヘラルドジユレー第四車は二の後乘前同斷第一等翻譯方第二等書記並シーボルト並車三の後乘は公使の侍者三人乘れり城中正門に到れば騎兵二人兩側に立銃兵門內兩側に並び殿に軍樂部立並び當方通行の時樂起る玄關に入り下乘し階上には戎器を持し百人の親兵立並び嚴整なり禮典掛總頭取禮服にて階下まで下り迎へ先導せり一と間每鎖し門官二人宛立侍して行當れば闢き入れて直に鎖す第五の戶扉に入れば卽謁見の席にて三段たかき壇左佛帝右帝妃左方外國事務執政大臣其他貴官列し右方高貴の女官列したり我公使は其座前に就き式禮ありて其掛り名薄を披露し相見演說あり譯官公使の側に進み佛語に直解して通ず佛帝より答詞あり兩國親睦の交際あるより今相面謁を得る滿悅のよしを述られ附役カションン公使の右に在りて我邦

語に譯して通す夫より第一等書記所ゝ奉の公書を服紗より脱し全權へ達す全權進みて是を公使に捧ぐ公使取て帝座にすゝむ時に帝座を立ち公書を請取一禮ありて事務執政に渡されたり畢りて公使帝妃に默禮あり帝妃も答禮せり全權は公使の側に進み一禮ありて一同退出し次の間にいたり全權より贈品目錄を禮典掛總頭取へ渡せり夫より玄關まで禮式掛頭取送り出たり

禮典畢りて歸館せり夜祝賀の共宴を催せり此の日公使の馬車行裝を見んとて都下の老幼は勿論近郊よりも來りて群集し道を塡てり

同廿五日（西洋四月二十九日）曇午後市中を遊歩す

同廿六日（西洋四月三十日）晴朝八時佛帝より贈品來る

同廿七日（西洋五月一日）晴無事

同廿八日（西洋五月二日）晴朝馬塞里鎭臺より人々の寫眞來る午前十一時風船を觀る

風船は輕氣球と云（佛國にてはバロンと云）近頃一層の發明のよし其仕方ゴムにて巨大なる圓形の嚢を作り其中にガスを充分に滿たしめ其ガスの輕氣をもて騰揚せしむるなりしかして其巨嚢の周圍に長繩を廻らし其繩を纜聚せし處に一の小屋を繋付其中に人を乘らしむ大概風樣に從て是を試む但別に舵楫の設なければなり其大なるは二十人乘位まであり尤ガスの輕氣あるゆへに騰上は意の如くなれども甚だ度を超れば害あり故に其分量極めて肝要なりといへり又下らむとする時は前の嚢裏に充てしガスの氣を器械にて漸くに漏減して碍りなく地に抵る樣にす是尋常空中を飛航する風船なり又別に一處に騰上して一處に低下する仕方あり是は唯〻氣毬の下に太き長繩を繋ぎこれを騰上せしめて隨意の處にて繩を留め又其繩を引て低下する也但此の類は人の遊觀場に設け置く曲馬其他數々の手伎などゝ雜觀せしめ乘遊を望む者あれば價を取りて直に乘らしむ尤氣毬上下の時は必音樂を奏し導引の乘人は稍〻騰上せし處にて

紅白の旗を麾て看官に示すを常とす是は巴里の寫眞師ナタールの發明なりと云ふ好事のもの價を費して遊乘す（我本邦にも往年より仙臺の林子平の徒此風船の圖を著し猶工夫ありしが未だ斯如開達發明に至らず）

同廿九日（西洋五月三日）晴夜八時より佛帝の催せる劇場を看るに陪す

此の劇場を看るは歐州一般の祝典にして凡重禮大典等畢れば必其帝王の招待ありて各國帝王の使臣等を饗遇慰勞する常例なり故に禮服盛儀にて往くことにして其演劇の趣向仕組分明ならざれども多くは古代の忠節義勇國の爲に死を顧みざるの類感慨ある事蹟或は正當適直の諺譬にて世の口碑に係り人の可咲事を交へ詞は接續に言語ありて大方は歌謠なり其歌曲の抑揚疾舒音樂と相和し一幕位に舞踏あり此の舞踏も二八の娥眉名妓五六十人裾短き彩衣襦裳を着し粉粧媚を呈し冶態笑を含み皆細軟輕窕を極め手舞足舞踏轉跳躍一樣に規則ありて百花の風に繚亂する如し且喜怒哀樂の情を凝し一段落の首尾を整へ數段をなせり舞

臺の景象瓦斯燈五色の玻璃に反射せしめて光彩を取るを自在にし又舞妓の容輝後光或は雨色月光陰晴明暗をなす須臾の變化其自在なる眞に迫り觀するに堪たり

四月朔日（西洋五月四日）晴曉四時郵船に託して各〻書を家鄕へ寄す夜十時ミニストル館に至り舞踏を看るに陪す

是は舞踏の席を開き親屬知音を招待するにて亦禮會の一なり蓋夜茶會の盛擧なるものにして施設も頗る華美なり凡其催しあるあらかじめ招待書を廻し其日に至れば席上花卉を飾り燈燭を點じ庭燎の設食料茶酒菓の備へ等華美を盡し其席に來れる賓客男女ともにみな禮服を盛んに飾り相集り互に觀悟し音樂を奏し其曲に應じて男女年頃の者偶を選び配を求め手を携へ肩を比して舞踏す其客の衆寡により幾所となく舞ふ其法則ありて少年より習ひ覺ること通例なるよし大方曉頃に至りて散ず是則好を結び歡を盡し人間交際の誼を厚ふするのみならず男女年頃

の者相互に容貌を認め言語を通じ賢愚を察し自ら配偶を選求せしむる端にて所謂仲春男女を會すといへる意に符合し又禮義正しく彼の樂んで淫せざるの風を自然に存せるならん殊に博覽會の大典により國内事務局の催なれば國帝后妃はじめ貴族高官は勿論都下豪民集會し各國帝王貴族其他在留の諸官員盡く招待ありて其設の花麗を盡し趣向の高大なる實に目を驚せり其以下處々にて此の催あるは其身柄により同じからずといへども其趣は一なり英國太子其公使館に到着せし夜の舞踏などには佛帝後妃とも自ら共に舞踏せりといふ下民にいたりても其分に應じ或は茶肆に持出し興行するもあり是前條にいふ自ら男女配偶其倫を得る所以なり此の會を佛國にてハバルと云恰も本邦の北嵯峨大原岐岨藪原等盆踊の類に似て大に異るものなり

同二日（西洋五月五日）晴午前本地有名のアルクドトリヨンフといふ巨閣に登る（アルクドトリヨンフとは漢譯凱弓と云意にて即凱旋の偉勳を旌表すること也といふ）

此の閣は千七百年の末初代那破烈翁墺伊諸國の戰爭に殊功を奏し凱旋後の偉勳を後世に傳ん爲め大に土木を興して建築せしもの也といふ閣の全體横長き方面にて都て密質なる石にて築立たり高さ凡四十メートル（我二十二間程）正面廣さ凡二十メートル側面の幅之に半ばして閣の中心凡十五メートル程の處より圓形に切り拔き閣下前後左右通行を自在ならしむ而して其築立し石面四方とも都て神像又は古代有功の人物那破烈翁勝戰の圖などを鐫附け裏面には其建築の緣記様のものを記せり閣の下は一面に漆喰にて凡徑り七八十メートルの圓形に敷並べ入口は鐵垣を圓圍して太き鐵鎖を掛たり閣下左方の裏面に小扉あり戸内一の暗室にて其中程に石階あり螺旋して閣上に登る但日を限りて人の登るを許す門閣ありて一フランクを收む石階の數二百八十五段にして閣上に抵る閣は重層に建築し下の一層は步行自在のみ全石面の方庭にひとしく眺望四顧隨意なり其回り緣も巨大なる石にて胸下までもあるべく爰にて

下瞰すれば正面は王宮門前に直向し凡十八丁程直きこと線の如く途上三叉にして中は廣く馬車荷車等の通路兩側は瓦斯一齊に立並べ又樹木蔭翳せり（瓦斯燈の下より兩側とも人家軒下に接し漆喰叩にして人家の往來とす又馬車路と人行の路の際處々に噴水器を仕掛け風日揚塵の時はゴム管もて所々へ水を灑ぎ雨日は馬車路際より小渠ありて處々大渠へ泥濘を瀉下す巴里都下壯麗の市街は皆かくのごとし）背面カラントアルメーの通街も直線の如くみえて凡二十丁程其間セーヌ河の鐵橋を超へ巨大の銅像は初代那破烈翁なり又正面に宏壯なる廓はノオトルダムなり（是はキリストの本寺の如きものにして府下最第一の巨刹也）又左に高く聳るはパンテオンなり（巨刹の一なり高楼あり凡六十五メートルありと云）又右遙に舟楫の行通ふはセーヌ河なり岸に二三の巨屋は公議院（コールレジスラチイフ）鑄錢局外務局也又其右に長圓なるは博覽場なりなほ右郊外に高きはモンバンリヤンといふ全府警衞の城堡なり其側樹木森鬱たるはホワテブコンなり其他郊外まで布棊羅網手に取るが如し但其高聳なる目眩股栗を覺ふ觀了て下りぬ

同三日（西洋五月六日）晴夜九時よりチュイロリー宮殿にて舞踏を看るに陪す此の

擧は席上に瀧など設け庭園張燈の飾り等。國內事務局の催しに比しく盛會なり

チユイロリー宮殿は國帝の居城にて前は市街に接し左傍はセーヌ川に倚り周圍石築の長家造り入口の門々には砲卒立衞す城中石にて敷つめ往來自由を許す右の方鐵垣の仕切ありて中程に石門あり門上石にて彫鐫せし獅子の飾あり門の正面はプラストラコンコルドといふ廣き一衢のごとき地所都て漆喰敲にて數百の瓦斯燈あり又噴水器あり暗夜とても燈光掩映し人の眉毛を辨ず其壯麗實に拤手して嘆ずるに堪たり門の左右騎兵立衞す門に入て鋪石の廣場玄關樣の所ありて內に入れば左右に階子あり正面の屋根に國旗を立つ此の所廣さ十間許奧行六十間許なるべし是則帝宮なり皆二階又は三階造りにて折廻り同じ造りにて諸局あり門內往來の左又廣場あり三方とも王宮同樣の構にてミゼイとて古器物を羅陳し置官局なり二階は油繪或は古代の珍器各國分捕の品等貯

あり初代那破烈翁在世の衣服諸道具類秘藏し佛國起し書圖所持軍艦雛形等あり油書の場所は古代の名書など世に珍しきものあれば書を好める男女とも許しを受摸寫するを得る王宮裡手廣なる庭あり樹木生茂り噴水泉池もありて周圍鐵垣にて繞らし入口には砲卒守衛し其中男女貴賤をいはず遊歩往來自由ならしめ帝宮より一と目に見ゆる所也平日國帝親しく指揮の調練は此の内にて施行ありといふ實に王侯の遊園といふべし

同四日（西洋五月七日）晴朝パノラムに到り伊澳戰爭の時佛國援兵を出し勝利ありし圖を看る

シャンセリセイ博物堂の側に在り周圍圓形にて亘り凡十間四方なるべく入口にて傘杖を預り木戸錢一人前一フランク宛なり中央より階子にて螺旋して登る上れば堂の中央最高き所に出る其所は山の巔に擬し其傍に大砲小銃破裂せし或は彈丸の割たる抔ありて其實況を知る稍〻遠く

行けば四方山間崛曲の模樣遠近道路縱横の位置樹木の疎密烟雲の出沒盡く備り澳の軍勢と佛の兵卒と亂戰に及び雙方の軍威方に熾なる體を書き殊に人物大なる所は眞に迫れり就中佛帝左右幷に騎兵大砲を率ひ澳軍に馳向ふ處彼方より發せる彈丸此の方侍醫の馬の胸に中り躍跳する體佛帝回顧せる樣其迹より來る騎兵も彈丸に中り落馬せるもあり又此の方より發せる大砲彼方火藥庫に中り人馬共に烈け車輪空中に飛揚し其火色物凄きまでに見へ雙方の手負死人も夥し或は騎歩兵大砲の山間を馳驅し又は村落の際より互に突出して捗合小銃大礮の發せる歩卒入亂劔にて擊合傷者を持運び疲卒憩息する或は一處の味方苦戰なるを見て他方より馳て之を救ふ或は大將と見へて勇ましき裝にて兵卒を指揮せしが忽地撤兵に狙擊せられて落馬するなど諸の體盡く極る戰場の形狀目のあたり視る如くなり尤佛國の方勝利に見えたり但將官等は其時の寫眞によりて描きしなりと云先導者一切〳〵講說あれども分り難

し。全體の畫圖油繪にて圓形によりて勾配をはかり遠近距離などを見せしめしなるべし其摸寫精巧なれば人をして實境にあふ想を起さしめ頻りに扼腕唾手などするものあるもいとおかし抑、油繪は歐洲にて古來より之を珍貴として名人の筆に至りては一面の額其價數千金に至るといふ唯、奇を好み衒を衒すにはあらず今此の畫の其妙を極め當日の景況を今日にしらしむるを見れば亦世用缺くべからざる一具なるべし

同五日（西洋五月八日）晴朝本邦在留公使レオンロスの留守を訪ふ

同六日（西洋五月九日）晴夜九時より評議局の舞踏を看る

同七日（西洋五月十日）晴午後三時本草會社討論場へ人を遣はさる外國局官吏ルーイトジヨフロハー名簿をさし出せり

同八日（西洋五月十一日）晴午前十一時英國太子館より招待せらる午後三時都下鳥獸草木種々蓄ふ園囿を觀る

同九日（西洋五月十二日）雨魯西亞公使名簿をもて尋問す夜プランセスマチルド（帝族

なり）招待あり

同十日（西洋五月十三日）雨午後一時孛漏生使節尋問す夕五時より使節接待役コンシユル等同行にてテヤートルシヤツトルイへゆくに陪す

此の劇場多く佛都前顯の景狀に同じ因て略す

同十一日（西洋五月十四日）雨午後瑞西ミヽストル尋問すドワンテロイス方にて夜茶の饗あり（此饗も前同斷）

同十二日（西洋五月十五日）霽朝八時佛帝より使者立られレセツプチユイス宮殿におゐて開筵によりて招待あり午時シヤルクランの館舍へ引移りぬ

此のシヤルクランは市外幽雅の地にてボアデブロンギユへ續く地なりボアデブロンギユは都下遊憇の最大なる公園にてアルクデトリヨンプより一條の大路あり周圍二三里もあるべく樹木蔭森として路幾筋もありて中央廣き路は馬車を通じ樹林中左右の徑は遊歩又は騎馬の行路とす洒掃等至りて屆き池邊は異禽珍魚など養ひ小艇ありて游棹擅にせし

む其池中を周回して舟錢凡二三フランクなり中島に佳木奇花など植え茶肆も奇麗に建聯ね風流の士など夕餐を命ず此の池へ灑瀑布泉を懸夏月占涼の處とす此の他ボワドワハンセーヌパルクモンソウビットショウモンなど處々に遊憇の園ありて各〻其水土によりて意匠を異にし風景も各様にて目を娯しましめ心を怡ばしむ都て士民遊息の公園にして其趣き同じければ是を略す

此の公園を行過てヌーエーといふ地に出る所にジャルグントアックリマタションといふ植物苑あり各國の佳木奇草を集めて培養す熱地のものは苑中玻璃室を作り蒸氣にて暖にして培養す處々水泉ありて浮萍の類も生じ紅魚白魚瑇瑁魚などを飼ふ又禽獸を畜ひ置所あり牛馬豕羊鹿猨兎犬など種々ありカンゲロウとて亞剌比亞産の獸あり其貌鼠の大なるごとくにして四肢前は不用にし後趾にて走る極て速なり牝は腹皮二重にして子あるときは常に外皮に入れて養ふ時々稚子首を腹皮より出して食を覔む甚

だ奇也其他獺狐狸貉の類最も多し禽は孔雀鶴錦鷄雉鳩鷄の異品なる其外小鳥も數種あり其風土に從ふて氣候を凝し性を換え質を變せしむる等の術を修せる爲設けし所にて經費は其修行の者結社中別に供給の法あれば費を厭はず如斯細事も能其試驗を遂ぐといふ又此の地の外にジャルダンデブラントとてセーヌ河の南緣に大なる禽獸園あり大概前の植物園に同じ只獅子虎豹象豺狼熊羆獨等の類を畜ふ猛類は皆鐵圈にて畜ふヒポポタムとて南亞墨利加に產する比類なき醜態なる海獸あり其貌牛の大なるにて趾太く短し全體毛なく墓の肌にひとしくして厚く甚だ猛健なり口方大にして恰も祇園會に用ゆる獅子の頭に髣髴たり常に水中に放置看官パンを投與すれば水より出でこれを食ふ又蝮蟒の類多し同國の產なり暖を好めるよしにて箱に入れフランケットにて包めり其大なるは圍り一尺許りもあるべし時々箱の中にて首を掀舌を鳴らせり又鱷鮫の類ありいづれも生畜せり又巨鯨巨蛇の枯骨を全備す都て修學の具に供すと云庭中小高き

所に一樓あり樓上死者の骨及小兒の骸を酒に漬せし或は死者を其儘に乾し堅めたるミイラ如き者數多く羅列し何れも小札もて其由緣を標記す蓋異邦の人骨格の異なる或は異形に體を受けし又は病によりて變せし病根等を考證に備なるべしこれ又修學の者結社して如斯其細大を遺さず考索に心を盡せる感ずべし

同十三日（西洋五月十六日）雨無事

同十四日（西洋五月十七日）曇午後英國公使館の舞踏を看る（此舞踏も前同斷略しぬ）

同十五日（西洋五月十八日）晴佛后妃の催舞踏に招待ありし午時大砲器械貯所並巴里有名の古寺其外交易公事吟味所罪人裁斷等を見るに陪せり

同十六日（西洋五月十九日）晴無事

同十七日（西洋五月二十日）晴休憩

同十八日（西洋五月二十一日）曇アベニユーデランペロウールの傍に在る花園を看る

同十九日（西洋五月二十二日）曇暮七時外國事務執政方にて夜茶の饗あり（此の夜茶も前同斷）

同廿日（西洋五月二十三日）晴モリス方へ往く
同廿一日（西洋五月二十四日）晴無事
同廿二日（西洋五月二十五日）晴おなじ
同廿三日（西洋五月二十六日）晴おなじく
同廿四日（西洋五月二十七日）晴午後一時より巴里市街埋地道を視るに陪す
此の埋地道の興作は近年の事にていまだ町末は造築中なり市街往來の下に別に一の洞道を穿通し洞内立行して碍りなき程にて下に一條の川を疏し兩側歩行すべく市中人家の濁水及汚溺水戸尻迄も皆此の川に注ぐ各處に注ぐ穴ありて瀧の如くに落つる上に大さ拱把の鐵箭を通じて呑用水を水源より遠く引き細き鐵箭は瓦斯を釜元より取りて各家に分つ所々明り取りの穴あれども委しくは燈を點せざれば見えがたし余輩城の裏手にある市街より鐵蓋を拔き石段を下りて入る川幅に架せし車あり其れに乘りて屈曲十五六丁にして川幅廣くなる是より舟に乘り凡

半里許にして城西一箇の市街に上る洞中陰々として臭氣鼻を穿つ漸く日を望むを得て大に快然たり此の埋地道人家の汚物を流せるより常に是が爲に掛け置く人夫ありて器械にて掃除して壅塞なからしむ

同廿五日（西洋五月二十八日）晴阿蘭公使幷海軍コロニイ砲兵頭幷ホーシヤン等尋問す佛國アミラールヲエー支那日本海の總督を命せられ近日本邦へ出帆せるにより尋問す

同廿六日（西洋五月二十九日）晴アミラール附屬の官人等來る

巻之三

慶應三丁卯年四月廿七日（西洋千八百六十七年五月三十日）晴此の日各都下に出遊歩し綠陰清涼の地をトし幽致の茶肆に入り並榻して茶菓を試む

同廿八日（西洋五月三十一日）曇ボワテブロンに往て銃を試む

同廿九日（西洋六月一日）晴夕四時魯西亞帝佛國へ到着せり

此の日魯帝の巴里へ到着せるを見むとて土人近郊の者まで群集しガランドホテル客舎の前往還までつゞく夕四時魯帝迎の馬車其餘騎馬兵歩卒とも美麗を盡し汽車會所へ出でたり佛帝にも壯麗なる馬車にて右會所半途まで出迎はれ同四時半頃同車にて帝宮に入らる暫時ありて魯帝にはボールバールといふ街の兼て設置れし佛帝の別宮へ移らる陪從の士官警衛の騎兵等も相應に召具して殊に立派の行裝なり

同晦日(西洋六月二日)晴午後二時ボワデブロンの競馬を觀るに陪す此の日魯帝佛帝孛漏生太子白耳義王其他貴族とともに一覽あり

此の競馬去三月十八日觀しと大方同くして其催し盛大なり西洋諸洲の競馬は奕戲に同じく相賭して勝負を爭ふを常とす故に其場にて突富の札の如きを賣りて輸贏によりて得喪を爲すを事とする催主の如きもの多し此の日佛帝と魯帝と十萬フランクづゝの賭ものせしが魯帝の方勝たりしかば其十萬フランクを以て魯帝より直に巴里の貧院に寄附せし

とぞ
五月朔日(西洋六月三日)晴午後シベリオン博覽會の事を議するによりて來る
同二日(西洋六月四日)晴魯西亞帝より使者來る夜九時國帝の招待によりて劇を觀るに陪す
同三日(西洋六月五日)晴午時ブランセスミユラ尋問す今夕四時半孛漏生王到着せり
魯帝到着の時と同じ此の日魯帝佛帝の宮へ訪れしに前日士人群聚蝟集するをいとふて王車行過の路筋を市街の人の知らざる樣に通られけるとぞ
同四日(西洋六月六日)晴午時半より巴里城西南の郊ボワデブロンギユヂブーロトームロンシヤンといふ所に大調練あり佛帝は勿論魯西亞帝孛漏生王魯國太子孛國太子其他貴族集會せり我公使をも兼て招待ありて我輩も陪從するを得たり

此の調練の兵數歩兵凡二十大隊(組合聯隊)土坑兵樂手隊附屬砲兵隊二十座樂手附屬騎兵二十四ヱスカドロン歩騎砲の三兵合せて凡六萬人程なりといふいづれも壯麗なる裝にて部分を正列し諸兵裝頓の上佛帝魯帝其他諸王子とも騎馬にて陣頭を一巡し夫より行軍の式あり尤大調練にて轉動なしがたしとて只周旋行なせしのみなり號令は佛國第一等陸軍總督なり右行軍終りて後一隊毎に其指揮官にて引纒ひ各陣營へ歸る其號令指揮の整齊旋回機變の自在一人一體を動す如し

夫より佛帝魯帝同車にて歸宮の途中ボワデブロンギュの松林の間より魯帝を狙擊發砲せし者ありしが幸にして側の馬に中りて兩帝とも恙なしされども大に騷ぎて其者を忽地捕得たりとぞ其後の始末はラシエクル新聞紙撮譯に詳なれば此に附載す

千八百六十七年第六月六日佛都にて調兵の擧畢りて後那破烈倫帝と歷山帝と(卽ち魯西亞帝の名なり)その外諸王太子いちどう乘居たる帝家の馬車ボワデ

フロンの松林の間を通行せし折柄一人の男歴山帝へ對し手銃を一發せり歴山帝巴里在留の間附添はしめ置たる我國帝の騎兵（レイツンシホユフレ）是を見て直さま馬車の乘口の傍に進みたりしが其男子衆見物人の最前に立居たるを見受たりしかばたゞちにおのが馬を盤らしてその男子に乘かけんとせしに其男子は已に自からおのが手に傷付しをも顧ず其志を達せむと更にその手銃を二發せり其一彈は騎兵の馬の鼻穴に當り一彈は自から其指の一を落せり玆に於て諸衆人悉く大聲を發して叫喊せりさて其馬の血帝家の車中に注ぎ帝衣を汚かせり是を以て國帝は傷を受たる如く見えたれども天帝の眷佑に依て國帝及歴山帝少年の王子も皆傷を受たるものなかりし○拿破那倫帝の神色少も變ることなく車中に立て衆人に向ひ誰も傷を受たることなしとの言を告たりしかば人々感服せり歴山帝も同じく自答して我等同じく敵を見たりと述られたり王子フラヂユルの衣服血に汚れたりければ拿破烈倫帝これに向ひて血に汚

れたるは傷を受られたるやと問はれしに否君にはいかゞありやと對へられたり國帝及歴山帝各王子の禮服もみな血に汚れたり○其時其場にありあふ人々皆憤怒しその男子をとらへ是を罪せんとせしかば餘儀なく士官の警衞を要するに至りしその男子は直に一の馬車に入れ二士同乘し巴里の番士一ペロトンとこれを警護し市中取締役所まで送りたりしは恰も五時半なりしその男子の發せる彈丸一婦人に傷つけたりしといひ又その婦人の頭飾に中りたりしのみなりともいへり尤其婦人は馬車に乘せて同じく役所に送りたり其男子は波蘭人にてベリゾウスキといへるものにて年齡二十歳器械の職人金鐵類を製する工家モッシユルグアレといへる者に屬し工を操れるものなり同車警固の一士官途中其男にいふに爾の彈丸歴山帝に傷つくこととなしといひたれば甚殘念なる體にて憤怒の色顏面に顯れたり又其生國を糾せしに自若たる體にて直にその波蘭人たることを白狀しまた其鄕貫年齡等も隱さずこれを陳述

したり其者はウォリニーの產にて二年前卽十八歲にて其國を去りて此の地に來り器械の職工とはなりグアンの手に附き其後モッシユールゲールの手に屬し今年の第五月四日ゲールの方より暇を取たれども兼て波蘭人の爲に法國政府より與ふる扶助金一箇月三十五フランクと其他のものにて暮し居たり同車の士官その職業を廢したる所以を問たれども對へざりし其後歷山帝を狙擊すべきとの志を企てたるは何時頃なりやと尋たりしに帝の巴里に到着せしことを承りしより思ひ立たるよしをいへり其最初は火曜日の夜遊劇所に赴くとてその企をなさむとせしかども手に一兵を持たざれば空しくブールバールペレチエー往來の角に立て衆人の前に出て歷山帝を見たりしに帝も己の波蘭人たるを察し知りたる樣子なりと自からいへりと且其往來にて衆人帝の爲に萬歲を唱ふるを聞たりしが己は一言をも發せずその折より狙擊すべき志ますます決せりと〇其明水曜日ゾールバールセバストボルにある武器を鬻

げる家に行て二挺がらみのピストルを求めたりしに其商家にて八フランクづゝの筒數多を示したり其用に適すべきや否やを問しに其中の試驗を經たるものあり九フランクにて賣るべしとの事にてその最佳なるべきを告たれば是を買得たり即その價を遣し筒を携へ己が家に歸り藥を裝せんと試みしにその彈の餘りに小さかるべく心付たりしかば他の彈を鑄むとせしが又心付て其彈を大きくしたりしのみにて止たり○其翌朝即木曜日渠急ぎ衣服を着し朝七時に起出て其裝藥せる手銃を囊中に納め午飯を喫せしも甚儉素なりし裸麥のパンとソーシーソン（摺肉に銀紙なかけたろ物也）及葡萄酒半瓶を傾けその飲あます所を己袴中に藏せる小瓶中に移して携へたり而して徐に競馬場の方に赴きたり○調兵場に歴山帝の到れる時是を發せんとせしかど其道を知らざるより終に帝車に出合ざりし調兵畢るの後帝車カスカードの道を歸るべきよしを聞しりたれば其岐をなせる路頭に立衆人の前に出でこれを待受たり恰も騎兵隊一ン

チメント引來れる時なりしかば帝車之が爲に暫時路を撰ぶがため猶豫したり頓て帝車の進まむとせし折渠帝家鹵簿に近づき拿破烈倫帝歷山帝兩王子の車過る時ピストールを振りて是に近づきたりと白狀せり○士官又爾が輩を能守護せし政府の客分たる歷山帝を何の爲に狙擊せんと企たるやと問ひしに渠淚を流して佛蘭西政府に對しすまざることをせし旨を述べたり○士官再び歷山帝を擊んとせしのみならず拿破烈倫帝をも擊べき企なりやと問ひしに波蘭人の發する彈丸は決して他人に中らず歷山帝に直に中るべき筈なり世人をして歷山帝の虐政を受けず自在ならしめむとの外決して他意なしと述べ久しく默然として居れり○諸裁判方の重役今午後問注所に赴きたるのみならずミニストルデタルエル初め帝命を以て悉く集會せり歷山帝のヱートテカン側役なるマムトスワロフも出席したれども自高ぶりて直に罪人を糾すことを嫌ひたりしかばルヱルより其最後の糾しはマントスワロフ氏より始むべき

旨をもて是を促したりしにより同氏魯語波蘭語佛語等にて種々の問をなしその親屬及以前の職事等を問ひしに十六歳の時波蘭一揆の企に組し砲を肩にせしが二年前國を去りしよりは親屬とも音信を絶ちたりしよしを述たり○又父と書信の往復をなすやと問ひしに決して其事なく且他人より己れの隱謀露顯せんとの恐れあれば決して人に語らふことなかりしとの事は更に恐るゝ氣色なく幾回もくりかへして是を述たり渠傷を受けたるをもてその左の手を布綁しこれを水に浸しなどして丁寧に介抱なしたり渠いかにも沈着して頗る才智あるべく見ゆその故は陳状に一々調印し且ピストールはいづれより買得たるなどの事までも委しく書面に認めたり○手銃は臺尻の方損し其中に彈丸一つ入居たり第二時(即夜二時なり)コンシエルセリーへ連行番を附置くといふ○又フランスといへる新聞中には歴山帝に屬從せる諸官悉く憤怒して速に歸國あるべしと勸めたりしかばこれ程のことにて兼て期したる月日を一時も低

ふすべきなしと答へたりと
是等の新聞は本邦へも速に舶來して諸人疾く見侍りたらむを今玆に其儘くだ〳〵しくしるせしは贅言なれども其時の新聞の速にして委しきと且其寛優なる其國風をしらしめむ爲その儘記せしものなり又東洋の新聞は米國桑方斯哥印度新嘉埠の電線にて不日に達するを得せしむれば本邦又は支那印度の瑣末なる珍事までも都て如斯迅速に其詳なるを得る看る人其氣息の快通するを察すべし
此夜十時魯國公使館の舞躍を見るに陪す
同五日（西洋六月七日）曇魯帝の爲に町會所にて大舞踏をなし凡八千人許集るといふ（此の會佛帝魯帝孛王佛后妃等みな招待ありて曉に徹す）
同六日（西洋六月八日）晴午後一時新旅館を視る同四時病院を視るに陪す
此の病院は市中に接し高敞の地に在り周圍鐵墻にて屋宇は層階造りなり入口番卒を置き各房病者の部類を分ちて上等下等の差別あり一房毎

に病者數十人牀を聯ね臥す臥牀皆番號あり臥具都て白布を用ひ專ら淸潔を旨とす看護人は皆尼女の務とす配劑所食料所等十分の結構なり瀧泉を掛て灌頂せしむる所或は浴せしむる所あり床下蒸氣管を通じて冬月各房を溫むる用とし又一の幽室あり六七箇の臥牀に死尸を載せ木蓋して面部の所は布もて掩ひ側に牓札あり是皆病者の病源の分明ならず衆醫疑案を存せしものにて其標札に死者の名年齡より病の症體を精しく記し死尸日を經て必ず其病の在る所より腐敗するをもて驗按發明の一端となすといへり院の後ろに洗濯場あり數人其事に從事す院內遊步の花園あり病者の運動に宜しきもの地內を徜徉せしむ此の病院は巴里の市中に或る富家の寡婦功德の爲め若干の金を出して創築せし由にて其寫眞の大圖入口に揭けてあり○凡病を治するは藥療と攝養とに因るものにして療治はもとより其學術の研究練磨によるといへども其看護保養の適宜なる資けを得て順愈追快に及ぶものなるべければ此の病院

の趣意療養はさらなり其看護保養食物の可否加減の精密にして且風乾雨濕を計り其氣を抑揚發塞して其節に適はしめ身體運動なさしむるをもて療養相應じて愈快せる日を究めて驗を見るといふ然るに凡人其家に在りて醫を請じ親屬愛護して舐撫し病者の意を覘ひ好む所にまかせて薦め或は過食し又は乏飢し發塞をたがへ氣を閉ぢ精を泄し漸く心神を勞せしめ却て病を蓄積し遂に不治に至らしめ醫を咎るの類少からず皆まどへるの甚しきといふべし故に此の地にては病者はかならず病院に就て療養を請じ醫療の過ちにて天殞なく其天然の齡を遂るを得せしむといふ是人命を重んずるの道といふべし

同七日(西洋六月九日)晴日曜日休暇佛帝魯帝孛王と倶にウイルサヱルへゆきて遊ぶに陪せり

同八日(西洋六月十日)晴夜九時半帝宮にて舞躍あり集會せる人は凡八百人許なり同二時ばかりに散せり

同九日（西洋六月十一日）晴夜孛國公使館にて舞躍ありて招待せるに陪す此の日へルゴレース街の新館稍〻修繕せしとて附屬士官數員引移りぬ此の夜は假亭へ先だちて移りし人々の徒然を慰せん爲訪ひつどひて夜もすがら例の論討雜話に耽り短夜の更行くもしらでいつか空も明ちかくなりければいでやボワデブロンの朝景色を見んとてともに打出けるに曙のえんにおかしく木々の葉も露けく往來の人影もたへてゆく〳〵互に口すさびなどしつつ川の滸りにいたりけるに水鳥など群れ居て時ならぬ人蹤にも驚くけはひもなくて閑なるさまは人の害せる心なきに馴れたる道の傍にえならぬ花など咲つゞけたれども手折る人さへもなきは興ある政の先づゆかしくぞおもはる夫よゝ瀧のある所にいたり人待つ爲に設けたる椅子ありしばらく憩息し日の出る頃に各〻歸りぬ

同十日（西洋六月十二日）晴無事但新聞を得たり左の如し

當月第十一日英國軍艦アルキユス內海へ向け出帆せりその船にてはミ

ストルホルトサトウアストン九番レシメント甲必丹トウント衛兵の號令官甲必丹アフリン並にレシメント隊の一部（四十人宛）及騎兵馬とも乘組せ公使の到着を待んとす○大阪チフロマチーキ役の尋問英佛米荷の公使とも十日の内には大阪に向け出帆すべし其附添人も多數且大阪にて是を饗遇せる爲に大なる用意あるべし英國軍艦はシリスクにてシルハルリーパークス及妻其兒の一人ミストルロユック醫ウイリスウキンソン公使館衞その指揮官フラメイ乘組行べし外略す

同十一日（西洋六月十三日）雨午後二時巴里パッシイ郷ペルゴレイズ街五十三番といふへ轉宿せり取締の小使人を雇はる一同へ轉徙の祝等あり同時外國局ジユロプロウへ移轉の事を達せらる

同十二日（西洋六月十四日）曇無事

同十三日（西洋六月十五日）曇プロリヘラルト來る

同十四日（西洋六月十六日）曇教育ミニストルへ教師の事を言遣はさる

同十五日（西洋六月十七日）曇朝ジツクドペルシヤキ來訪す
此の日本邦當卯四月十二日出横濱よりの新聞紙を得たり
其略に佛國アミラルローク其公使に從ひ大阪に赴きし節受る所の行遇に因りて考ふれば日本人外國人に對して懇親の意を表し且其開化日々進めるを見るべし（此の他略しぬ）
同十六日（西洋六月十八日）晴夕五時荷蘭留學せる本邦の人々到着せり
同十七日（西洋六月十九日）晴無事
同十八日（西洋六月廿日）晴午後二時よりフランセスミラ誘引にて博覧會を觀るに陪す荷蘭留學生等も從へり
博覧會場はセイネ河側に一箇の廣敞の地にて周圍凡一里餘もあるべく元調兵場なり其中心に形ち楕圓にして巨大の屋宇を結構し門口四方より通じ彩旗を立繞らし内部外部と分ち順次に道路を通じ徘徊遊覧に便ならしむ内部は乃屋宇の内にて東西諸洲此の會に列する國々其排列す

る物品の多寡に應じ區域の廣狹を量り各部分を配當せり佛蘭西は自國の事故最も規模を盛大にし天造の靈妙人工の精微產物の豐備學藝の高尙なる之を世界萬國に比較して愧づべからざるのみならず以て其得意を示すに足るべき目途なれば其場屋の半を占めたり英吉利は其六分の一を占め孛漏生白耳義南北日耳曼聯合州澳斯多利は何れも其十六分の一を占め魯西亞米利堅伊太里荷蘭瑞西は三十二分の一に過ぎず墨是可西班牙都兒格は其半にして葡萄呀希臘丁抹埃及巴社亞弗利加等は又其半に過ぎず我邦の區域も是等と同等にして之を支那暹羅兩國と三箇に分ちて配置せしが我物產の多く出でしにより遂に其半餘を有つに至れり場中排列する所のもの凡物華天寶より日用の雜品學藝に係る諸道具とも自然の化育によりて成るもの或は窮理の上より神を極め精を殫して造りし物上は鴻荒希代の古器珍品を聚めて殘す所なく下は現世發明の新器を陳て餘すことなし各國品物の異を觀ば自ら其國の風俗其人の

智愚も思ひやられ殊に東洋西洋風氣俗尙の懸隔せる凡器用服色の上に就ても略其一端を概見すべし都兒格埃及亞剌比亞の如き亦其風俗を異にして荒僻陋固の景况其物品によりても推知せられたり瑞典諾威の如き地球西北の一隅に僻在して文物いまだ開化の盛なるに至らざるも亦察せらる場中の物品排列の盛大なる旣に凡例にも言へる如く普く記し盡く載る能はざれば姑く闕如に附し所見の大略を筆する而已

人工の精しく學藝の新なる歐洲競ふて著鞭の先を爭ふ故に此の會に出せる物品は何れも巧智を究め奢靡を盡し聲價を世界に博めむとす故に蒸氣機關の如き智機の靈工意匠の慘淡看破すべき所といへども我輩其學に達せざれば其理を推究する能はず雲烟過眼に看了すること遺憾といふべし只其見る所に據れば亞米利加より出せる耕作器械紡績器械は就中其尤たるものと稱すべし英國は之に亞ぐの説あり此の部内にて看客を臺に載せ蒸氣を以て押上げ屋上に登らしめ屋上に散歩の路ありて

外部の臺榭堂塔庭園諸場を一目に眺望せしむ
油畫は歐俗最珍重する所にて其學科も亦盛に至り各國より有名の肖像又は景色等を出し其種類頗る夥しく縷擧に暇あらずといへども其古代を摸寫せし多くは宗旨に關係する事跡又は殺傷の樣體或は絶世の佳人有名の山水など當時譽を擅にせし大家現今名を博せる良工の筆跡なればば其優劣固より評し難く佛蘭西にて出せるセバストボールの戰爭の大圖の如き其人物大さ眞の人と同じく其肖像も當時の將官を眞寫せしものにて敵味方交互入亂奮闘蹂躙する體彈丸破裂壓死の體大軍血戰の景狀等遺すなく描畫し死尸道に横り砲烟天に漲り其勢氣動容宛然實地に見る心地して半は壯快とし半は物凄く見ゆ此の油繪は價貴く方丈室に掲ぐべきは小額にても工みなるは千フランクに下らず其上等なるは亦推知すべきなり
金銀古貨幣は羅馬希臘都兒格最多く形ち異常なるもの多く又古雅にし

て文房の玩具に供したきもあり亦金銀を以て製作したる物象人像或は器用に備ふるもの等夥しく排列し其用ふる所果して何の用を爲すや解すべからずといへども昔時其國の昌盛にして物力も殷富なるを知るべく將其國王の下民を擅制し一己驕奢の欲に充つることも又意想するに足れり各國現に用ふる金銀貨幣の見本を聚めし處あり我邦の大小判一分銀二朱金一朱銀も列し歐洲其他各國圓貨の中に在て獨方正を示せり尺度量衡も各國現に用ふる所を聚めて列せり我邦量の如き又圓形中方正なるを以て特に目立たり蓋貨幣は萬國交通の本資なれば各國其制を異にするは四海一家の誼に於て缺典なれば之を稠人廣衆に其異同如此なるを示し人々をして之を同規一致に歸せしむること至便の念を生ぜしめ遂に世界中其論を公なりとして同意釐正するに至るを期する爲め特に其議事役も命ぜられ尙各國の論辯を俟と云ふ服飾器玩は巴里斯曾て精工の名を擅にする處なれば殊に其極奢窮靡の物品其仲間により競

て出し金銀珠貝寳石玳瑁珊瑚を用て製作せしものにて希世の珍と稱すべきもの數ふるに暇あらず服飾に至りては時樣風流日新を逐ひ殊に歐洲の魁先を占る華奢の習俗を觀るに足れり珊瑚の製作物は伊太里の名產にして其種類最多く出せり又同國より出し天造物中孔雀石の大さ合抱餘にして長さ三尺五寸許なるあり亦奇觀なりし
學術器械は我輩其術藝に通せざるにより其發明の可否を認る能はずといへども醫師道具及測量器の如き最品類多く見へ就中人身解剖の眞形を摸せし紙細工など精工無比と覺ゆ又越列機篤兒を以て圖畫を摸出せる器械あり新發明なるよし電線機の新製なるを多く出せしは瑞西を以て第一とせり絹布織物の巧にして且鮮彩なるは黎昂其名高きに負かず華紋織出しの精麗各色染付の艶絕なる人目を眩し他邦の織物は醜婦の美人の側に在るが如し又造花の工なる殆んと玄化の巧用を奪ひ薰なきをあやしむ凡此の場中歐洲人といへども一週日を歷るに非ざれば尋常

看了する能はす況や其學術窮理上に關係する諸物品其理源に溯り其所以を考究する學識强記のものにあらざれば耐へざるべし我輩語言通ずる能はず識見凡劣なる加ふるに交際公務ありて數日縱觀するを得ざるにより全く夢裡の仙遊其光景の一班を糢糊に記するのみ展場の外廡は周圍は各鄽を開き諸州の名產を鬻ぐ茶肆酒店は其國風の粧飾せし二八の美姝を撰みて五七人宛鑪に當て客を迎へしむ亞國より出せし酒店は殊に絕色ありとて遊客も多く湊り澳國の酒店は其女の服飾も一種の製にて古代めきて見ゆ其外東西各國の趣を異にせし風をもて其國產を鬻ぐ中に佛國人の外邦樣に扮作し未開の風俗を摸し奇を好む客を引き奇贏を得んと欲するものもあり看客多くは其國より出せる店にて休憩す是意情の然るのみならず飲食も亦適宜の鹽梅あればなり

外部は徜徉自適なるにより每日日斜の運動散步にまかせ頗る細密に遊覽するを得たり此の部內も稍〻廣大にして一兩日にて看了する能はず遊

園は地球上にあらゆる植物動物を萃め博物學者の考證に備へ討論工夫の種とし培養樹畜の理を發明せしむ宮殿亭榭堂塔家屋は萬國各風ありて文質儉奢自ら國體風俗の趣向を異にするを示し特に智識を長ぜしむるのみならず亦萬里を咫尺の中に約して五族相交るの誼を知らしむるといふべし

遊園の部

第一　暖室

此の暖室は玻瓈にて屋宇を設け蒸氣を通じて之を溫め熱帶土產の花卉を其暖度に適して養ふ室なり

第二　帝后宮內の模造

第三　オルチヱストラの圓形なる宮殿

第四　熱帶國々に產する文禽彩羽を聚めし場所

第五　水上に浮生する蘋藻の類を養ふ人造の池

第六　各國の植木を養ふ室屋
第七　熱帶國々の奇花異草を聚めし場所
第八　薔薇の類數多栽聯べたる場所
第九　第五と略同じ
第十　荷蘭古圖書を置ける堂の模形
第十一　ジヤマント（寶石の名）細工所
ジヤマントは其質水晶に似て光彩の更に燦然たるものなり歐洲寶石中最貴重にして高價なるものとし多くは指環婦女の首飾などに嵌入すべき程のものなり大さ寸に充るものは曠代の至寶にして貴豪に誇る兆とし魯西亞帝英國女王等の所持せるは何れも寸餘にして之を圖式にも露し世に有名なり此の細工所においては寸餘に至るは更に認めざりし
第十二　新案の馬車類

第廿五　消火器械
第廿六　軍務局より出せし兵具類
第廿七　萬國演劇
此の萬國演劇といへるは未開國の藝人を聚めて其國風の戯を演せしむ就中亞弗利加洲中國々の遊戯は缶を打ち鼓を鳴して歌舞をなし又は紐もて腹部を締め兩人左右より追々しめ上るにより恰も捏切ばかりに至り手を延して幾度となく中返りをなし又はシャボテンの堅く熟し針の如き芒刺あるを馬食して滿口血を灑ぎ或は燒き鐵の焰の眞赤なるを吮め口より涎液を流しなどする體見るも厭ふべく人間の爲す業とも思はれず眞に野蠻の風態禽獸と相去る遠からざるを觀るに足れり
第廿八　圓形の層室
第廿九　歌弦ある酒樓

第三十　瀧泉を仕掛し場所
第三十一　風車
第三十二　瑞西の風に設けたる酒樓
第三十三　工匠家屋の雛形
第三十四　水車
第三十五　器械にて鳴す撞鐘
第三十六　木匠建築の雛形
〇ロ耳曼　西班牙　瑞西　魯西亞之部
第三十七　農具
第三十八　書具を聚めたる室
第三十九　澳斯多利彫刻細工物
第四十　孛漏生の亭榭
第四十一　澳斯多利の麥酒店

第五十四　越列機にて點火する燈明臺
第五十五　各國集議所
第五十六　宗門禮拜堂
第五十七　墨是可の古器を聚めたる堂
第五十八　亞米利加の亭榭

○東方諸部

第五十九　亞弗利加チユニスの宮殿
第六十　同國モロツコ帝の天幕
第六十一　羅馬の寺院
第六十二　蘇士地峽掘割の起し畫圖
第六十三　支那の茶店及演戲

此の茶店及演戲とも佛人の目論見にて支那の形容を摸擬し同國婦人周亞琴（十八歳）念亞彩（十六歳）外一人名未詳三個を置き酒を賣らせ其寫眞を

も覊がしむ演戯は其衣冠服色を摸して僅に其趣を備ふるのみ

第六十四　亞弗利加の厩

第六十五　埃及の納涼殿

第六十六　同國の尖塔

第六十七　同國の家屋

第六十八　都兒格の浴室

第六十九　埃及佛閣

第七十　他國より滯留の者宿所

第七十一　伊太里の陶器幷花崗石

第七十二　日本の茶店

此の茶店は全體檜造にて六疊敷に土間を添へ便所もありて専ら清潔を旨とし土間にては茶を煎じ古味淋酒などを貯へ需に應じ之を供す庭中休憩の場所に牀机を設け傍ら活人形を並据て觀覽に備へ座敷に

はかね（人名）みす（同上）さと（同上）といへる妙年の三女子閑雅に着坐して容觀を示す其衣服首飾の異るのみならず東洋婦人の西洋に渡海せしは未曾有のことなれば西洋人の之を仔細に看んとせるもの椽先に立塞り目鏡もて熟視す其座敷は疊床なれば之に上ることを許さず故に其體に近づき逼るは得ざりしが間斷なく蟻附蝟集して後者は容易に見るを得ざるも少からずとぞ或良家の少婦母に伴はれ來て其衣服を借着し竟に之を買むと請しことありと云其物數寄なる驚くべし此の茶店の趣は後卷の新聞紙譯に委しければ爰に略しぬ

外部位置結構大略右の如く無稅にて看するものあり又木戸錢を取るもあり其木戸錢凡半フランクより一フランク位までなり

博覽會場の木戸錢は一フランクなり多くは切手を買置見物す一週日又は二週日通し切手もあり價少く減ずるといふ外國公使及此の會に列する國々の貴族に附從する官員は皆無稅なり開場より日毎の稅の上り高

凡七萬フランク許宛收るといふ

場外新に鐵軌を設け汽車市外に周匝し近傍村里の者往復の便を得せしめ河には數艘の汽船往來して看客の送迎に備へて斷る事なし場中排列する物品其價の幾千萬にして且貨幣にても得難き希代の珍寶等諸邦より運輸回漕して丘陵のごとくなれば防火の用心を嚴にし内部は火を禁じ地下は水を繞らし非常の備とす此の場中蒸氣機關噴泉等の爲め引注せる水の量凡十萬戸の都邑日用に足るべき程なりといへり

此の會は物品の優劣工藝の精踈を比較考訂するのみならず學藝上の諸科も世界の公論と日新の智識とに由て古來よりの疑團を決し或は靈妙の新説を諮問する爲佛蘭西有名の學士藝人は勿論各國より來集せる其科の名家を聚めて裁判者鑒定人とし有象の種類より無象の原理に至り考證格物蘊奥を盡さゞるなし其會集屢ありて植物動物及黄銅の鑒定の會集には我邦人も之に列せしものあり此の討論批評により博覽會褒賞

の甲乙も決定せるなり其裁判人員　佛蘭西は二百五十人　荷蘭は四人白耳義は二十五人　孛漏生日耳曼墺斯多利は三十人宛　瑞西同盟は十二人　西班牙は八人　葡萄呀希臘は四人宛　丁抹は三人　瑞典諾威は九人宛　魯西亞は十三人　伊太里は二十二人　羅馬は二人　都兒格は六人　亞細亞諸部は三人　亞弗利加諸部は二人　亞米利加は十六人英吉利は八十五人なりといふ

此の會に同盟せる國々は　アルゼリー　盧森堡　白耳義　荷蘭　孛漏生　日耳曼諸邦　バヽリヤ　澳斯多利　瑞西　西班牙　葡萄牙　希臘羅馬　丁抹　瑞典　諾威　伊太里　孟智世利　都兒格　埃及　支那日本　暹羅　亞弗利加　チユニス　亞米利加　ブランシ　哇希　英吉利　英領各部　東西印度　佛領各部　安南　亞領カナダ等也

同十九日（西洋六月二十一日）晴無事

同二十日（西洋六月二十二日）晴無事

同廿一日（西洋六月二十三日）曇朝八時佛人クレイ來る午後二時風船を又看る

同廿二日（西洋六月二十四日）曇無事

同廿三日（西洋六月二十五日）晴無事

同廿四日（西洋六月二十六日）晴午後一時フロリヘラルト嚮導にて巴里市街中の飲用水の溜を見るに陪す

此の用水溜は巴里北郊一里許にありて尤宏大なる造作なり水源は遠く巨河の委流より堰來りて水溜に湊合し器械を以て水勢を激し各個鐵製の巨筩に注ぎ地中を通じ市中各戶の飲用其他數種の噴水園池の用に供す〇每戶の飲用は都て細小なる眞銅の管にて管頭に捏子ありて之を旋らせば水自ら噴出す別に汲取運輸の勞なし噴水石泉の類も亦同じ盖水溜の裏にて激噴せし水勢鐵筩を通じ更に幾個の細管に達す空氣の漏泄するなければ騰上の餘勢尙衰へず管頭に至り捏子の開くを俟て初て噴出の勢あり水溜の地位は頗る高敞にして上面は平地に等しく石或は漆

喰塈土にて地中に築造せり其形沼の如く但沼中許多の漆喰にて築立たる巨桶ありて水其中に入ると直に螺回して中心より注下す此の桶底の中央に孔ありて鐵筩に達するなり如斯もの幾許といふを知らず而して各個の鐵筩埋地道を縦横に條達し更に細小の鐵叉は鉛管を接續して各所の用水に引く埋地洞に入て水筩及瓦斯筩を見れば細大長短縦横交叉して恰も人身の筋骨連環接續する如し其結構の壯大工作の精密なる驚感するに足る

同廿五日（西洋六月二十七日）晴朝六時瀛車にてコンヒイン幷に有名の故城を看るに陪し夜十時歸館

同廿六日（西洋六月二十八日）晴無事

巻之四

慶應三丁卯年五月廿七日（西洋千八百六十七年六月廿九日）晴無事

同廿九日（西洋六月三十日）午後ボワテブロンへ遊歩するに陪す此の日都兒格シュルタン巴里へ到着せり

同廿九日（西洋七月一日）晴午後一時よりパレイドランヂストリイーにて博覽會褒賞あるに因て兼て國帝より招待ありて我公使も國帝幷に各國帝王王子后妃等と同じく是を觀るカションン等も陪從せり

千八百六十七年第七月一日サレブリチエーのヱンヂストリー宮においてて博覽會褒賞の配分あり宮中の大柱ある所にて劇場の棧敷の如く造作し二萬人餘の人を容れ易からしむ其中間に博覽會に出せる品物を十種と分ちたる中に就て重立たる者に標式を示せり○帝座は宮中の北邊にあり其左右にはこの禮式の爲に招請せる諸王子公主等の爲に設けたり帝座の前には諸執政官議政官其他貴官列立せりヂプロマチックの諸官は帝座に對せる所に其棧敷を設けたり○第一時半頃博覽會に品物を出せる褒賞に預るべき人々は各その品の種類によりて區別せる地に座を

占め新定の特賞に預る人々は帝座に對して列せり○第一時四分三に國帝及陪從の官人次の如くチユイロリイ宮より出立し親衛槍隊の笛手同コロネル槍隊一エスカドロン一ペトロン宛縦隊にて押たり王旗の槍隊其次ソンアルテスアンペリアールプランセスマチルダの從官及プランスナポレヲンプランセスユロチルダの從士六馬に駕せる第一の車には王妃に從へる宮女兩人宮殿の奉行王妃の側役同第二車には宮の侍女兩人國帝の第一等側役同側役同第三車には中宮の侍女一人親衛都指揮使マルシヤル太子の傅中宮附屬アシユダントゼ子ラール同第四車陸軍總督側役の頭狩人の頭禮式長官同五車フラセスロチタルダ同マルチルダ其右側にフランスナポレオンの馬役左側に槍隊のカピテイン前に六人の槍士是に從へり第六車は八馬に駕して國帝后妃太子及プランスナポレオン其側に馬役の頭帝家の第一等馬役百人組の頭砲兵の士官帝家の馬役左側には帝家のエートデカン中宮の第一等馬役太子のエートデカ

ン砲兵の士官太子の馬役帝家の百人組二隊親衛騎兵一エスカドロン一ペロトン宛縦隊にて之に從へり右の同勢時計門よりチユイロリイの庭前コンコルドの廣小路サンゼリゼー通よりアンヂストリー宮に入れり○ガルドナショナル及ガルドアンペリアルといへる兵隊兩側に列して警衛嚴を極めたり○博覽會亞總裁ミニストルデタ始諸掛り役是を接し招待されたる公子公女其外は已に各其座に就て在り帝其座に就んとする時諸人皆山呼して其壽を祝し千二百人の樂工帝德を頌せる樂を奏せり帝二時半に座に就きたり右にある者はオツトマン帝シユルタンアプシユルアチユスカン殿下英國太子荷國太子サクセンの太子法國太子魯國の公主意太利第二王子英國第二王子プランセスマチルダ゜プランストテツキ后妃の左には孛國太子サクセン太子の妃意太利太子都兒格太子メヘメツトムーラツトエフ、アンヂー゜プランセスコロチルド意太利第二王子の妃チユクドリフタンベルリ゜プランスナポレオン゜プランスヘルマントサクセン。都兒格の第二王子アプシユルアミツト。國帝后妃の後には都兒格シユルタンの子ユーツフイセチンエフ、アンヂ。ソンアルテスアンペリアル。プランストクガワ。ソンアルテスアンペリアルルシヤンミラ。プランセスミヤンミラ。プランスジヨアキンミラ及び妃同プランセスジエーミラ。同プランスナポレオンホナバルテ。プランスアシルミラ亦其後に帝家の貴官宮殿のアヂユダントセネラール帝家のエートデガン帝家の士官及其夫人シユルタン附の士官外國の公子公主に附たる士官なり

〇帝家の博覽會副總裁ソンネエキセランスモツシユルルーエ次申狀を讀上けたり曰今日の禮式に付帝側に侍し給ふ太子の總裁し給ふべき職掌は陛下よりの委任を受け其事務を取行ふための趣意を聊此に說明し又其爲に諸人の勉强せしこと並に此の會の模樣及成功を上陳せんとす其事に付ては是まで種々の故障も少からず先シヤムデマールの地に建物築立十五ヘクタメートルの（ヘクタメートルは百メートルにて凡我三十三丈なり十五ヘクタメートルは即八百二十五間にあたる）

大厦を造築し展陳せる産物種々を區別するに衆多の物産及國民等の爲め各其所志を滿足せしむべし然るに其間僅に數月間のみなり此の度の博覽會はこれを以前の物に比すれば廣大なる設なるは言語を用ひず總に計數の字を擧れば了解あるなるべし○千八百五十五年の會には建物園囿を華美にして十五ヘクタメートルなりし同六十二年には十二ヘクタメートル半今茲六十七年には并て四十ヘクタメートル餘にしてその三分一は建物たり○千八百五十五年の會に品物を出せし人數は二萬二千人六十二年には二萬八千人今茲は六萬人に及ぶ且産物の量は二萬八千噸に（噸は二百七十一貫目强）下らず如斯衆多の品物を速妙にこれを陳羅するを得しは他なし此の會の爲に歐洲大地に蒸氣車鐵軌を新營し其交際を便利にせしによれり○器械を運動するが爲に設くる所の汽力は千馬力に及び如此大業を僅の日月の中に爲すに幸にして其功を奏せり就ては此の國の爲には衆人の譽を博しまた國帝の褒賞に預るべしとす○世人博覽

會に付ては萬國の品物を比較し學術を進步の輔けとすること驚くべし〇已前の會には圖書及工作農畊具等を區別せしかども此の度は却て是を一所に陳列せり此の盆其術を見るに足れり博覽會の建物其事に適當せる樣に製造し各國の產物一覽の下に瞭然と其種品を區別し且周圍の間地を以て器械を列する場とし而も重大の力ある器械各其力を逞うして互に妨碍することなく危害を生ずることなき樣にこれを經營し且是を覽るが爲に小高き所を作り衆人逼りてこれを見るとも危きことなきは其功を建築家に歸せざるを得ず〇此の國人及外國人の手細工物とを見るに其工人と器械と並馳して物を造り出すことを看る又天產物を見るに各國の政府又は各人の數寄にて取聚めたるものにて其富を見るに足る又園囿に遊ぶ時は各國の俗習これを掌下に見るべし中庭にはセーヌ河水を引て噴水の觀を設けヒランクールの博覽會を見れば此の國にある耕作の具を見るべし陛下今茲に成功を擧るともこれを謙辭を用ゆ

ることを能し給ふまじ乍然帝家掛り役々其外輔佐のものありとも其輩のみの力にてはかくまでには至るまじ故に臣等勤る所は但その第二等に位するのみ其上等は他人にあり今爰に其謝辭を陳せんとす外國の委任を受たる人々各其國に秀拔なる人々にていまだ各其國の爲に力を盡し其國の工作其眞を失はずして此の會に列せしは是皆その人々の力に依れりしかしてかゝる可驚盛擧に及るは又六萬人の工人預りて其功を共にせり然れども右樣其力を競ふ内に就て又其最者を選ばざるを得ず右は此の會掛りの者は多務なるにより是をジユリーアントルナシヨナール（萬國の際に居て廣く公監を務むる者を云）に委任せり是は各國の物産貿易等に明らかなる人の會社なり其人等は各其國を思ふ心なきにあらずといへども事皆正理に基き私の依怙を以て其務をなさず其心をもて各國の其先を競ふ意を抑へ其煩を計らず功を奏するに至りしこと今日是を陛下前に謹白す其褒賞を頒てる數即ち左の次第を以てせり

カランプリー（六形の金のメダイル）六十四
金メタイル　八百八十三
銀メタイル　三千五百五十三
紫銅　六千五百六十五
褒詞　五千八百〇一
かゝる多數の褒賞ありといへども尚其賞すべきを遺すもの多かるべし此の度新に建たる公監廳にても又前同樣に其力を用ひたり此の廳にては其品物を吟味するのみならず其家中の制度まで吟味せしことなれば事更に鄭重なりとす此の廳にて頒與せしものは
プリー　十二
褒詞　二十
シターション　四
陛下その中の秀拔なるものに誥詞あることを許せしにより掛り一同其

謝詞を述ぶ又萬國の博覽會成功につきて各國の景況を爰に略說す此の度の博覽會は現今の人にて頌賛せられ且後世までも稱美せらるべきは世界萬國の物產具備せざるなき故を以てなり歐洲各國のみならず亞米利加亞弗利加極東の國々まで其列に入り亞米利加合衆國は六十二年の會には內亂ありて物產を出すを得ず六十七年の會には交際上切要の國なれば今其爲に十分地をトめたり亞米利加の大地及南亞米利加の國々も各其掛りの人々によりて銘々の國光を輝せり
オットマン帝國都兒格及亞弗利加の西北にある回々敎國はその品物を送りしのみならずシャムデマールの眞中に於て家屋の製と往古の姿とを示すべき家室等を造立し大に我輩の眼目を開けり如斯きは皆其君主自ら勉精して此の博覽會の輔佐をなせし力に賴れり極東の國是まで我輩の萬國博覽に關係する事なかりしも今度は其地に差遣はせし公使商

人教師學士等の力にて皆其列に加はれるに至れり
巴社支那及日本國及其附屬の國々とも皆我輩の化によれり
斯衆國民の好意を以て此の一場中各其功を競ふことは數年來開化の進歩をます年表と見倣すべし今度新たに第十種の一類を立齊家使工の道を吟味せしは心學の進歩と見るべし大人童子の學問其他製家の法等に至りて人心に益あること少からず是以前の博覽會になき所にして此の度新たに建る所なり右に就て褒賞を得るものは同じ工を共にするもの其商社及政府等の世話行届けるを賞せるものなり故に今茲の博覽會に於ては新たに發明せるものゝ勵みなり力を戮する時は大業をもなすべき理を示し貿易の自在をあらはし各國人民の經濟の道を示し量尺貨幣等一致せば各國の都合となるべき筋を了解せしめ且又各國の間に相忌相惡の念を消し相敬し相愛するの意を生せしめ爰に來觀するもの此の國革命の際大亂ありしことをば打忘れて即今太平の樂化盛に風俗美な

るを驚くなるべし各國君主皇族みな此の會に來りてその樂を共にせるより後來は干戈の虞なく世界太平に歸すべきの一徵を示せり都てかくの如きもの皆陛下宇內の史中一葉を添ふべく將千八百年代の盛典なるべし

右の中狀を讀て後國帝左の言葉を述べたり

諸君此の擧は十二年前より已來竟に再び國を富まし人生の和人心を開きし人々の爲に褒賞を頒つことに及べり古希臘の時競馬の擧を以て極盛の事の如く昔時詩人の是を聲詩に播て後世に傳ふるもの多かりしに今度の擧は全世界の人々各その智巧を競ふこと開化の極致にはよしや至るあたはざるも抑其階梯となるに由なしとはいふべからず當時詩人是を觀ば夫れ是を何とかいはん大地球上各部より凡百技藝智巧機具をあらはす爲め競て此の國に聚會し各君主にも亦各その助力を爲さんが爲め爰に來臨あり故に此の擧は形而下のことゝ見るものあるべしとい

へども其實は形而上の理に關りて人心の一致和平を輔け四海一家共に太平の樂を饗くべき一端をなすものといふべし萬國の民人各こゝに聚會せるより互に相尊崇することをしり互に相怨怒することを忘れ己の國の富盛は卽他國の富盛を助くる所謂百事の道理を辨へ全地球上凡有の物華天寶盡くこゝに聚觀することなれば今茲千八百六十七年の博覽會は實にこれをユニツエルセール（全世界に行れたるといふ意）といふて不可なかるべし

新發明の物の側に極古代の品も羅列し華奢一流の物品あれば又實際第一の器械あり人間凡百の智巧自から明白なるべし

工作の利用において今度ほど心を用ひたることなし卽工人の敎養厚生及幷力同工の趣意ありては殊に意を注ける事なり

是を以て凡有の開化皆その首を齊ふして進む勢あり學藝日に新たなれば萬物盡く是が役となりて人智從て自在を得べし人心日に開け鄙吝の

念漸々消て人情益厚くなり得べし諸君歐洲各國其他の君主皆我爲に此の國に來問ありしこと我が榮を爲すに足るを祝せられんことを望む且此の國の盛大文明百事を諸人に示せしも亦諸君の爲に誇るに足るなるべし

如此して猶古の國の盛大を不見此の國の開化を鄙しむものあらば是却て各己か國を愛する念なきものといふべし此の國は近頃までは國内も穏ならず或は外境までも侵擾することありしが今は既に太平富饒にして却て他國の開化を誘め同じく文明の域にいたらしめむと其ため國人の驚くべきほどに心を用ゆることは他の國人もこれを許す所なり己が本國の爲にその面目を存することに心を用ゆるとも是皆己を利し人を害するの道にあらずといふことは聊事理を解するものは知る所なるべし故に此の國に暫時にても在留せる外國人は此の國人の他國人の爲に愛恕の念深く尊敬の意厚きことは了解し得べし朕今掛り役鑒定の人々

に對し各その所職を盡し勉力ありしことを爰に謝すべし且年いまだ幼冲なるを以てせずして幸に此の盛擧に預れる我少年の爲幷せてこゝに謝詞を述ぶ千八百六十七年の博覽會は萬民開化の階梯たること朕尤期する所にして皇天幸に其運を輔け實祚を永久に保持し國人を安寧にし人心慈愛の源を闢き道心正理の捷を報するに至ること朕敢て是に任せり

國帝この詞を伸ぶるの間は衆人稱美するが爲め往々その詞中斷せしかば人々亦これを聞んとて立上るものあり掛の副頭領ソンヱキセランスモッシユールホルカード次の順席に依りて褒賞を受る人々を呼出せり（中略）ガラントプリーを得るもの其第一にありレシオントノール中の最たるものシバリヱーのもの其次に立たり各種に分てる人々各その頭領に導かれて帝座邊に進みガラントプリー及尋常及最上の等にあるもの各その賞牌を得るために帝前に上り行きけり

其賞牌は副頭領ソンヱキセランスマレシアールウユルランより兼て帝に呈したる者なり

其他の賞牌は各部の頭領より是を頒つべき旨帝より命せられて後は新建の公監所にて與ふるものなりき○佛國人の家室建築の事につき國帝に獻ずべき賞牌は恰も皇子の手を經て是を領掌あられし其事了りて後國帝后妃及シユルタン各國公子一同其國の部分を巡覽せる時博覽會總裁モッシユルプレーミニストルデクによりて其名を披露せり其間樂工の頌歌と衆人の祝詞相響應してどよみ彩しかりし

此の禮三時四十分を以て了りシユルタン去て後國帝も退去あり其去に臨みて一應掛りの者へよろしく沙汰あるべき樣ミニストルデタに命せられたり

右の如く各國帝王列班嚴肅にして天下の品物珍奇善美を盡し役々鑑定批評公然と優劣を决判し順次を以て褒賞を行ふ異同甲乙ある右の如し其內

我邦の褒賞部分各々差ありといへども是を略せり
六月朔日（西洋七月二日）晴朝八時シベリヨン來り商人とも茶店の事によりて談話せり
同二日（西洋七月三日）晴午後また博覽會を觀るに陪す博覽會褒賞本邦へグランフリイの功牌を鑒定役書記官シャングルドアシベリヨン同道にて來りさし出せり
同三日（西洋七月四日）小雨無事
同四日（西洋七月五日）曇無事
同五日（西洋七月六日）晴夕五時町會所にて都兒格帝のため舞踏を催せしが墨是可帝殺害に遭ひしと聞て佛帝遠慮あれば舞踏やみぬ都乙人ラインラントル交易學政事學をもて自薦書を出せり佛人の僧某の姉妹にて日本の事を著述せる書を差出せり
同六日（西洋七月七日）晴無事

同七日（西洋七月八日）晴荷蘭學生等歸國せるにより來り見ゆ佛帝の側役バロンクルテ旅行すとて來見ゆ
同八日（西洋七月九日）晴博覽會コンシユルセチラールプレイモンブランの事によりて往復の書簡の寫を添て其書簡を出せり
同九日（西洋七月十日）晴無事
同十日（西洋七月十一日）晴午前十一時より川舟にてセイヌ川を逆り巴里郊外に遊ぶに陪す舟のゆく十三里程下りて岸につき一村落に抵りしばらく憩て汽車にて暮七時頃歸る
同十一日（西洋七月十二日）小雨佛國ミニストルより博覽會の謝書を呈せり荷蘭公使館附書記官より書冊を呈せり
同十二日（西洋七月十三日）曇無事
同十三日（西洋七月十四日）曇朝七時土人醫師シロウドウの別業を看るに陪す
同十四日（西洋七月十五日）晴無事

同十五日（西洋七月十六日）曇便船に因りて各本邦へ寄書す

同十六日（西洋七月十七日）曇銃砲を試るに陪す

同十七日（西洋七月十八日）曇午後一時フロリヘラルト來る此の日博覽會につきたる新聞を得たり

第七月十七日

博覽會中亞細亞亞弗利加諸國の部を巡行せば竟に誇詡の私意を生せざる能はずかゝる遠距の國々まで此の會に列すること是この國の聲譽なるべし全亞細亞中にありて最全備し最華盛なる產物は無論これを日本に歸す其產物を取聚めて又是を法國に送りし其品物は小箱鏡のつきたる銀象牙細工の小家具青銅器磁器玻瓈器日本にありては殊に稀少にして貴人の外は所持し得ざる卵殼と唱ふる磁器銅又は木材に鞘を製し極鍛練せる刄を藏するもの天然水晶にて細工せる玉日本婦人の美麗を想像すべき樣に製せる像其他すべて歐羅巴洲好事家を眩惑すべき諸玩物

家具とすべき蒔繪漆器是木造の器に恰も彫刻せる如く高低を分ちて畫けるものにて眞に價ある物なり其漆は漆の木といへる樹液にて三歳程の樹に刀を以て刻劃し其液エラスチツリゴム木の如く流れ出せるを取りて作り出せるものにして顔料(畫具)を雜へ各種の色を出し是を銅板上に練りて金銀などをも取交へ書くなり○日本人の最愛するもの長壽のものと見えたり卽鶴龜松の樹なり又意匠をもて畫き出せる虛形の動物を愛せり譬ば龜の尾に濃毛を生しめ龍頭馬形にして鹿足有怪獸など是なり其國中に名ある富士と帆懸船と魚の水中に潑溂せる樣など其最好みて描く所なり○又烟管の奇製あるも爰に述べざるを得ず其管は極て怪むべき形を彫鏤せる木または牙にて製せるものにて是を飾れり此の物は日本に在りては男子の佩具中最缺くべからざるものたり蓋絹製の紐を以て是を衣服の扣鈕に附てこれを佩ぶ其管は蘆管にして其雁首は小青銅を用ふ僅に火を保つに足る故に是を吸ふには指頭を以て烟絲豆大

に揑してこれを管頭に盛るゆゑに唯一吹にして熄ず是を以て日本の烟客は往々日に百管を吸ふものあり烟草は黄色にして都兒格の産のものに似たり是を刻むこと細糸の如く其香人をして悦しむべし其上品は薩摩及長崎に産せり

同十八日（西洋七月十九日）雨公使より教師の事を國帝に頼み遣されしより國帝陸軍ミニストルへ命じ陸軍士官の內を撰み教師として傳せんとて其次第を言ひ越されたり

同十九日（西洋七月二十日）曇本邦曲藝松井源水等來り此の都にて伎藝をなせり催主英國カピテインより招待によりて夜之を看るに陪せり

同廿日（西洋七月二十一日）晴無事

同廿一日（西洋七月二十二日）晴朝十時より又博覧會を看るに陪し本邦商人の出せし茶店へ休憩す此の日ヒガロ新聞を得たり

第七月二十二日

日本の手品遣ひの一組今度テヤトトルヂユフランスアムペリヤルに出張せるに其評判は現今米利堅にある一組の最有名なるより從て其名を得たるものなるべし然れども源水の族の獨樂の藝に於ては驚くべき力なしとはいふべからず又魔法を以て蝶を使用する有名なるアサキチも稱すべしとす又龜吉小瀧タラキチも又頗る感ずべし今謂らく渠輩の場に上るは大君の軍を御すると同じく兵を練る士官は餘りに多辯なるを好まず我輩議事官に在るにあらざればなり又用意遲緩にして人に不快を抱かしむることなくば一箇のよき見物なるべし又獨樂を廻す坐低き所にありて衆人僅にこれを見るを得又は見る能ざる程なれば是を一害とす○法國人は物に堪ゆることなく又外國人を敬することなき性質なれば其伎を譽むるものなきにあらざれども亦これ辱しめて閉口せしむるに過れり男子婦人小兒輩の一組一列に羅坐して前面にある其國の人人に向ひ禮をなせり其時アサキチの口上は衆人に對せるにや又神明を

祝せるにや我輩固より其語を解せず且縦ひ是を學ぶとも深く其曲折を盡す能はざるべし○手品の仕方はいかにも奇麗なりしが其爲す所衆人の目に觸るゝ樣なり是更に狹き座敷に於て是を旋すに適すべし○アサキチ盃中に水を盛り是を倒し其下に敷ける白紙の中より書たる紙を引出せし業は工なりといへども是を見るもの少かりし○紙の紐二重箱の伎は未熟といふべし衆人側にある撒きちらし紙に屬目せる間に傘中に於て虎の形に變じ其態を學びしは小兒を怖すには事足るべし○獨樂の伎は人の意量の外に出づ空中に擲ちこれを竹竿の頭に受取り直上の繩扇の紙の緣及乃の上に渡らしむる事且村舍の景色即橋梁道途社寺等に獨樂の歷訪する樣をなすなど頗る新奇にして驚くべしといへども口上もなく音樂もなく且駿速にこれをなすべし爾時其村舍に招待ありて獨樂中途に駐りたりしは日本人のソルフエリー（意太利東國と戰爭ありし地名）といふも可なり○輕業の方は極て人を怕れしむ一人足を以て舞臺に倒懸し手を以

て一の両長竿を附たる三角形の物を持たり他の日本人手或は足を以て其竿に容易に身を置き又其竿をすべりて止り木に止りたり其間凡二十分時程は半愛半怕の態をなしてこれを見せたり法人もし此の如き伎をなさば人皆あんじてこれを見ざるべしされども日本人なれば十分に是を恐れざるなり我背後に在て見物せし小児其母に問ふて渠もし落ることあらばといひしかば只毀損すべしと答へたり是日本人を磁器漆器と同視せるなるべし

曲馬又は紙圏を蹴脱し（紙圏を蹴脱するは曲馬中の一伎なり）又は種々の戯劇などありて衆人の心浮立たる後にかゝる静なる藝をなすは其折宜しからず是を半場になす方人意に適すべし

同廿二日（西洋七月二十三日）曇午後一時公使帝宮へゆく折節葡萄呀王妃に面會せり（何れも禮服を着す）此の日カリナニ新聞を得たり

第七月二十三日日本の向化

日本人の心術行事に就て東洋にありて一議論起れり先年初て日本と貿易を開し頃外國人の日本風俗を論ずるものゝ説には日本人は平生心術所行といふものなく只淫樂に耽るを事とするのみなりとせり其譯は彼國茶肆の模樣を以て考證せり

先年シルルーセルホールトアールコック日本の内部を旅行せし時茶肆の制宜しからざるを見て其流弊を恐れ茶肆の外は好旅舍のなかりしもこれに泊するを嫌ひ別に旅宿を設けらるゝことを請たりといへり

又支那上海にある曾て寧波の敎士として現に東印度電信社の佐たる米人ドクトルマクゴウアン前の説を主張して亞細亞學會の坐に於て日本人の懶惰淫逸にして汚俗なるを以て其性情も日に下り其人口も年に減ずべきよしを述たり然るに近來其説蔓延して竟に上海に刊行せる支那文の新聞紙に載たるを以て漢字を解する日本人支那古文字にて其駁詞を書せり

俠勇の氣を具へたる日本兒其挾む所の長刀にかへて筆を以て議論することを始ることは最好む所なりといへども其筆を用るとも其殺伐の氣味あることを含めるは又驚くべしとす其ドクトルマクゴウアンに反せる說に云日本の形勢を悉さず妄りに如斯說をなす若其人日本にあらば日本の少年勇壯の輩皆兵器を携へて是を擊んと計るべしといへり然るに雙方とも仔細に其理を說に及ばざりしは遺憾なりマクゴウアンの說は國内の人口歐洲人の考る所の其實は浮たり其實は僅千六百萬に過ず古は頗る多かりしが今は稍〻減少せんとす其故は其俗の淫縱なるによるといへることを述たるのみなり是に反して日本人の自ら述る所にては千六百萬はさて置五千萬に幾く其他殖する所計るべからずとドクトルマルゴウアンの說も全く僞にあるまじと雖ども日本の男子は身體强壯にして能其事を勤め其婦女は病なく血氣美なりとの事は凡其地に選〻するもの皆說く所なりドクトルマクゴウアンの說は全く是に反せり近來

日本人西洋の發明を假用ゆることに於て力を盡し其知能事實に見るゝを見るに既に千八百五十九年港を開けるより以來日本政府及大名等にて買來せし歐洲風の船八十艘蒸滊船其數多あり且其蒸滊船上には士官水夫とも全く日本人のみにして能く之を使用せり或諸侯のみにても軍務貿易の爲め十七艘の蒸滊船を買入たり政府にては今現に買入たるのみにては未だ足らずとし更に歐洲及米利堅へモニトル及裝鐵船の數多を誂たり今まで買入たる船の價墨是可トルラル七百五十萬餘即大凡百二十萬ポントステルリング計を費したり是に因てこれを觀れば日本は近く衰弱すべき人種には非ず曾て航海を好める時は支那及無來由の海岸加之遠く印度海太平洋を越す米利堅の西岸までも達せし古俗に復し再び盛んなるべきを徵せり又日本人長崎に於て其蒸滊船を修復すべき爲め大費を厭はず工作場を築造せり

同廿三日（西洋七月二十四日）雨無事

同廿四日（西洋七月二十五日）曇無事
同廿五日（西洋七月二十六日）雨試砲あり
同廿六日（西洋七月二十七日）霽無事
同廿七日（西洋七月二十八日）晴英人附添て本邦藝人等來る
同廿八日（西洋七月二十九日）晴國帝の選擧にて公使留學中の傅役たるコロネルウヒレツト初て來る
同廿九日（西洋七月三十日）晴本邦足藝濱錠定吉米利堅國より當都へ來り伎藝を催せり座元ヘンクスといふものより招待によりてこれを看に陪す
七月朔日（西洋七月三十一日）晴無事
同二日（西洋八月一日）晴今日より傅者コロ子ル來り相語る夕四時同人幷フロリヘラルトクレージユレーカシヨンウエルベ等へ夜饌を具す此の日ヒガロ新聞を得たり
第七月三十一日

昨夜シルクナポレオンに於て伎を呈せし新來の日本曲藝者の一組は疑もなく政府御用を勤る者なりアメリカンにある曲伎者は曾て寵を蒙り今は既に黜けられたるもの新來のものに抗抵せんとするが如し新來の一組は先に來れる者よりは更に巧に且身體の自由なること殊に優れり此の曲藝師の日本政府の御用を勤るその證は當時巴里に在留する公使見物の席にて吝惜の色なく二千五百フランクの金を賜りしにて明らかなりといふべし

リユリポウといへる國帝其執政を選むに長き棒を建て人をしてこれに攀らしめたりとの古き説ありもし其人をして昨夜此のシルクにあらしめば直に此の經世學者（曲伎者をいふ）を擧て是を執政の長となすべし併リユリポウ國にてかくまで是を登庸することも只其伎藝の巧みなると平準を能くすると物に怖るゝことなき德を稱するのみにていまだ足ずとす其職を盡すに泰然たる樣も最稱すべきなるべし我輩卽歐洲の曲伎者は其

伎藝を務るため金銀などにて裝ふ事多し然るに日本人は只汽車轍路の番人の如き衣服を着したれども有名のレオタルトが國政を議する時よりも更に淵穆沈重の姿あり〇其伎を呈する前に脊髓の地に傾くことバルベフリウのボペスリ國をして心醉せしむるに足る〇其なす處シルクアメリカンにあるに同じといへどもその所爲更に多し我輩をして議院にあるが如き想をなさしむることすくなし蓋我輩解し得ずといへども嘖々の語看者に厭惡を生せしむることなく全く其伎をなすものを勵ましむるまでに用ふるものなり此の戯場に在りては兒童輩尤その上乘たり就中オーライトといへる小兒最も勝れたり其容貌頗る美麗愛すべく其身を獨樂のごとくに廻し素足にて撓める竹にからみたり足を以て盥を廻らすことこはれ階子又獨樂の旅行オーライトの肩の上にとまる業など最新奇の伎なり且一つの仕ぞこなひもなく衆人いたく是を稱せり故に其公使より賜ふ所も衆人咸稱する處の意に比すればいまだ十分と

はいひがたし此の度の博覧會によりて諸國帝王も來會し平和の會議樂工の合奏製樂者の會論ある上は世界五洲より曲伎者の會聚することなき理なし此の度の曲戲によりては只娯樂のみならず體術を以て交際の道に喩へ平準の方は國民經濟の上に用ひ獨樂を使ふ爲めに長刀を拔く機合辯口の流るゝが如き議政官の樣なるなど是開化の進步を翼る姿ありといふべし

同三日（西洋八月二日）晴朝カションヨン來て其著述の書を戲す

同四日（西洋八月三日）曇朝八時瑞西ミニストルレレイ來る此の日新聞を得たり

千八百六十七年第八月二日雜報

日本戲場

殆んど一月前二君子ありて我家に來り其名刺と一幅の紙とを出せり我その幅を開看せしに藍色にして中に一男子の兩足を天に朝せしめたる姿を書きその一足の上には驚くべき高竹を竪て其竿頭に黄色の豹に類

せるものある形なり我其來賓に其圖の意を問しに兩君子の一モッシュルウヱランといふ人法語を以て只英語解するモッシユールマギールを引合せたり其人は則巴里に來りて日本の曲伎を奏する人の世話人たるよしを自から述其曲伎者は必其功を成すべき見込みを以て一宵千フランクの價を以てシルクテナポレオンの座を借切たり尤その曲伎者八日の内に到着すべし但今日は一日の謬誤を正さんことを望むために來れりといへり我因て其正すべき條を問ひしに此の雜報中に新約基の新報に據て日本の曲伎者の隨一なるもの趾を怪我せし由を載られたり其事は大に實を失へり尤其伎を爲す小童高處より落たることあれども今は其痛む所既に愈て其伎を奏するに妨なしといへり爾時其持越したる黃藍一色の引札をも見たりしにいかにも珍らしく覺たれば卽時其詞に隨て雜報を改正せり○諸新報家日本曲伎者の來るべきを述べ又諸方の壁上に引札を張たる折柄日本の第二の曲伎者其名を盜んでシルクシユプ

ランスアンペリアルに出たり然るに竟にマキ、ルウエランの世話にて黄色の人を載たる船海神の助けを以て此の地に來着するに及べり○火曜日にシルクナポレオンもシルクシユプランスアンペリアルと同じく燈を點じ看者をして兩曲伎者優劣を定むることを得るに至れり○月曜日の朝此のマキールウエラン兩君より新名刺及青色の紙上に人形を繪きたる引札を受取たり此の兩君より其夕の招待を受たり其家に至り入口より廊下を過て明るき場所に至りて自在に椅子を擇むことを得たり是に於て日本人の一組舞臺へ出て手をつき頭を垂て衆人に向ひ一禮をなせり其人々は皆此の頂上を剃り其髮を巧に疊み上げ頂上に墨を以て畫けるが如くに横へたり髮色青黑顏色黃にして眼中は安祥且聰明なる相を顯はせり鳶色にて繡ある羽織を以て身の上部を掩ひ衣服は濶き袖あるものを着せり一禮畢て衆人立上りたる時頭取とおぼしきもの短き口上を述たれども一語も解することを得ざりき爾時兩小童に指示して其身を輪轉せしめ他の日本八拍子木を打たりこれは其戯の勤めをなさゞる者なり樂工はいつも舞馬を娯しむる爲の調子にて是を勤めたり此の伎の內三戯尤も驚くに堪たり第一は父の名を濱碇サダキチといへる子息は三キチといへるもの此の內の選なり此のサダキチの肩の上に十五フート凡一丈五尺の長さある直竹竿を竪るに半ミニユト間にして其長竿平準を得たるを待て三キチ直に其上に登る其頂上に至る時は竹竿曲繞して既に看者をして殆落んとするものと疑はしむる程なるに其下にある父其肩を上下して其平準を保ち竹竿再び其平を得るに至る其童子得意の聲を發しながら或は足のみにて其身を保ち又手のみにても保てり又風身の如くに身を廻轉せり第二は定吉臥褥上に仰臥し其兩足を天に向け其足上に大階子を安置し三キチ又其上に攀ち十分の高さに至り彼扇をあふき居る時下にあるものの階子の片方の螺旋をはづして是を去るに彼猶その一端の頂上にありて舊に依りて扇を使ひ居たり第三は其

父は毎に仰臥して足上に一の大桶を置き小童其上に登る其仕方人智外に出ていかにも安祥鎮重なるがゆゑに傾轉の患なく猶又許多の小桶をも重ね得るなり最後に小童桶にて製せるピラント上に在るとき其父その片足を引て動搖せしむるとき恰も傾崩すべき想なれども小童自若として佛の如き體にて扇を使ひ居れり其擧止いかにも寧靜閑雅にして餘地あり他の人々は盡く舞臺の上にありて彼小童の聲を發する毎に是に應ふサダキチは扇を使ひ世話人は拍子木を打見ることに人目を駭かし此の一區の曲伎場にありて數千里外に遊ぶ想を起さしめ金飾ある衣服を着し玉椅に坐し給ふ大君も爰に臨み給へる也と探望する情を發するに足る隅田川松五郎すこし長過る名なれども是又日本中の驚くべき一人物たり此の者は天井より竹竿をつるし宛も舞臺の中間にあり隅田川その竿の端にあり一人其端を把り其竿に上りて其身を平準に保ち急に手を放して其竿を滑下す其速なることは驚くべき程にして若地に墜る

ことあらば其頭顱は打毀すべき位なるに忽ち巧みに其下端に至りて止まり数々其身を上下せり

以上の曲技皆看者に思胎を懐かしめし跡に継て獨樂まはしの松井菊次郎一笑口を開くべき伎を呈せり此の者妙に一小獨樂の縄をまき附け其身を轉ずるはづみに獨樂を空中に擲ちまた手に戻し腕より肩につたはしめ脇腹より足に及びまた再びもとの道を戻ること皆其身を轉捩して其獨樂の游行することを得せしむるものなり又渠その獨樂を竿端に廻らしめ又刀及上を傳はしめなどす其終りに獨樂激してとゞまらず日本人皆樂屋に入るといへども猶自ら舞臺上にまはり居たり

右様都ての伎を見る内拍子木の合圖何を爲すためなりや知得ざれば其事を問ふ爲め舞臺の後口にいたりウエラン君に尋ねたりしに知らざるよしにてマキール君を呼び英語をもて是を問ひしに答ふるにサタキチに問ふべしと云つゝ日本人の座敷に聚居せる處にいたり空中に指示し

種々の手眞似にて我新聞紙を記せるものなることを示したりしにサダキチ我傍に來りて手を振りてフランスとの一語をいひ出せり又圓月の如き顏色なる小童禮をなし及兩婦人は咲を含みて立て禮し其他の人々も皆種々の仕方にて一禮を伸たり

シルクナポレヲンにある曲技者は重立たるものなるよし其ものは格別に身を傾けて禮を爲さずそれに次く者は多く身を傾け其下に至りては盡く身を俯したり封建の制度ある日本の國俗はシルクの物にありとも其身分の位階を守ると見えたり

中入りの節日本人食を喫する折なれば幸ひにこれをも觀たりしに飯臺の上に小菓子及乾饅頭を盛たる大皿あり日本の女子男子打交りて是を食するに頗遽にせす時々水を飲み又乾饅頭を食ふさま其伎備を旋すがごとく優游餘地あり其眼光黑くして安祥怜悧の相あれども我輩より是を美なりとは云がたし是其身體短小且其手と同じく用をなす足の形頗

る宜しからず唇翻りて面の遍平なること人種に固有なる佼儈刻薄の相をあらはす故なりやがて日本人とも菓子喫するが爲に又我輩を顧みざるによりて我輩却て其傍に安座して詳に是を見るを得たり其短小の身材廣濶の衣袖褐色の頭顱眞に我輩をして巴里にありて數千里外に身を置くの想をなせしむ冬時はシベリヤのごとく寒く又夏時はセチガルの如く暑き一稀有の國土のことにおいて今爰に一夢想をなす

爾時マキール君の爲に提撕せられて曰く彼世話人の敲く拍子木は人に注意せしむる爲の用をなすものにて衆看者の爲に敲くとのよしにて其響は此の次に出せるものは先のものより更に勝れたれば殊に注目せよとの意を表する也といへる折柄恰も其響を聞しかば我隅田川松五郎と松井菊次郎に幾千歳の繁昌を祝する詞を述てもとの棧敷に戻りき

トンチールビヨン

日本の家屋

現今日本の家屋は博覧會中珍物の隨一たり此の家はパルク（園地）の内にて支那地所に隣りたり初め日本よりは組立ずに持越し此の地にて結構せり總て日本の家屋皆かくの如しといふにはあらざれども小商人の住家及茶肆の雛形を示せるものなり其茶肆といへるものは往來の傍において過客の爲め煑たる魚肉に米飯を雜へたるもの及日本にて尤貴ぶ所の米より製作せる酒等を饗するものなり種々に彩色せる紙の提灯を檐に遶らし小池などの傍に蜿蜒せり其周圍は松の薄板を竹に取付て頗る高き塀障となせり格別堅牢ならざる故に盜賊を防ぐに用をなさず只人の見透くことを防ぐのみなるべし入口の門を入て尤人目を驚かすべきものは四本柱につるされたる釣鐘なり且縄をもて一の木棍長さ一メートル半周徑十五乃至二十サンチメートルもあるべきものを水準につるしこれを鐘に撞あてゝ響を發せしむるものなり日本の家屋は總て木を以て造れるにより火災數々起れるものから如此の釣鐘は何れの場所にも

是を設け置火災起れる時はこれをしらすものなるよし也家屋も園塀と同じく盡く木を以て製造せり松の薄板を竹に取附け上は藁をもて葺たり家は兩區に分ち中に廊を設け入口の方は飯臺を設けて茶酒を客に供する爲にす奥の方には三少婦人のおすみおかねおさとゝいへるものありて或は獨樂のごときものを弄び又は其國體に從ひて小管を以て烟を吹き辛して日消せる樣なり其管は烟草一指撮に過ぎず纔に一吹して盡るにより數度これをつぎかへて吹なり此の家にて最見ものとするは庭の端に一廡を設け其國俗種々の人形を列せるなり右は日本の貧賤なるもののより貴富の者まで各種の俗を示せるものなり其人形を見又は家の後ろに羅ねたる日用雜品の賣物とを見ば一時間にして些の苦勞もなく遠く日本に旅するものといふとも可なり

同五日（西洋八月四日）曇朝八時半瑞西ミニストルロレイ來る

巻之五

慶應三丁卯年七月六日（西洋千八百六十七年八月五日）晴無事
同七日（西洋八月六日）曇無事
同八日（西洋八月七日）曇朝十時博覽會掛ドナ來ル
同九日（西洋八月八日）晴無事
同十日（西洋八月九日）晴荷蘭學生本邦人幷に荷蘭人ボウトヱレ到着ス
同十一日（西洋八月十日）晴此の日巡國從行幷に留守の人を定めらる
同十二日（西洋八月十一日）晴無事
同十三日（西洋八月十二日）晴無事
同十四日（西洋八月十三日）晴條約濟の各國公使館へ引合の事あり
同十五日（西洋八月十四日）晴午時各國公使館へ尋問の使者出る此の夜佛帝初代那破烈翁誕辰の前宵につき市街燈光盛にて人群をなす

此の日は先帝誕辰の當日にて佛國中の大祭日なり四民各其職業を廢し美服盛飾にて遊息し或は知音を往來し終日群聚して歡を盡す夜に入ば王城の前面よりアルクデトリヨンフまで兩線の市街は瓦斯燈又は小提燈など多く點じ路傍に沿ふ瓦斯燈は更に其數を增し五色の玻璃を以て火色を彩り恰も白晝の如し又每歲の恒例にて其餘各所に細工火の擧あり就中アルクデトリヨンフの觀火を最第一とす夜九時頃より始め第二時過に至る青紅紫白金色銀色の火光絕間なく空中を裝塡し尤壯觀なり市街には滿都の人士長幼となく往來縱觀して殆と立錐の地なきに至る各戶の階上には其知音を集ひ盛宴を開き樓に倚て看ものも亦多し夕方より馬車通行を遏む益行人多くして過ちあらんことを恐てなり大概曉に徹して止む此の夜フロリヘラルト其宅に招待せるに陪す

同十六日（西洋八月十五日）晴午前十一時荷蘭新公使ソイレンデンーヘル來る

同十七日（西洋八月十六日）小雨無事

同十八日（西洋八月十七日）晴午後二時コロネルを尋問せらるフロリヘラルトクレイ來る

シイボルト其國許より至る○英國ミニストル來り來廿二日英國へ巡覽の事を言ひ遣はされしが女王其別業へ參られ外國事務大臣にも陪從せしに因てしばらく猶豫あらんことを請ふ尤それが爲に各國へも巡回せられざらむは王にも本意なければ各國巡歷濟させられ內端略禮にて招待いたし度由を申越されたり

同十九日（西洋八月十八日）晴無事

同二十日（西洋八月十九日）晴夕シイボルト英國へ發するによりて來り告別す

同廿一日（西洋八月二十日）晴無事

同廿二日（西洋八月廿一日）晴此の日荷蘭公使へ問合の事あり

同廿三日（西洋八月廿二日）晴無事

同廿四日（西洋八月廿三日）晴無事

同廿五日（西洋八月廿四日）晴此の日英國に留學せる生徒來候せり
同廿六日（西洋八月廿五日）晴生徒英國へかへりぬ
同廿八日（西洋八月廿七日）晴夜雷雨此の日語學教師來りフロリヘラルトも來候す
同廿九日（西洋八月廿八日）晴朝より各語學を始むシーボルト英國より歸り來候す
八月朔日（西洋八月廿九日）晴此の日本國より書信至る
同二日（西洋八月三十日）晴遽急の事あるによりて靏山外三人歸國を命ぜられ本草學生某も事充て共にかへらしむ〇佛都博覽會の擧も稍ゝ事充て各國の帝王も追々本國に歸りしかば我公使は兼て期したる如く各國を巡廻せんとて巴里斯に在留せる瑞（スイツル）孛（フロイン）荷（オランタ）白（ベルギイ）意（イタリヤ）葡（ホルトガル）公使へも打合の使者を出各國便宜に從ひ路次の都合を謀り先瑞西國より回歷せんとおもひ立れたり
同三日（西洋九月一日）晴フロリヘラルト來り巡國の發軔程期を伺ふ近日に巡歷出軔の期を定めらる此の日人々博覽會を又覽るに陪す午後三時歸る夫より

靄山はアベンユーデモンタンクへ行て卯三(瑞穂屋)等に會しカリレーに至り同僚等にも告別す

同五日(西洋九月二日)晴明日は巡國出軔とて各旅裝繁忙なるに御國の使者此の地へ至るよし蘇士より電線の知せあり

八月六日(西洋九月三日)晴各陪從の人々旅裝も整ぬれば朝六時滊車にて佛都を發し午前十一時半トロワといふ所にて午飰し

此のトロワは佛國九十有餘郡中の一なるシャンパンギュといふ部郡内の一村落なりシャンパンギュ郡は葡萄名產の地にて醇酒釀造の家居も多く就中シャンパン酒を第一とす蓋し其郡名を其儘酒名に用ゆるならん此の日午餐に一嚼を試みしに果して他の產に優ること數等にして其名空しからず

夕八時瑞西國パールといふ所に抵り三王といへる客舍に宿りぬ

此の旅舍有名のランヌといふ大河に臨みて河水欄下を侵し夜景殊に清

く暑熱を滌き聊旅疲を慰めたり
暫時ありて此の地の鎮臺來訪せり
同七日(西洋九月四日)晴朝八時鎮臺の鄕導にて說法所並織物細工所等を見るに陪す
　此の織物細工所は格別廣大ならざれども都て婦人の首飾又は頭上覆面等に用ゆる極めて緻密なる絹紗など製する所なり又別に麻を紡績して織物を製す恰も本邦五仙平の如くして更に精巧なり
午後一時半國都ベルンへ抵りベルネルホフと云ふ旅舎へ宿ぬ大統領の令に因て士官來候せり
同八日(西洋九月五日)雨此の地四方巒多して常に雲靄掩每朝日出三竿の後漸く散消すと云此の日は大統領面謁の事兼て打合ありて午時十一時迎の車駕四輛客舍に來る一行禮服にて陪從し本地の議政堂へ趣て謁見の式あり大統領副大統領其他の貴官打揃ふて面謁し互に兩國懇親の祝詞を述ぶ式畢て

後大統領の居宅を訊問す夕五時大統領より樂師八十人許客舍へ歸りて樂を奏せり
此の樂調陸軍行進の節用ゆるものにして舞踏歌曲などに用ゆるものと異り最も勇壯にして頗る古雅なるを覺ふ都下の士民異邦の人を見奏樂を聞とて客舍前に群集せり
同九日(西洋九月六日)晴朝五時半軍事總督の鄕導にてツーンといふベルンより十里餘隔たる所にて點火調兵を觀るに陪せり調練の人數步兵四レジメント(一レジメント七百人餘)大砲二坐(一坐八門)騎兵二中隊(一中隊三十六騎)撤兵二中隊(一中隊六十人許)整頓行軍の駈引より攻擊襲討の擧動あり其指揮周旋綿密にして尤自在なり
此の調兵都て農兵にて僅一箇月程の調練にして整へりと云ふ國內の調兵の法は農に取りて農時を妨げず其約を緩にして其能を盡さしむるを政體の要とす故に小國といへども擧國二十萬の臨時護國兵あり其法簡易輕便にて少しく肅整を缺くと雖ども其勇敢なる却て他の月督日課の

兵に優るといふ

調兵畢りて好景樓といへる客舍へ郷導ありて饗應あり（此の時調兵に出し役々士官十三人許出侍食す）午後舟にて湖回し此の地有名の豪富バロン某の居宅を見る（此の居宅ツーン湖の涯に瀕して建築せり）樓上湖水を臨み（湖の周圍凡十里餘）水碧砂白四圍山巒蒼々として黛眉烈しヨングフロウといふ山（ヨンクフロウとは未通女の義にして此の山峻峰高く聳へて人のいまだ登り得ざる意をいふとぞ）白雲高く擎け積雪不斷ありて銀の如く天際に突立し其直徑一里餘もあるべく我國の富士よりも少し優りて高からむと思はる諸山裙邊に連り恰も綠兒の白頭翁を慕ふに似たり瑞西中の最佳勝なりといふ宅の主人杖によりて老病を扶け迎送をなして敬禮を盡せり頗る非凡の體相ありて最殊勝に見ゆ歸路亦立寄りて茶など囑し猶繰竇に至り大砲町打地雷火の試業等を見る夕五時滊車にて歸る

同十日（西洋九月七日）晴午後一時ベルンの武器藏に至り大砲小銃其外數多の兵器の新發明精巧なるものを見る軍務宰相始終郷導し荷蘭コンシユルセ子ラ

ールも亦來り陪せり夫より飼熊を看る
此の地古來よりの風習にて熊を畏る戸々其形を作りて邪氣を避る符とす都府の西北に大なる圍を作り二つの大熊を養畜す往來の人餌を與ふるにパン菓子の外を禁ず千八百六十一年三月三日夜英國の甲必丹一人過て其圍中に陷り此の熊と闘ひしが終に熊の爲に烈れたりといふ此の地ベルンといふも獨逸語にて熊のことなりとぞ
夕五時歸て旅舍の向ふなる山の晩景を見んとて人々陪して行々險を攀る凡十五町許にてし巓に達す時に落暉なほ諸峯に駐りベルン市街も眼下に簇り人馬の行通ふ樣など風情あり少焉して月出烟霏搖曳し眺望最佳なり
同七時半下り歸る
同十一日(西洋九月八日)晴此の日士官の郷導にて此の國有名の時計を製造する日內瓦といへる所に抵り其技を見人々多く陪し午前十時滊車にて湖の滸なるベヾイといえる市街に抵り滊船に乘り午後三時出帆す

此の湖ラアックテシユネイフと云長十里餘幅二三里水波渺茫として蒼海に異らず周圍は群山繞環して處々村落も見へ瀑布泉など數條に懸り恰も園丁の意匠に出たるが如し湖上瑞西第一の高山モンブラン（白山といふ意なり）を望む白雪堆く夕陽に映じ尤壯觀なり

凡八九里にして夕七時頃シユネイフへ抵りメイトロポールといふ客舍に宿る

此の地は湖の西南に傍ひて頗る繁盛の地なり湖の末流街衢を中截し廣大の鐵橋を駕し往來自在ならしむ其側に小島ありて樹々蔚然として納涼に宜しく總て家居富饒人品も卑しからず處々に時辰機製造所あり時計は歐洲第一にして瑞西人自稱して小巴里と云ふとぞ

本日は大統領も所用ありて此の地に來り且伊太里國の故ゼネラールガルバルジー嘗て羅馬帝を廢し宗門閉閼の故習を除き全歐洲をして共和政治たらしむるの議を主張し此の時同志糾合中先此の國に來り同盟を催促す

とて此の日到着せしかば閭街最混雜せり
同十二日(西洋九月九日)晴午前十時より時辰機製造所を見るに陪し夫より金工所等を見る此の地の富豪バロンロウチーユルといふ者來りて招待せんと乞ふ夕五時陪從す(家宅は本地より二里許隔り郊外にて庭園も廣く奇珍古雅の器物多く蓄へり)
同十三日(西洋九月十日)雨今日はベルンへ歸るとて朝六時滊車にて發し午前十一時半ヌーシャテルといふ小市街に抵る此の地は電線工夫の根本にて近來猶新發明の字面摺出しの工夫出來せしよし故のミニストル鄕導にて是を見るいかにも精巧奇妙言語の及ばざる所なり夫より鳥獸の眞形數多集置所的打銃砲稽古場天文臺觀月樓などを見て夕六時滊車に乘夜九時ベルンへ歸る此の夜靏山御國の使者附屬等を導き公使に公用ありて此の地に到着すとてそれ〴〵の公書を出しくさぐさの物其他各家書などもて屆來る且議すべき公事多ければ深夜まで打寄相語へり
同十四日(西洋九月十一日)霽朝白耳義國より使者來り九月廿五日より同廿八日ま

で本國祭日により其節來訪ありたきよし招待書を出せり
同十五日（西洋九月十二日）晴明日は當地を發し荷蘭國巡回の積なれば大統領へも達し此の地に在留の其公使へも其由を書遣し夫々從行の人に引分れ半は從行し半は佛都に歸ることを取究ぬ午後一時靄山外三人は急遽の公事に由り歸朝するとて巴里斯へ向き出發す夕六時大統領より夜餐の招請ありて一同陪從す
同十六日（西洋九月十三日）晴午後一時半荷蘭へ出發す（佛都巴里へ歸へるべき人々とは半時前出發すき）夕五時再ハアルへ抵りトロワロワの客舍にて夜餐し夜九時又汽車に乘り徹曉す
同十七日（西洋九月十四日）晴朝六時半バアテン國タルムスタートといふ所にて小憩し午前九時マイヤンスに抵りランヌ河の涯より瀛船に乘る小巒曠野の間に村落市街近來に見ゆ夕五時ホンヌに抵り金星といふ客舍に宿る
同十八日（西洋九月十五日）晴朝六時汽車にて發し午後一時ランヌ河を濟る河幅廣く水深くして剰時々洪水の患あれば橋梁の架すべき術なく巨船を泛め轍

軌を通し汽車來れば轍道に載せはしらしめ平地にひとしくさらに滯碍なからしむ午後一時荷蘭國界セイヘナールへ抵る荷蘭より迎として「リユーテナントコロネルフワンカツペルレン」及御國の留學生等出むかひ夫より「ウエツトレフト」へ抵り同二時半「ロツトルダム」へ至り馬車に移りて直に市街を巡覽ありて同三時半發す

此の「ロツトルダム」は「マアス」といふ河に添たる一都府にて頗る繁花の地なり蒸氣帆前船とも多く碇泊し總て荷蘭內地へ來舶する人の上陸せる所なり砲臺警衞の軍艦も多く備はれり

同四時國都「ハアへ」に抵りぬ汽車場まで國王より迎の馬車三輛を粧ひ側役「バロンスヌーケルトテシヤウベル」といふ者出迎ひて「ホテル」好景樓といふへ請じぬ（此の日到着するを見んとて人群集して道路に塡ちたり）少焉ありて「コロネル」とも來りて安着を祝せり巴里へ電線をもて到着を通じ留學生等も來祝す

同十九日（西洋九月十六日）曇朝議事堂にて闔國の大禮典の集會あるにより見物あ

るべしとて兼て國王より招待ありて午十二時迎の馬車來る各禮服にて出らる禮式掛も出迎ひて堂中棧敷様の所に請ず午後一時國王及貴官の大臣等各馬車にて來り途中は歩兵隊にて警衛し王車の前後は騎兵凡四小隊(一小隊三十二騎)にて圍み王車は八馬毎馬御者二人宛衣服馬車の粧ひ殊に美麗を盡せり王車に從ひ聯行せるものは二馬に駕せし車三輛六馬に駕せし車三輛王車共に七輛なり國王議事堂に着し中央の小高き所に座を設け貴官及諸民の惣代なるもの其前と左右に羅列し郎國王着座して懷中より一小册を出して高聲に是を讀む其趣旨は先其年の無事百姓の安寧を祝しそれより政治可否得失凡審理財賦吏胥の曲直其他萬般の事を下問せらるゝにて毎年恆例なりといふ式畢りて國王歸去せり當方も續て歸去す其途中市外田園などを遊覽し夕四時歸宿す

同廿日(西洋九月十七日)曇晩晴午時銃砲製造所歩兵屯所等を見るに陪す夕五時國王謁見の式あるにより迎の車輛二輛來(一輛は國王の乘車にて四馬を駕し裝飾最壯麗なり御者四人其二人は駕せる馬に乘

て御せり）先駈の騎兵二騎（各同様の禮服にて美麗なり）少焉ありて護從のコロ子ル來りて鄕導し從行都て六人夕五時半王宮に入り國王へ謁見し兩國懇親の祝詞を述られ國王も厚く來意を答謝あり禮畢て太子の別宮に抵り夫よりフランスフレデリーといふ國王の弟の邸を訊問せらる歸舍の後此の地中惣代ヨンノヘールプルステーイといふもの來り安着を賀す英國より在留せる理事官來り候す巴里留守館のものより書簡を以て安着を賀す

同廿一日（西洋九月十八日）晴西北の港ニユーヨジツプといふ所にて軍艦製造所等を見るに陪すコロ子ル鄕導し朝七時より汽車にて午時同所に達す水師提督幷附屬士官、數人禮服にて出迎ひ許多の兵卒を出し警衛せしめ尤慇懃鄭重なり途上兵隊は捧銃の禮をなし樂手は奏樂して祝せり先客舍に請じ暫く憩息ありて港口に碇宿せる艦中へ請ず時に總軍艦祝砲せり水夫は皆檣桁に登らしめ御國旗を揭げ艦へ移る每必祝砲ありフランス」アンリイといふ總鐵船は市街に接近なりとて祝砲なし軍艦製造いづれも宏大堅牢にし

て最新奇製多し看了りて病院を見る夜十時歸宿す

同廿二日（西洋九月十九日）晴午後二時プランス」フレデリー及アレキサンドル客舎に來り賀す魯國在留ミニストル」ロットルダムシドクトルキルシス等來候す

同廿三日（西洋九月廿日）晴朝八時アムストルタム府を見るに陪す

アムストルタムは荷蘭の別都にてハアへより市街も廣く且繁華なり河海舟楫の便宜しく川筋多く市街を切斷し處々に大橋を架し中には橋桁を左右に旋回し又は上下する仕掛あるもの多し盖通船帆檣の碍りなからしむるなり地勢略本邦大阪に似たり商估銀行なども大なるありて貿易繁盛なり

同十時先來丁といふ所にて蒸氣もて水を汲上る器械ポンプを見る（是は同所にある巨大の池沼を開墾する爲め用ゆるといへり）夫よりアムストルダムチへ抵りヂヤマン（金剛石）製造所造船所及博覽會等を見る此の所の鎭臺及水師提督等鄉導せり

○此總鎭臺は本地至重の任にて高年にして才略拔群の者ならでは任に堪へず往昔は威權國王にひとしかりしといふ

同廿四日（西洋九月廿一日）曇午前十時レイデンといふ所へ出遊せるに陪す是は巡回中傭入の書記通辯官シーボルト亡父の別業在るによりシーボルト其所へ招待せしなり此の亡父は年來御國長崎に在留せしものにて在留中聚めたる本邦の古人の書畵器物珍奇の品など都て御國樣に陳羅し且庭前假山池ありて樹卉の植並べも歐風ならず殊に目に染て人々坐に感慨を起せり園翁網を擧て魚を得料理などし懇に饗しあえり

同廿五日（西洋九月廿二日）午後一時荷蘭國太子の弟アルキサンドルを尋問す白耳義のシャルジタフヱール來候す

同廿六日（西洋九月廿三日）曇此の日國王より再懇親の招待あり但留別の謁見なり夕五時迎の馬車來る迎送應接甚慇懃鄭重なり盖此の國は各國と異なり御國と年久しく和親を通じ交易をなし遂に信義を失はず且千八百年の初佛

國那破烈翁に侵撃せられ國殆んど淪滅し東洋所々屬國にも本國の威權行はれず港々にも其國旗を建るを得ざる程なりしが僅に本邦長崎港のみ依然國旗を掲るを得たりしかば永く是を德とし常に御國の信義を忘却せずといふ其交誼久しきを經て衰へざる感ずべし夜八時歸館側役スヌカール及コロチル其外留學生等へ夜餐を具す同夜白耳義ミニストル來候す

同廿七日（西洋九月廿四日）晴朝八時巴里へ書を寄す同十時國都を發す此の日國王汽車を出して一行の者を乘らしめ其國境まで送る側役スヌカールは汽車場まで附添コロチルはロットルダムまで留學生等は荷白國境ヨウセンダールまで送れり暫時の旅況も告別に至れば流石に感情起れり午前十一時半ロットルダムへ抵り汽船に移りムルデーキまでゆき上岸し再び汽車にてヨーセンタールへ着く此の處へ白耳義國王の汽車もて鄕導の官員數人來り迎ふ夕六時白耳義國都ブリックセルへ着く汽車會所まで禮式掛及甲必丹ニケーズ馬車を備へ迎へぬ同六時旅館へ就く所の人々途に群り冠を

脱し禮せり汽車場へは兵士及取締の者多く出して警衛頗る嚴肅なり
同廿八日（西洋九月廿五日）曇朝カピテイン＝ケイズ來り國王謁見の事申入午後一時迎の馬車三輛いづれも壯嚴の粧ひにて來り迎ふ第一車は郷導の甲必丹＝ケイス幷陪從の人々第二車は公使幷傅從其外禮式掛シーボルト等第三車も陪從の人々なり同二時半謁見畢り（謁見の式大槩荷蘭と同じ尤王妃も同席なり謁見の席上其外の間毎に古器など盛に羅列し搆裝甚壯嚴なり）歸宿後直に外國事務執政來問す夜七時甲必丹郷導にて國王催の劇場を看るに陪す（此の劇場は巴里の體裁に同じければ略しぬ）同十一時歸宿す
同廿九日（西洋九月廿六日）晴朝十時半陸軍總督郷導ありて陸軍學校を見るに陪す火術場（細工火烽火昇降烟等都て軍陣にて用ゆる火伎を修業する場なり）舍密術場（藥品又は染工に用ゆる品を製する場なり）等を一覽し夫より兵隊屯所（歩兵整頓壯禎の擧動よりして旋回行進の手前甚整肅なり別に木枝を運用の業跳躍輕便にして勁捷なり又亂軍に至り彈藥の竭たる時銃鎗を以て接戰に及ぶの擧動抔甚自在なり又細き鐵筋を以て相擊の技をなす覆面小手等は本邦演擊の具にひとしけれども其製甚だ疎なり相擊業は軟弱にて迂濶也）等を觀亦園囿なども遊覽し夕五時歸宿す此の日此の地の大祭日にて夜八時頃より北郊にて觀火の擧ありて招待せらるに陪す行程一里半許にて郊野に至

れば國王の桟敷を設けて在り此の所へ請じぬ

此の祭祀は往昔當國の初代王荷蘭より分割して此の國を創立せし祝日の由毎歳此の所にて烟火を擧て興とす其仕方雙方へ竿を立麻綱を張り一人の曲藝師美麗に裝束し其綱の上を歩す竿の長凡十五間許綱の亘り凡三十間もあるべし曲藝師手に長き竿を持ち綱の上を緩歩し行詰り後面に跡へ逆歩する兩三度にして次第に疾走翔るごとく或は中央綱のたるみにて綱に手を掛け足を投じ身を飜し綱上に逆立し又は一足を綱に掛け身を逆下し看官をして寒心栗股せしむ其休息中は種々の細工火を揚げ空中に點じ末尾には彼曲藝師の持し竿頭より火を發し其人の影は見えず火鎮して又綱上を徐歩す此の時下の觀火場より數千の細工火一時に連發し青紅紫白の火光空中に飜騰し尤奇觀を極たり

此の夜群參の看官人凡二萬人餘細工火の失費一萬五千フランク程なりと云ふ

同晦日（西洋九月廿七日）晴朝九時甲必丹の鄕導にてアンベルスの礮臺を觀るに陪す午前十時一の臺場に至る此の臺の築立方外面は土石にて屈曲長蛇の如く堤の下は深き溝にて水平面に充ち內側の入口兩所に鐵橋を架して通ず砲臺の形扇を開きしごとく外面斜横にして其堤內側は石と瓦にて築立て土窟を多く造り其中に彈藥砲器械を貯へ兵卒屯所を設け其扇の要と思しき所に一の宏壯なる礮墩を設け數十門の大砲を備へ其外面と要と相接る所は深溝にて僅に七八間の土坑を設て外面と要との往來をなし土坑の兩側には又十門宛の大砲を備たり交戰の時外面の砲墩礮にて相接し萬一失利なれば要領に引纒て防禦せる爲なりと云其制度宏壯緻密なる一歷にて識得すべからず午後一時アンベルスへ抵り市街周圍の砲臺を見る尤も未成中なるものありて築立方等も仔細に見へて極て巧なり此の國は周圍陸地にて海港なければ陸戰の設精密を極めたり且此地は國中第一の要地にして緩急の時は國民を移し擧國是を衞る故に地砲墩にて圍繞せしめ其間

々に前顯扇形の礮臺を八箇所に設け互に犄角の勢をなし防禦に備へ兵糧を常に充實し國を合せて之を守る歐洲擧て攻來るとも容易に敗るべからずといふ此の地到着の節ゼネラール出迎ひ砲臺巡覽の節は勤番の士官等鄉導して總て式禮等嚴肅なり

九月朔日（西洋九月廿八日）晴朝十時昨日殘したる砲臺等を見る一覽後アンベルスにある砲車製造所諸器械及彈丸製所等を見る

同二日（西洋九月廿九日）曇夜七時半兼て設置し劇を見るに陪せり

舞臺の周圍は警衛の兵士を出して固め舞曲始れば坐頭のもの出て來臨の恭を謝し其接待周旋都て國王見物の時と同樣なりといふ其舞曲美麗を極め所作樣々の仕業あり

同三日（西洋九月三十日）晴朝八時カピテイン鄉導にてリエージといふ地にて銃砲製造の器械を見るに陪せり午時汽車にてシラアンといふ地に至り製鐵所を見る反射鎔鑛の二爐鐵材精製の法綱鐵の吹分方石炭取掘方（石炭は都て地中より掘取る）

其深さ凡四百メートルありといふ）諸砲車及蒸氣車鐵軌其外諸器械の製造等を見る此の地の總裁其居宅に請じ饗應鄭重なり夜十時歸宿す

此の製鐵所は最盛大宏壯にして周圍凡三萬坪程あり職人七千五百人より一萬人許凡一年の製作金高通例三千萬フランク許りなりといふこれより先き英人ニックといふ者此の地に來り製作を始めしより次第に其業弘まりて今に至りては歐洲中有名の地となれりといふ

同四日（西洋十月一日）晴朝九時カピテイン鄉導にて汽車に乘りマリートヲワニエトといふ所にて鏡及硝器等を製するを見るに陪す同十一時同所に至る車四輛を備へ製造所の役々十人許出迎ひ製造所の頭取は其男子を騎兵にして迎はせ邸宅の前に至る頃に三十人許の樂師をつらね奏樂を興し到着を祝し居宅前には其親緣なる婦女子を美々しく粧ふて出迎はしめ堂に請じ午餐を饗す（此の節親緣の者數人前導し給仕等いたし別席にて樂人は樂を奏し饗應善美を盡せり）是より製造所へ鄉導し種種の器械珍奇を備へて其業の精巧を見せしめ歸路の節は道路兩側に諸職

人立並祝詞を呈す其人員凡三百人餘なるべし其前には樂を張りて道路を清くし尚又其家に請じ表の方には二百人餘の婦女の職方何れも粧を凝らし打揃ひて祝詞を述ぶ頭取始めて役々七人汽車にて送り來る

同五日（西洋十月二日）曇鄉導ありて午後一時繪圖面學地理學校を見るに陪す本國の精細地圖及歐洲全圖其外砲墩築城等の諸繪圖類を看るに其細密精巧を極め新奇工夫の至る所言語の及ぶ所にあらず夕孛國シャルジダフヘールより巡回の期限を問ひ合せあり

同六日（西洋十月三日）晴朝十時半カピテーテイン及此の地の全權幷近郊山林を支配する官員來り鄉導して兼て設るチユウルンといふ所にて畋獵を觀るに陪せり畋獵場は國王の囿にて四方十町餘もあるべく幽靜なる地にして樹林茂密禽獸蕃畜四圍土埒に築立て其內に溪流を引て禽獸の來安き樣になしたり勢子とも二十人餘四方より一時に逐立て禽獸の其小溝を廻り走るを要射するに鹿兎の類多く此の日の獲物は鹿五足兎六ツなり常に其囿に

畜置ける鹿は七十五兎は數知らずといふ勢子共の逐立方奔走敏捷なる射者の馳駈詭遇尤神速なり此の日午餐其山林に草茵し一大の食盤を設け上下相集り同餐す野興宏濶頗る清味を覺ふ夕六時歸る此の夜カピテイン其外鄕導者へ同案の夜餐を具し馳駈の獵師へ佛貨三百フランクを賜ふ

同七日(西洋十月四日)曇國王より再び謁見の事を申越さる此の地の乘馬を試んとて調兵場へ至らる

同八日(西洋十月七日)晴國王より鄕導ありて都府外の調練場にて陸軍三兵の火入調兵を觀るに陪す午前十時半迎の馬車四馬に駕し御者六人内四人は駕に添二人は其馬に跨がり外に導者一騎の御者唱道せり王宮の前達を左りに折れ並樹の大衢へ出なを旋り十町餘行て郊外の調練場に至る調兵順序をなして陳列し士官樂手歩兵夫々禮式等ありて先の陳列せし兵隊各其長にて指揮し護送して場所に至る兵隊は場中各所に屯集し夫より將士指揮して攻擊襲討接戰の擧動あり

此の日の人數は歩兵三大隊大砲一座騎兵三隊樂手隊共に同勢二千五百人餘と云各隊連發の時は砲聲整霹雷霆の如く煙焔天日を蔽ひ甚壯烈なり畢りて兵隊整頓の上セ子ラールロナイル棧敷に候し公使馬上にて各隊の陣列を巡視せらるセ子ラールロナイル附從のカヒテインシイボルト其外人々隨從せり總て兵隊捧銃奏賀の禮あり

公使巡回し了り棧敷に就き午後二時歸宿す

同九日(西洋十月六日)曇夕六時兼約の如く王宮に請し國王同案の夜餐の饗ありとてカピテンニケース迎の馬車を備ふ第一車は公使幷傅從カヒテインシイボルト第二車第三車は傅副の人々なり王宮副門にて下乘あり階梯を經て相伴の貴官陸軍總督其外役々出迎ひ扣席にて暫時休憩せしめ公使は王の燕席に請し附從の人々は次席に扣へ程なく國王公使と共に次の間に至り互に紹介して其貴官と傅副の士官とを引合せ等しく打連て食盤の間へ移らる國王は中央公使は右坐に就き傅副の面々幷貴官等接伴せり夜餐中は

次席にて奏樂あり割烹調理善美を盡し器皿杯盤燈燭珠玉を鏤めあたり輝き華美を極めたり夜八時半宴徹し樂闋り又王の燕居に請しカッフヘー及種々の名酒を飲ましむ同十時頃歸宿す

同十日（西洋十月七日）雨夕三時孛漏生在留のシャルジダフヘール來り其國王太子當節國都に在らざるに付巡回延引あらん事を談せり

同十一日（西洋十月八日）雨朝七時半マコトリウッククレグーといへる荷蘭國の豪家の招待せるに陪せり陶器硝器等製造の場所其他種々名苑奇亭等を見る午夕とも饗應し尤鄭重なり夜九時歸宿す

同十二日（西洋十月九日）曇朝九時白耳義國を發す國王の汽車にてカヒテインニケイス同乘し汽車會所まで送り來る夕五時佛都巴里へ歸館

同十三日（西洋十月十日）曇夕七時白耳義都府に殘りし人々跡引纒め歸る

同十四日（西洋十月十一日）曇無事

同十五日（西洋十月十二日）雨午後一時人々博覽會を又看るに陪す

同十六日（西洋十月十三日）曇夜七時シルクデアンペラトリースといふ曲馬のある場所にいたり一同見物す
同十七日（西洋十月十四日）曇朝十時試砲を看るに陪す
同十八日（西洋十月十五日）霽無事
同十九日（西洋十月十六日）晴夕四時白耳義國在留中附從のカピテインニケイス來候す
同廿日（西洋十月十七日）曇暮七時半伊太利國へ發す從行幷送行の人々は滊車場まで先發す此の夜は車中にて徹し朝六時アンペリウルといふ所にて小憩せり
同廿一日（西洋十月十八日）雨昨夜より峽間を經過し新寒の添ふを覺ふ朝來細雨鐵軌の兩傍山壑聳へ危石怪松突兀として路畔に蟠る汽車は其洞中を衝通し溪湍は鐵橋を架して通ず行路嶮峻なれば鐵道も亦至て堅牢なり
此の邊都て巖石多く處々割截洞刳して棧道を作り汽車を通ず其傍石炭

など出す所あり霜露早く墜ち木葉紅黄を翻し山骨青苔を見はし瀑勢白綫を懸く車中迅速の眺望といへども聊趣あり

午後一時サンミセールへ抵り是より山巓嶮峻にていまだ鐵軌汽車の設なき故ジリジャンスといふ旅行馬車にて山頂を踰るなれば日暮ては覺束なければ此の處に宿らんとて家を覓るにオテルテポストといふ一の狹隘なる客舍のみ漸く一行の膝を容たり

サンミセールより伊太里國スーザまでモンスニーの諸山連り長蛇の如く兩國の間を中斷して峽路險艱馬車の行程凡十時間宿すべき所なくスーザよりチユランの汽車は夕五時より發する定なれば此の處に宿せしなり

第二時半汽車場にて馬車を雇ひしが一車のみにて一行を容るゝに足らざれば半は其車のかへり來るを待り頓て客舍に至るに主人打驚きたる體にて出迎ひやゝ樓上に請じぬ各始めて坐に就くいかにも陋隘不潔を究めた

り夫より又馬車を雇ふて村落の風を看る夕三時頃歸る(此の地は四圍山巒聳へ嶺上には不斷雪あり眺望する所すくなし)徶戸も亦旅況の寂寥を添たり

同廿二日(西洋十月十九日)晴朝六時ジリジャンスと云馬車二輛を雇ふて發す

此のジリジャンスといふは巴里邊にて用ゆるオムニ、ブといふ車に同じく其制長大にして尋常の馬車に異なり一車に八人又は十人を載せ二階にして階上に荷物を容る平坦の地は二馬を駕し嶮路には六馬八馬十二馬を駕し處々に會所ありて馬を取換へ又は水飼などして疲勞を助く頗る簡便なり先年歐洲汽車發明の前は總て旅行に此の馬車を用ひたりし故今も僻鄕は故態を存すといふ

岪路を曲折し或は溪に傍ひて朝八時一村落に抵る村中滊車及鐵道を製する器械あり是は佛國商人の戮力し此の峽路を開き巖石の半腹を洞穿し滊車を伊太里國まで達せしむことを謀る也とぞ又馬車通行の路傍には別に小さき鐵軌を作りてあり是は米利堅人の發起にて從來の岪路に沿ひて小

滊車を通せしめむとて爲せるなりとぞ山行愈深くして道路益險なり其危嵓絶壁石磴縈委するに至りては車を棄て徒行攀登して絶嶺に達すれば雲雷を足下に躡み星斗を頂上に捫す中腹には處々宿雪斑々として頗る攀躋の渇を醫するに足る嶺頭に人家二三軒あり馬を代らしめ又は鐵軌工人の憩宿する所なりといふ

サンミセールよりスーザまで馬車の馬を替る六次其始は二匹四匹又は六匹中は八匹嶮路にいたりては十二匹を駕す其艱險しるべし

其嶺を下らむとする傍に石柱あり佛蘭西伊太里の境界なり其より下りて漸く平夷なり雲霧消て初て伊太里の諸山を望む夕四時半スーザ滊車會所に抵れば伊太里國のコロ子ールイシヤケヱードボヲヤニといふ者迎候せり直に滊車にうつり夜七時チユランへ着き「ホテル」デヨロツパといふ客舍に請し鄉導使もとも〲來り同所へ滯留せしめむとの王命を述ぶ此の夜巴里へ電線を達す

同廿三日（西洋十月廿日）曇朝十時コロ－子ル來り鄕導し國王の別宮及古代の戎器を貯ふ所說法所等巡覽ありて午後一時歸る
別宮の玄關及石階とも總てマルブルといふ白き石にて（礦石の類）築き立最瑩潤光澤あり宮殿椽角等悉く金を鏤め巨大の油繪の額を揭げ戎器藏は諸國より聚め得たる刀鈒甲胄小銃の類多し其中に御國の騎馬武者の像ありしが其甲胄の着けかた馬具結束の仕方等多く其實を得ず
此の地は當國の故都にて市街も廣く諸宮殿抔もいと美麗なり
夕六時七分鄕導とともに瀛車にて同所を發せり
同廿四日（西洋十月廿一日）曇朝八時伊太利都フロランスへ抵りカランドホテルデペエイといふ客舍へ着く（但瀛車場まで禮式掛りのもの等迎ひ候せり）
同廿五日（西洋十月廿二日）雨朝九時コロ－子ル及禮式掛來り此の地國王の別宮へ鄕導ありて種々奇物珍器油繪石細工等を見るに陪せり午後英國在留公使來候す

同廿六日（西洋十月廿三日）曇夜雨朝八時附従のコロ子ール及禮式掛郷導にて議政堂幷石細工所（モザイクといふ此の地石細工名産なり）を見るに陪せり議政堂の中央には當代國王を寫眞せし油繪を掲げ其兩沿には先年伊太利國諸大戰爭の圖などを多く掛並べ會議の式は毎歳十一月より（但西洋暦なり）四月迄諸民の惣代政府へ加祖の者まで其議に反せしものを左右に分ち中央には國王幷貴官にて一の國論を出し是を討論せしめ其可なるを折衷するといふ（但國論に反せし者は左に署し加祖の者は右に着坐せしむといふ）又別に高き棧敷を設け各國在留の公使を引て其議を與り聞かしむ且其面前の高き棧敷には此の地のミニストル始貴官の婦女出て是を聽問す其より細工所を看る種々珍奇の細工あり

石細工は此の地第一の産にして黒き硯材樣の石に種々の模樣を琢したるものなり其精巧尤細密にして亦優雅なり其製造の品は食盤小机函石板及婦女子の胸挂の類多し一の小函石板を製作するも五六月を經る其精密なるに至りては十年十五年の久しきを積て成功を竣るといふ紫碧

紅白黄黑其餘間色の石を聚め人物鳥獸花卉草木其他種々の形を彫琢す
いづれも瑩滑にして眞に迫る
同廿七日（西洋十月廿四日）晴朝七時禮式掛來りて國王謁見の事を談ず同十時王車二輛を備て公使を迎ふ嘗て國情云々を告げ（蓋羅馬の事件なり）諸式儀仗省略の事を請たる故に從者も稍減し午後第一時事畢りて歸宿す夕六時附從のコローネール來り謝し王命を述て曰今日公使幷傅從の人々をして烟波絶域に臨み比鄰親睦の好を結び給ふこと全く御國の厚誼の遠きに及所深く感戴に堪へず因ていさゝか其意を謝せん爲め此の地の貴重のデコラアションさし贈るよし尤傅從陪行の人々へも其等級を以て贈り來る暮七時半附從コロネール禮式掛の者鄕導にて劇を看る一同陪せり國王の棧敷へ請し謁見の時會せし第一等の禮式掛及陸軍總督等來りさま〳〵饗應して夜十一時歸館
同廿八日（西洋十月廿五日）晴夕三時馬車にて郊外を看るアルノといふ都府東北よ

り出る川に添ひて樹木繁茂し遊歩佳地なり○當時意太里國には故セネラールたりしガルバルシーといふもの羅馬廢滅佛法掃除各國門地閥閲の舊習を洗除し全歐洲をして盡く共和政治たらしむるの説を唱へ此の國政府貴官の者を多く是に同意し頻りに國王に逼りしが其淵源深くして猶次第に滋蔓し已に佛蘭西より羅馬へ加勢の爲め人數を繰出し意太里へ戰使を出し羅馬に代り戰爭に及んとせり國王には素より佛國に戰爭の意なければ辭を搆へて時機を延したるにガルバルシーの奇計にて國民愈々騷擾し擧て羅馬を攻擊の勢をなし其中には羅馬に潛入して處々侵略に及しもありて佛國よりも亦頻りに兵を送る聞へあり自然和議破れなば一亂に及ぶべしと騷然たり

同廿九日(西洋十月廿六日)晴午後一時半都府東北の山々を見るに陪す夜九時英國ミニストル書記官來候す同時瀛車にて別都ミランといふ所へ發す

十月朔日(西洋十月廿七日)晴朝十時ミランへ抵る卽時太子の傅ゼ子ラールル來り安

着を賀す
此のミランは意太里國一箇の別都にて頗る富饒の地なり市街も廣く民戸も稠く故に太子別業とす往に意太里王チユランの都をフロランスに移せしが其地陋隘なれば再び此の地に移さんと欲せしが其費用巨多を患て未果なりといふ
客舍の前に假山水を築きし諸人遊憩の地あり（此の遊憩場は市人擧醵して造築せしなりといふ）今日は日曜なれば此の園に闔都の兒女等群集せり午後三時公使遊覽の爲め太子より馬車二輛壯麗なるを備へてゼネラール鄕導にて市中處々を見るに陪す兒女等蝟集して道路を遮る鄕導鳴鞭して夕五時歸るゼネラール等へ夜餐を具す太子の使者來り明日此の地の囿苑にて共に畋獵せんと請ふ
同二日（西洋十月廿八日）雨天なれば午前十一時公使太子の居館を訪ふて今日の畋獵を止めぬ午前太子も公使の旅館に來り告別す夜九時公使滊車にて此の地を發しフロランスへ歸る

同三日（西洋十月廿九日）晴英國ミニストル來賀し且マルマ島へ巡覽の事を本國王より申越されたるよしを述ぶ尤此の地瀕境へ軍艦をよせ迎へんと約せり
同四日（西洋十月卅日）晴午後三時市中巡覽に陪す
同五日（西洋十月卅一日）晴朝六時郷導來り瀛車にてヒーサといふ地の囿苑にて畋獵するを觀るに陪す途中都府有名の寺院梵刹を見る中にも丸き塔の高二十間餘なるが最壯麗にして斜に聳立せる㒵々として微風にも堪さらむかと疑ふばかりにて實に奇製なり夫より畋獵を觀る
此の日の獵は騎馬の勢子二十人計四方より逐廻し銃手は小さき松の枝にて作れる小屋に潜みて其來るを要擊す此の時鹿六足を得たり
夕四時畢り瀛車にて夜七時歸る騎馬勢子等其外夫々へ賜物あり

卷之六

慶應三丁卯年十月六日（西洋千八百六十七年十一月一日）晴朝十時畋獵主宰來り昨日獲たる鹿

二匹を獻せり乃其一を調理し其一は英國在留のミニストルへ賜ふ
同七日(西洋十二月二日)晴朝英國ミニストルより迎の軍艦今夕リボルヌ港まで至りしかば今夜同所へ一宿明日乘組の事を中立るにより夕四時滊車に乘り此の地を發し暮七時リボルヌに抵りオテルデワシントンといふに宿り英國軍艦へ便宜問合せしが同港規則にて外港突入の軍艦は直に上岸を許さざるよし故に船將躬自ら來迎へがたき旨申來る
同八日(西洋十二月三日)晴朝軍艦より書簡來る風不順なれば午後三時頃まで待るべしとの事なり午後馬車にて市街を一覽し同三時港口に入る此の時軍艦よりバツテイラ二艘各本國の旗を掲げ士官禮服にて出迎ふ同四時軍艦に移る
此の日軍艦には國旗數々建て中央に在る最高き檣に御國旗を掲げ其船將士官まで皆禮服にて乘組の時は樂手兵卒例の奏樂捧銃あり水夫は皆檣上に登らせ並立せしめ禮砲は意太里の艦一艘本船間近に在れば其式

なし
本船はエンデミエーヲンといふ壯大堅牢なる軍艦にて大砲小銃及諸器械とも悉く具備せしが別に船部屋の設なければとて假に舳の方に數部の船室を補理したり直に船中一覽あり風様宜しとて出帆せる處意太里の艦誤て錨綱を本艦の綱に打繫纏合漸く解て夕六時出發せり終夜風穩なり
同九日（西洋十二月四日）晴曉風强し終日意太里南邊を航す夜八時船將旅懷を慰めんとて水夫を集へ曲藝雜話をなさしむ
同十日（西洋十二月五日）晴風靜なり朝十時水軍火入調練を觀る
是は船と船との攻擊なれば其運動駿速にして且勁壯なり大砲連發の時は焰烟相掩ふて暫時四方を辨せず畢りに一隊の陸軍各劒銃と槍とを以て敵船を乘超る驅引をなすは其擧動尤敏捷なり船中法則寛優にして嚴肅たり其兵は總て水夫にて平生航行に從事すれども戰鬪攻擊に至りては別に水夫兵卒の分ちなし又別に一隊の陸軍を置くは陸地接近の戰爭

の爲に備ふといふ
午後三時意太里國の孤島ストロンベッキといふ噴火山を近く見る洋中に屹突として立り其形圓曲にして巓の凹なる處より火炎を噴き出す其烟靄として斷絶なしといふ本邦の淺間阿蘇の如し意太里國のナアプル遙に見え時に雲收て海水藍を揉日落て山巓金を貼し眺望亦奇なり夜八時船中又水夫曲藝をはじむ
縄拔の術などあり是は衣服を着せしまゝ倚子にかゝり太き縄もて四支を倚子とも縛り其本の縄尻を持居て上より身を容る程の布袋を被らせ其中にて其縄を解く業なり本邦の在古たる其業に異らず
同十一日(西洋十二月六日)晴雷雨朝十時マルタ島へ抵着す兩縁の砲臺例の祝砲ありて船將士官等禮服にて艤して中央の檣に御國旗を掲げ捧銃奏樂の式あり午後一時港口より馬車にて上陸す騎兵郷導警衛して鎭臺の官衙へ請す門の正面に歩兵一小隊捧銃をなし階梯上り口まで鎭臺并士官二十人許出

迎ひ兩側には赤服の兵士並立せり官衙中の集議場へ請し（正面四五段の高き階梯あり）鎭臺は其左り通辯官シイボルトは一段下りて立り其餘は一同板間に並立せり夫より順次をもて拜し畢りて午餐を饗せり（此の節鎭臺の妻及男女等同案して種々馳走せり）同四時馬車にて市街を巡覽す暮七時半夜餐を供せり（此の節鎭臺並水師提督同附屬書記官等出て同盤にて接伴す）

同十二日（西洋十一月七日）晴午時官衙を發し馬車にて城内を見るに陪す戎器等を貯ふ處櫓重門廩厩等を見る午後一時鎭臺郷導にて港口より船にて處々砲臺的打場を見る（打砲凡半時許なり）港内碇泊の軍艦は悉く水夫檣に上り敬禮す夫よりドック及製鐵所等を見る此の節陸軍場には兵士一小隊陳列して式禮あり又製造中のドックを見再乘船し番船の前を過て新港を見る夕四時歸る

同十三日（西洋十一月八日）晴朝鎭臺の郷導にて戍兵の調練を見るに陪す何れも騎して從行せり其場の中央に大隊旗を建たる所へ請し夫より陳列前を一通り巡回ありて又元の處へ駐り調練始て横陣をなし乍ら縦隊と變じ行軍の式あり最頭の隊は黒き戎衣にて小隊の行進十一隊次に赤衣の小隊二隊又

次に小隊三十七隊なり

各小隊四十人より四十七八人なり外に樂手隊土坑隊雜兵士官にて都合四千人といふ斯る一小島すらかくのごとく兵士の調る感ずべし

行軍の法調兵場の中央に橫一文字に並立し隊の左の方の首より小隊に作り出し徐歩環旋して大隊の旗下を過ぎ元整頓ありし所に至る行進兩度にして初は每小隊士官は劍を竪にして徐歩し次は劍を收て急歩す其規則整肅寸分も差わす畢て初の如く陳列し其中なる小隊七八隊列を超て進む二十歩許にして竪銃をなせり此の時此の方一行の人々少しく進みて其隊の前面に至ると兵隊はひとしく銃槍の手前を爲す其の內此の方元の所に就く時に一列の兵隊首尾を旋回して退陣せり此の方は其退陣の中央に在りて前後の兵隊にて護衞し官衙の前に至り各隊分離して其式畢る夕五時歸る

同十四日（西洋十二月九日）晴午前十時鎭臺及附屬士官鄉導にて砲臺より大砲の打

前を觀るに陪す打前了りて海岸に連りたる砲臺を見る夕三時海岸の曠野にて小銃的打を見る往々海岸の涯路を打曲り連築せし兵卒の屯所に至り其前高低屈曲の所に一中隊餘の兵卒左右に列して捧銃奏樂をなせり的打を見る的は海岸水際に幅二間高六尺許の白板の中に黑の筋を引たるを掛置三百歩を距て打放つ兵卒は二十人一隊にて二列に組て發せり銃はシナイドルと云輕便の銃なり我公使にも一發試みられしが誤たず的中せり的打場二箇所一は遠打（凡七百歩もあるべし的は方にして六間ばかりなり）一は近打（凡百歩よりして三百歩程なるべし）此の日は風急にして遠打は的中する少れなり夕五時歸る此の夜は在留の各國公使等擧て我公使に謁せむとて夜會を催し夜八時より官邸中の集議場へ請し士官の妻子とも一同拜謁に待せり（拜謁の式は抵着の時と同じく公使を段上に請し何れも階下に出て拜せり）謁し畢り段を下り來集の中にて種々の雜話をなし茶果を供し夜十時散す（此の夜集會の人數凡二百人餘皆鎭臺士官幷其妻子等なり）

同十五日（西洋十一月十日）晴午後三時コロネル鄕導にて砲臺及新製の大砲等を視

る大砲十六門（玉目千三百キロガラム也といふ）夫より本港に碇泊せるカレトンヤリといふ總鐵船を見る凡長九十メイトル（メイトルは我三尺三寸なり）幅二十メイトル外面の鐵二重に張り厚四寸五分程なり蒸氣器械千馬力大砲二十四門乘組六百五十人なりといふ其法則尤嚴肅に見ゆ

同十六日（西洋十一月十一日）晴午前九時半此の港を發す同十一時乘組（官衙發軔の時鎭臺は其門前まで其男及其士官一人は軍艦まで送りて都て抵着の時の如し）同刻出帆順風にて船脚速なり夜十二時忽闔船喝動の響あり衆皆駭て是を問ふに蒸氣機關の破れたるなり船將曰幸に今日マルタ島を出帆せしより百餘里を航し此の順風に乘じ帆前にて航期を延し馬塞里に着せんを乞ふ

同十七日（西洋十一月十二日）晴順風なれども船行緩し夜に入風なし

同十八日（西洋十一月十三日）晴順風舟行速なり一時五六里を航せり朝十時繕ひ調ひしとて機關もて暫時航せしが手薄き器械よりは帆前の方勝れりとて止みぬ此日洋中浮的を流して試砲の慰などす

同十九日（西洋十一月十四日）晴朝十時サルジン島を認む夕より北風間切なれども舟行速なり

同二十日（西洋十一月十五日）曇朝九時水師調練を見る午後より風強く船の半面を吹て巨浪山をなし船の動搖甚し且機關損所より水入て殆二尺許ならむとす水夫擧りて是を防塞す

同廿一日（西洋十一月十六日）昨夜より風雨暴烈僅に修繕せし機關又破損し恰も盲龜の槎に賴るが如し朝九時風雨彌强黑雲沛然として咫尺を辨せず皆方向を失す午後一時稍風雲收り一孤島を認めたり卽是馬塞里なりしかば舟中擧て喜びあえり同二時港口に着川滊船に曳かせ港内に入て船中に泊す夜又暴風雨碇泊の船々檣を折或は帆桁を吹落され終夜響聲止まず

同廿二日（西洋十一月十七日）霽午前十一時半本船の小艇にて馬塞里に上陸し馬車に乘ガラントホテルルーブルドラペエーといふ客舍に宿す鎭臺安着を賀す午後三時馬車に乘市中を遊覽しブラドウといふ花園に過る時に雨後新晴

野景殊に佳なり尙行々て海岸に出れば微風浪を皺め殘景山を銜む水天遠く掩映して眺望開豁たり疇昔舟中漂蕩の苦辛を回顧すれば隔世の想をなせり此の夜船將ウェック幷士官十三人へ夜餐を具す

同廿三日(西洋十一月十八日)晴朝十時甲必丹ウェック其妻の此の地に滯留せしとて相伴て來候す午前十一時馬塞里を發し滊車に乘暮七時リヨンへ着暫く休憩し又々滊車にて翌曉七時半巴里に歸館す

同廿四日(西洋十一月十九日)晴午前十一時一同來集して安着を賀す

同廿五日(西洋十一月廿日)晴午後三時ビュットショウモンといふ花園を見る夕五時半今度到着の本邦の留學生八人來候す

同廿六日(西洋十一月廿一日)晴此の地在留の英國公使交替によりて新公使來りて名簿を出す

同廿七日(西洋十一月廿二日)晴無事

同廿八日(西洋十一月廿三日)曇無事

同廿九日（西洋十一月廿四日）晴英國巡覽來十一月六日と定む
同晦日（西洋十一月廿五日）曇無事
十一月朔日（西洋十一月廿六日）曇郵船の便あれば各鄉信を寄す英國巡歷從行の人々と此の地に留守の人々を撰定す
同二日（西洋十一月廿七日）曇英國行の旅裝を理しむ
同三日（西洋十一月廿八日）曇行中旅費兌換の事を巴里出店東洋銀行に托す
同四日（西洋十一月廿九日）曇明後六日卽日曜日巴里發途の事を在留の英國公便へ書翰を以て言遣す
同五日（マヽ）（西洋十二月一日）曇午前十一時馬車に乘旅館を發しカールテノヲルより瀛車に移り（此の處までフロリヘラルト」シーベリヨン」カシヨンコロ子ル等其餘の人々懇篤に送別せり）一行凡て十七人なり地方次第に北に移れば寒氣も增り暮六時半フロンギユといへる佛國北邊の海に沿ふ地にいたり（旅客の都合に從ひ此の處より船を雇ひ英都倫敦の大橋まて航すことありと云）夜七時カレイ港へ着きオテルデヅルサンといふに投宿せり英國より此の地に在留せるコンシユ

ル來候す明日發船の事とも談せり

同七日(西洋十二月二日)曇午後雪朝五時英國メジョールヱドワル旅舍に來候し昨夜より風あしければ發船の延引を告る午前十一時漸靜なりとて馬車にて發し港口までゆき郵便の汽船に移れり(此の港口の英國飛脚船堅牢なれば勁風激浪にも堪ゆるといふ)風猶烈しく忽地四望暗黜として船の搖動甚し須臾にして凍天雪を噴し甲板上飛雪と逆浪と相激して一時に銀山こゝに崩るかとあやしまる船中是を視る人稀なり(此の日他の航船の破摧せし已に五六艘に及べりといふ其一艘は本船の航行の間眼前に目擊せしが檣折れ艫摧げて物凄き景狀なりし)辛ふじて

同三時英國ドウブル港へ着く風あしければ平常の投錨場に着船なしがたく頓かに最狹き港口へ漸く上岸し少焉して馬車來り此の地セネラール鎭臺及コロネルなど出迎ひ市街の入口なる旅舍にしばらく憩ひ人々鄕導して客舍に請し階上の廣間にてセネラール鎭臺其餘の官員我公使の此の地に抵りしを賀せる禮式をなす其式公使を廣間の正面に請し祝詞を呈す左の如し

ドーブル港及ドーブル府の支配人并紳士等謹而ユウルロヤルハイ子ス《殿下》英吉利の地に上陸し給ふを祝賀す貴國漸次歐洲各國の形勢を了解し且交を厚ふせんと欲し此の度我國に來臨し給ふは我等に於ても總て我國人の爲にも大に喜悅する所なり是我クイン《女王》と東方の盛なる御國との交際を厚ふし兩國貿易益利を生じ且開化世中に弘るべき確證といふべし我等ユウルロヤルハイ子スの幸福を祈り此の府中の人々ユウルロヤルハイ子ス及貴國を尊敬するの意を表す千八百六十七年第十二月二日ドーブル府町寄合の印を證として申す支配人ゼジチアーチワトノキ書記官ヱドワルドトノックルノキ記す

右祝詞を呈する時は支配人の側に侍者禮式に用ゆる具數品を捧げ此の國在留中附屬を命せられしメショールヱドワルもまかり出て祝詞を呈す午後四時客舍を發し國王より出せる汽車に乘暮六時倫敦へ着く（此の節兩側に一中隊歩兵を列し捧銃奏樂あり）汽車場には盛飾の汽車を備へ鄉導せり此の府

にある御國の留學生等も一同出迎ひ暮六時半ブルックストリイトの客舍へ請せり（此の客舍は招請の爲に設て其餘滯留中賄方萬事國王より命じ置れし由且聘雇の士官シーボルトは舊此の國附屬の士官なれば我公使滯在中は同國より命じて附屬せしむるとなり）

同八日（西洋十二月三日）曇此の地季秋より仲春頃まで連日曇天濛霧深く咫尺を辨せず廣閣巨廊又は幽窗深室及切要の事務ある市店など多くは白晝に徹烟を點ず寒威も尤凜烈たり午前十一時外國事務執政ロードスタンレン來り賀し明日國王謁見の事を談ず尤懇親の應對ゆへ萬事簡易殺等なれば盛服の裝なく陪從も減省せられんを請ひ且國王當時都外ウエントソールといふ別宮に在るに因て同所に來臨ありたき事どもを談せり夜七時附屬メシヨールエドワル鄕導ありて議政堂へ參らるゝに陪せり

陪從八人なり此の議政堂はタイムス川に瀕して廣大なる堂なり內議場二箇に分れ一は貴戚の人々議する所一は諸民の議する所なりといふ

恒例議事は夜に入て開くと云頭取のもの出で所々を前導せり

同九日（西洋十二月四日）曇午後一時外國事務執政ロードスタンレン及メジョールヱドワル郷導にて同二時謁見の式あり
王の馬車三輛を備へて迎ふ第一車は公使並全權と英國外國事務執政シーボルト第二車は傅從步兵頭並ヱドワル第三車は侍士三人なり馬車前騎添ひ王宮の正門內階下にて下乘せり此の時一中隊の兵卒樂手隊等平面に列し捧銃奏樂あり夫より宮中石階を上り廊下にて暫時休息程なく奥より士官出て先導し唐戸內に揖し（此の內の間を白書院と云）女王の居所に至る時に女王は後ろに女官一人次に士官一人女官一人を從へ稍進んで謁せらる公使一禮ありて演說す側よりシーホルト英語に譯し是を述女王も慇懃に答謝あり次に其女官士官を引接し畢れは全權より以下三人一人宛女王に謁し夫より表書院へ揖し茶果等を供し陪從一同接伴に連り退出せり
畢りて宮中に羅列せる古器什物類を觀る又本の席へ復れば白紙の牒へ直

筆の名簿を請へり夫より退出して夕五時歸館同夜八時國王の招待にて劇場を看るに陪す同十一時歸宿（劇場の模様は各國概ね其體裁を同うすれば之を略す）
同十日（西洋十二月五日）曇午前十一時タイムスといふ所の新聞紙局へ郷導ありて之を看るに陪す
此の新聞紙局は歐洲第一の大局にして其刻板至て精密にして文體は亦簡易なり一日四十人にて二時間十四萬枚餘の紙數を摺出し毎日諸方へ鬻く其器械甚だ巧みにして且辨利なり午後一時半戎器を貯る所を見る何れも古代の刀槍銃砲其餘珍奇の古器物等あり此の內方今所用のシナイドルといふ新發明の銃七萬挺を藏す又騎馬武者の木偶あり是は此の國初代王より歷代の王の戎服の肖像なりといへり
歸路銃砲製造所にて刀劍鍛錬の仕方等を視る夕五時半歸宿す
同十一日（西洋十二月六日）曇郊外ウーリッチといふ所にて大砲製造器械及製作の體を視る朝十時汽車に乗テイムスといふ都府間にある河の橋を越同十一

時ウーリッチへ抵り（此の節一中隊餘の歩兵半側に列し捧銃ありて同所ゼ子ラール二人及附屬士官數員出迎ふ）夫より馬車にて屯所前にいたる（此の所には黒き戎服の兵隊一中隊士官等も出て前に同じ）其所を過きて調練場に至る各隊の砲兵陣列し調兵の支度せし場所を一巡し其傍に設たる巨大のテントの如く作りたる陣屋へ入其屋中に貯置大砲車臺彈丸軍艦砲臺築立の具浮梁假橋其餘種々の攻守の器械舊製或新發明の品を精密に摸造したる雛形圖式を見又調練場へ至りセネラールウートの宰轄せる大隊旗の本にて此の日の調兵を一覽す此の兵は騎砲とて大砲に騎兵を幷たるなり隊二坐野戰砲毎坐六門一門の砲に騎兵七騎を添ふ外に大砲を駕せる馬六匹を聯駕し其馬に砲兵三人を乘す七騎は大砲の前に並立せり砲の後は彈藥車一輛に四馬を駕し砲兵二人其馬に乘り攻擊の時は前の騎兵にて駈擢し忽ち馬より下りて發砲し又馬に乘り引退く騎兵砲門彈藥車とも總て一馳駈する其進退坐作の迅速擧止變化の自在掌に運か如し

次に砲兵一坐（砲六門）其次巨砲四門（巨砲二坐宛）此の方の大隊旗の本に至るを合圖

に各隊起りて行軍式をなせり大隊旗下に至る毎に士官各劍を立て禮し回旋して三度に及べり

但始は徐歩次は疾歩終は急歩なりいづれも規矩整齊馬首車輪の位置寸分も差錯なし

行軍三次にして前に列せる騎砲兵二坐は調兵場に止り其餘は徐歩して各陣營に退く其止りたる二坐の騎砲兵は各隊に分離して發砲擧動あり（此の擧動迅速にして規則正しく且馬車運用の坐作頗る精妙なり）發砲せる凡半時種々攻擊の擧動をなし畢て陣營に就く其より屯所を視る兵隊士官を敎育の學校築造地理舍密算量所其外諸學科及休日遊息所を設器械を備へて遊戲に用ゆる細工物の製作所運動術の稽古所兵隊の催せる劇場などあり此の屯所を見了る頃屯所の前にて太子の弟出て一禮あり

此の弟王は十五六歳なるが勤學の爲兵隊に加り此の地に寄宿勤學中のよし勤學中は衣服諸賄とも總て其學科に因て次第差等を定め平士卒と

同じく勉勵す王弟といへども貴戚を挾て規則を犯すこと能はずといふ

一覽畢りて屯所の食盤所にて午飾す

此の食盤場は調兵の時ゼネラール始め貴官の人食事の爲に設く上下倶に同盤せり

其より大砲製造所にいたり卷張の巨砲製造の法及彈丸鑄立小銃の鉛丸製方其外大砲附屬の器械製作等を見又大砲車臺製造所に至り其製作を視る車臺の材は樫槻の如き堅質の材なれども器械仕組鋸にて挽割るに其輕易鋏もて紙を裁が如し頃刻にして數十の車輪其他の具を製し出せり

又大砲製造所に至り破裂丸實彈にて鐵船を破摧する彈舊砲の巨丸等種々新發明の精製を視夕四時半歸宿す夜五時半御國の留學生世話役ロヱート の招待ありて夜影畵の伎を看る同九時頃歸る(影畵は本邦のものに異らず)此の夜九時半過ヘールマゼスチイスヤートルといふ劇場に失火あり

同十二日(西洋十二月八日)曇朝十時半典籍貯所を見に陪す

同十三日（西洋十二月九日）雪午後一時キリストルパレイスといふ硝器にて作り立たる巨屋を見るに陪す汽車に乘行程凡一時程なり

此のキリストルパレイスは都府郊外にて先年此の地にて催せし博覽會の跡地なりしが其後種々修飾して士民遊覽の場とはなしたり其樓臺は鐵の柱にて家根は硝子にて葺立其中に各國古代の宮殿の摸様其他古器物を陳羅し入口は最長き階廊にて處々曲折して登る品物展觀の場は廣き板間にて其側に巨大なる集樂場あり音頭の者坐を中央に設け其前後左右は大なる燈道の如くにて向高に机席を設け會日には五千人餘を集め一時に奏樂すといふ其廣き板間の正面は階梯にて下り庭の前に出る此の庭遊歩の爲めに設けたるにて奇草佳木を栽え處々に噴水あり各所に床机を備へ縱覽せしむ尤園中曠茫として高低曲折或危石を立飛泉を掛け流に沿て石梁を架す林巡を逡巡すれば一の池上に到る一の池中の小島に孤岩突兀として其側に猛獸惡魚の形を摸造して皆岩に負て播屈

す都て日暮しの奇觀ともいふべし

同十四日（西洋十二月九日）曇朝九時半スリウスベリネスといふ所にて大砲の町打を觀る先砲兵の陣營より築城臺場等の地圖など一覽し發砲の手前其外車臺の俄に損せし時に應じ繕方手續の調練を視る

此の手前は士官と兵卒と打交ての調練なり其士官はコロ子ルよりカピテインまで總て期限一年許の交代にて兵卒に加運動手前をなすと云

夫より海岸へ到り大砲の打方を視る

此の打方は海岸に掛け並べたる六十斤程の筒にて破裂丸を發せり的は海中に幟と石とにて遠近處々に設置滿潮には隱れて見えざれば乾潮を俟て試發す（此の地は遠淺にて乾潮には英里法八里程引と云）的場は各所に布置し近きは四五百間餘遠きは二里程もありぬべし的の形方にして函のごとく尤堅牢なりといふ此の日遠近とも六箇の的に發せしが何れも格別の差なく其的の邊りへ至れり又櫓仕掛にて望遠鏡臺の如く其上長二間許なる半截せしボン

ベン筒を備へ置火箭を發す此は長き椎の實にして其箭を載せて火を注る尤猛烈其中る者は堅牢鐵艦といへども必焚毀破摧せざるなしといふ

又一箇の砲試場に至り種々の彈丸（彈丸の手本種々の形有）を貯ふ所を見再び海岸に至り三百斤の大砲を發す

此の彈丸は鋼鐵にて敵船を突裂するに用ゆるなり其的二十丁餘なるが發せしより七八丁程前にて彈丸破裂し其勢ひ彌增して銳利巨鏃の如き彈丸の尖先にて鐵船を突摧せるものなり

又鐵板にて製する臺場の雛形及鐵板を打拔く術を視る

此の鐵臺場は一箇の雛形なりしが其内面は石にて築立厚さ凡三尺許なり内外面とも厚さ四寸餘の精鐵にて包み立たり鐵板を打拔しは鐵板を突摧するための試にして厚さ七八寸許の鐵板に一尺許の樫木を疊み是を鐵板の扣木とし其樫木は太き鐵繩を幾度も索て重ねたるにて引通し締付たるものなり其砲は六十斤許にて十丁餘の距離にて鋼鐵彈を以て

試みしが其鐵板を貫きたりしを見るに恰も網羅のごとく内面の材は總て摧破して全を見ず其外六寸四寸許なる鐵板を試しも多かりしがいづれも摧破せり又別に發明して製せる鐵板一枚僅に貫く能はざるものありとて本國所領のマルタ島へ此の度精鐵の炮臺を制する其練鐵の法を用ゆといふ

同十五日(西洋十二月十日)曇朝十時半バンクオフエングランドといふ政府の両替局並びに金銀貨幣拭改の場及貯所地金積置場紙幣製作所等を視る場所廣大にて製作の方頗る簡易輕便且嚴肅なり金銀の貯蓄せる宛も阜垤の如く小鐵車にて地金を運搬し造幣局は地金の鎔陶より板金の製法及圓形壓裁する器械幣面の摸様を印出する方輪縁の鐫刻より造作せし貨幣の分量權衡の檢查等又紙幣の製造究て精緻にて方法も亦嚴密なり總て順次に局を分ち其器械を陳列し細大至らざる所なし是等を見ても國の富庶なる推知すべし

同十六日（西洋十二月十一日）晴午前十一時ポルツムウスといふ地にて軍艦畜所其餘海軍器械を視るに陪す汽車にて午後一時本地ホテルビイールと云に投宿す
汽車場に兵卒等捧銃立劔奏樂ありて馬車の後には亦戎服の騎兵二騎從へり在勤のアトミラールセ子ジールル其他士官數員禮服にて迎送せり又二箇の勤番所ありて歩卒を備へ海岸にて祝砲あり薄暮雲收り客舍海岸沿ひ草茵中の孤屋に眺望尤佳なり
同十七日（西洋十二月十二日）晴午前十時鄕導ありて城門內に入る門內の市街を過ぎ港口に至りて戰爭の時士官兵卒を運漕せるセラゼスといふ巨艦を視る
此の艦は尋常の郵船に同じて稍大なり士官の部屋は至て美麗なり乘組千六百人を運漕し蒸汽七百馬力一時間英里法十四里を駛と云
又近來發明にて元來巨船の航海に不便なる船を中截し蒸氣を改更したるを視る

是は精鐵にて五箇の圓形の砲門を備へ其砲門の厚さ一尺餘の鐵板の内部は堅材の一尺八寸許を疊みあげ發砲の時は其砲門を器械にて廻らし巨砲の巣口を出して發す毎砲三百斤宛也と云船の縁は總て鐵にて釣塀のごとくに爲し置事あれば船縁を釣卸し水面僅數尺許になし敵より狙擊なし難き樣にして敵船に近寄れば實彈を以て敵船を催破するに便す此の船は都て軍艦の傍側又は砲臺の近邊咽喉要樞に備へ進攻せる敵艦を狙擊するを要すといふ

又巨艦二艘にて大礮點發の手續及小銃隊の運動幷に巨砲の的打を視る此の二艘碇泊せし舳艫相接せし際に釣橋を架し各艦を往來して視る者に便ず的打は千八百ヤルト（一ヤルトは我三尺弱に當り千八百ヤルトは即九百間にて十五丁なり）の距離せる海中に向け板に黑丸を點じたる標的を立初度は實丸にて一發宛八次再度は破裂丸四發宛連發せり大砲調練小銃の運轉及的打の法尤整肅にて勁捷なり連發の丸多く其的を外れず破裂丸は毎彈寸分の差なく水際に至

りて破裂せり
右畢て歸陸す夫より廣大のドック並に軍艦製所に往て附屬鐵板蒸氣其他種々器械の製造を視る夜七時セネラールヒレーの在留せる陸軍所にて夜餐の饗あり
同十八日(西洋十二月十三日)曇朝七時半ホルッムウスを發し(兵卒等の禮式到着の時の如し)汽車にて同十時半グートといふ地にて馬車に移りオルトルジョックトと云所にて三兵の大調練幷戰具器械を觀るに陪す(グートより調練場まで二里程の間迎候の赤隊の騎兵二隊にて先導す)此の日調練の三兵は戰隊に作りて一齊に並立し當方調兵場に抵ると忽地環旋し竪劍の禮ありて行軍式をなし初隊大砲一坐(一坐六門騎兵四十騎但一坐一列なり)次隊撤兵一中隊(八十人)歩兵九中隊(八十人宛)次騎兵十二小隊(六小隊宛二種何れも赤服に金飾の兜を戴き一種は兜の總赤く一種は黄なり毎隊十二騎宛なり)次大砲三坐(一坐六門一門二十餘斤)次土坑兵一中隊(八十人)次歩兵九小隊(八十人宛)次輜重一隊(車二十輛一車六馬を駕し別に豫備車八輛を附屬す)次二の輜重(車十六輛一車に四馬を駕し別に豫備車四輛を添前の一隊は多く浮橋釣橋又は險阻なる所に架して躋跡する爲の具を載する次の一隊は糧食陣營の具攻擊の器械及病傷兵の養生具等を備へたり)其行軍各

隊竪隊に作り環旋し一隊一例にて相隔て二隊の樂手各添て奏せり（但一隊は步兵隊へ一隊は騎兵隊へ添へ步兵の行軍は步樂手騎兵は騎樂手にて奏せり）徐步の行軍一巡畢て再び環回して稍急步し又環回して疾步す（疾步は騎兵砲兵のみにて馬はガロといふ至て駿足なり尤整齊一列一步の差なし）行軍畢て砲兵發砲せり其發聲畢る頃後ろに屯せる騎兵進擊し騎兵敵陣を驅崩し引退く步兵進みて一齊に發砲せり夫より攻進襲擊の擧動轉變し再び三兵を合して三列となし各戰隊に作り砲騎步と順次をもて總掛の擧動各隊連發の術をなし畢て各隊分離し特角に方陣を作り砲銃交發して終る

又調練場側の廣さ十間許の小川に彼の運輸し來る浮梁の器械を其士官指令して車より卸し暫時に浮橋を造れり

此の浮梁幅六尺許長二間餘の薄き鐵板にて丸き浮囊を作りたるを水上に浮め上下に繩を附其浮囊に二寸角許の細木を多く架し尤川幅に隨ひて其囊を增し最初架せし所に兵卒六人を載せて突出し續て前岸に達せしむ夫より細木の上に厚一寸五分幅八寸餘の板木を並べ忽ち幅一間半

許の橋を造り出せり其板を並べ畢りて浮橋の兩緣は細き木に繩の附きたるものにて板と細木とを結合せ動搖摧破の患なからしむ橋梁成て一隊の騎兵を渡す何程廣き河にても是を增架すれば容易に渡るを得るといふ其輕便簡易感ずべし

又兵隊の屯所を見る

調練場の七八町右の方は總て兵隊の屯所にて三兵とも屯集して日課をもて調練を爲す其屯所の製作二階のなき長屋を幾棟も建築し各アベセにて其屯所の牌號を定め置尤士官の屯せるは稍〻大にして二階又は三階なりいづれも妻孥あるものは同居すといふ

午後二時屯所中にあるゼネラール官舍にて午飾し再びグートに抵り汽車にて夕五時倫敦に歸着す

同十九日（西洋十二月十四日）雨朝十時エトワル鄕導して都府中を流る巨川テイムスより汽船にて川口に在る鐵艦製造の器械を視るに陪す

同二十日（西洋十二月十五日）曇無事

同廿一日（西洋十二月十六日）晴夕四時より英國を發し暮七時ドーブルへ着くエドワル幷留學生も此の所まで送り來りドーブルにては汽車場へ一中隊兵卒を歩し鎮臺其他士官等送迎せり

同廿二日（西洋十二月十七日）細雨朝十時客舍を發し汽船にて午後一時佛國カレイへ着く同二時汽車にて發し夜七時半巴里へ歸りぬ此の節留守の面々出迎ひ同八時過旅館に歸着せらる是にて各國巡回畢れり

巴里御在館日記

全

巴里御在館日記

澁澤篤太夫㊞

㊞石見守

慶應三年丁卯十月廿四日晴　火曜日

第七時意太里御巡國御濟馬塞里より汽車御徹夜ニ而御歸着向山隼人正始

巴里在留之者御留守館之者共一同ガールデリヨン迄御出迎申上る

第十一時半御歸館御祝として向山隼人正始御迎之者一同御留守館之者迄

御同案之午餐被下御附添コロ子ル教師等罷出る

第一時フロリヘラルト御安着御祝として罷出御機嫌を伺

十月廿五日晴　水　　十一月廿日

各國御巡行之節被遣品取調のため石見守澁澤篤太夫外國方旅宿ガリレー

江罷越候

第二時コロチルド御供ビギユードショウモンといふ花園御遊覧夕五時半御歸館夜五時半此度着せし留學生徒八人御目見被仰付取締栗本貞次郎同道罷出る一同ゟ御同案之夜發被下

昨夜江戸表ゟ（方カ）相達せし御服類其外共到着外國方より目錄相添請取

今朝右箱開封御品調分いたす

十月廿六日晴　木　十一月廿一日

巴里在留之英國公使交代ニ付新任之者より名札差出す

御旅館御入費凡積之儀篤太夫コンマンタンゟ申談す

十月廿七日晴　金　十一月廿二日

朝十時石見守向山隼人正同道ニ而英國公使館意太里公使館ニも訊問御巡國之謝詞申達す

十月廿八日曇　土　十一月廿三日

午後御入用之儀候付日比野清作罷出る

夜石見守澁澤篤太夫外國局旅宿シャルクラン江罷越し爾後御巡國御入費

御旅館御入用辻及是迄御遣拂之仕分方相談いたし

十月廿九日晴　日　　十一月廿四日

英國御越之儀來月五日則土曜日巴里御出發と相定候事

御附添之者一同御手當願來十二月分迄内借相濟候事

十月三十日曇　月　　十一月廿五日

俊太郎篤太夫御買上物ニ付外出いたし

馬車一輪當月限《十一月限》御斷之積コンマンダン江申談候事

十一月朔日曇　火　　十一月廿六日

御國行御用狀差立る京都行江戸行共同斷御直書封入いたし

英國御供御旅館御留守之者共石見守殿ゟ口達有之

十一月二日曇　水　　十一月廿七日

澁澤篤太夫外國局鹽島淺吉御旅館御置附以後御贈品ニ可相成御品共突合

せ調分いたしせ
コンマンダントゟ談置きし御旅館一ヶ年の御入費取積書差出せ
飜譯いたし御入用積いたせ
江戸表ゟ御取寄品京地ゟ御持越之分共御品相改仕分帳ニ而調分いたせ
十一月三日 木　　　　　　　　　　　　　　　　十一月廿八日
高松凌雲英國御用濟後願之通外宿可致旨石見守殿ゟ口達有之同人是迄罷
在候部屋山内文次郎引移之積同斷申達有之
英國御越之儀彌明後五日御出發之積御治定之事尤カレー迄同國軍艦ニて
御迎申上御着後御旅館向も先方ニて御取扱申上候旨ミニストルより申立
候事
篤太夫ヲリエンタルバンクニ而佛貨英貨ニ爲替いたし候事
同人御入用之儀ニ付日比野清作旅宿ゟ罷越事馬車御減候付ワレイデヒエ
ー御減之儀篤太夫よりコンマンダンゟ相達置御留守中夫婦者之ワレーデ

ヒエー御暇之積申談候事

十一月廿九日

十一月四日曇　金

山内文次郎御旅館爲引越ニ付是迄ワレーデビイ罷在候部屋取繕ひ篤太夫引移り篤太夫跡木村宗三宗三跡ゟ文次郎引越之積コンマンダンゟ申談候事

石見守よりコロ子ルゟ同斷之旨申談置候事

英國行之儀十一月五日御出立之處其六日日曜日ニ付先方御着御不都合ニ付十一月六日日曜日巴里御出發と相定英國公使館ゟ相達も同所留學生ゟも電信及書狀ニ而申遣も

十一月卅日

十一月五日曇　土

記事なし

十二月一日

十一月六日曇　日

朝十一時半御旅館御發し尤御陪從之者御見送之者共半時前相發しカール

デュノヲルよ里汽車御乗組夕七時十分カレー御着

十一月廿二日曇細雨　火　　十二月十七日

夜八時御歸館御祝として御迎之者御供之者一同御同案之夜發被下

十一月廿三日晴　水　　十二月十八日

御使節御用被爲遂御巡國も一ト先被爲濟候以後御留學可被遊候付御留學中一同心得方申合書面布告相成

御召馬之儀候付コロ子ル見せ馬御覽ニ入る

十一月廿四日曇夕雨　木　　十二月十九日

俊太郎篤太夫英貨引替ニ付ヲリヤンタルバンクニ罷越候篤太夫者夫ゟ御用談ニ付ガリレー外國方旅宿ニ罷越候御用調譯手續相談以致候御屋形諸規則向食料蠟燭手拭風呂稽古用紙筆墨等諸事取究篤太夫ゟコンマンタントニ申談る山内文次郎通辨以致候

石見守結髮御用捨願濟ニ而刈髮以致候

澁澤篤太夫ゟ川路太郎御用書狀差出ス

十一月廿五日晴　金　　十二月廿日

御召馬御買上ニ付馬代コロチル江相渡ス

卯三月以來巴里御在館日記寫取可相廻分各國帝王謁見手續英國ロードイド一件外國局江相廻ス御用意品元調帳貳冊共差送る

御稽古中ゟ洋服御着之積御定相成今日御着初有之爾後洋服御歩行ニ而隼人正旅宿御越石見守コロチル御供夕隼人正罷出三田伊右衛門同斷御借家譯書同人持參致請取夜英國より差送候馬車馬本夜十時汽車場着之旨ブロンギユゟ電信ニ而申來る夜九時過文次郎篤太夫小遣兩人召連汽車場ニ罷越ス十時過馬車馬到着いたし運上之儀ニ付其夜引取方出來不致ニ付明朝再ひ罷越候旨汽車場之者申談馬手當等申談夜十二時過引取英國ゟ差添來りたる御者御旅館迄罷越し御行違相成

十一月廿六日晴　土　　十二月廿一日

英國ドブル奉行及書記官　公子御越之節御祝詞申上候儀急速ニ付手續遺漏いたし候ニ付倚鄭重ニ取調与《マヽ》の五位を以て祝詞申上候書類持參罷出候旨向山隼人正より申越候廿八日御逢有之右書類受取御同案夜餐被下候旨申遣候

英國ゟ差越候馬車馬貳疋到着其外川路太郎ゟ差越候品書之通相改請取差添の御夫江歸英手當五步相渡同夜差返候川路太郎へ返書同人尓相渡候

午後石見守コロ子ル教師俊太郎御小性壹人御供御步行ニ而ボワテブロン御遊步有之一時過御歸館

御小性四人病氣ニ付御用御免歸朝被仰付度願出候旨菊池平八郎ゟ願書差出候夜九時石見守より四人心得方取尋有之前段之旨趣申立る澁澤篤太夫立會罷在隼人正始外國局江御蓄之御茶貳斤被下

十一月廿七日　日　　十二月廿二日

意太里國より被進候デコラアション之儀幷石見守以下江被相送候分白耳

義國より製織御注文筋御國表江申上呉候樣御越之節石見守ゟ申聞候儀共
御國江申立之書類取調以為ス
午後御洋服ニ而隼人正旅宿御越有之石見守コロ子ルシーホルト御小性壹
人御供いたス○カシヨン爲御機嫌伺罷出る御外出ニ付名札差出置罷歸る
英國川路太郎ゟ石見守江書狀差越ス御金操之儀申越ス
來ル十二月分被下候乘馬稽古料一同江被下
御屋形御入用向取調いたス御有高調譯書類共相調篤太夫ゟ石見守江差出
ス内御屋形御入用調貳通共隼人正殿江篤大夫ゟ差出候事
十一月廿八日曇朝霧　月　十二月廿三日
朝御乘馬御稽古有之
朝隼人正罷出るミニストルイトランジエーマルキームースケイ江の書狀
壹封持參御旅館ゟ御當方江差遣ス家主幷請負人江御借家之儀ニ付隼人正
石見守より書狀差出ス

御國行御寫眞取調為致ス小サルチンチ取調置候事
追而額縁出來之分同斷
御寫眞御殘高取調為致ス左之通相殘有之候事

大　君ニマブラン出來　拾四枚

公　子マルセール出來　貳枚

同　御全身　貳枚

同　フリツセル出來　三枚

同　一同御附添　壹枚

荷蘭留學生徒ハ篤太夫ゟ書狀差出ス

博覽會御使節中被下品各國御巡行中被遣被下品共調譯出來外國局ゟ寫相廻ル本書ハ見留之上差返ス

英國ドブル奉行メールチユールルチヲールルシールルカス共罷出る先頃英國御越之節差出候祝詞同地雜沓中ニ付假ニ認差出置候間右本書持參仕候旨ニ而美麗ニ飾立たる祝詞箱入ニ而差出此夕右兩人ニ御同案之夜

餐被下向山隼人正栗本安藝守山高石見守保科俊太郎三田伊(マヽ)衛門澁澤篤太夫御附コロネル等御同案被仰付

御借家主ゟ差遣書狀同人魯西亞ゟ罷越候ニ付其儘返る證書と共ニ仕舞置追而歸巴之上相渡候積

御小性之者四人病氣ニ付歸國願相濟向山隼人正殿歸國便ニ托し差送候積申渡御寫眞類額緣注文以致ス

コンマンタン月々勘定書持參以致ス不足分相濟來月分壹萬貳千フ(マヽ)相渡

英國送來之馬運上之儀ニ付篤太夫ゟ巴里運上所頭之者ニ書狀差越スコンマンタン相認る

川路太郎ゟ書狀到來酒數樽差越ス

十一月廿九日　火　　十二月廿四日

午後御洋服御遊歩石見守コロネル俊太郎御小性御供

御稽古後ルユーシヤコップ留學生徒假住居御越夕五時半御歸館

十一月三十日　水　十二月廿五日

此日ノヱルと申キリスト誕生の祭日ニ付御休日

午後御洋服御遊歩石見守コロチル俊太郎御小性壹人御供

御國御用状差出も外國局に相托ス

御直書封入差出も

十二月朔晴　木　十二月廿六日

午餐後隼人正殿旅宿に御越有之御洋服石見守御小性壹人御供

十二月二日晴　金　十二月廿七日

朝シーボルトフロリラルトコロチルの子供被下物取調

夕方御洋服ニ而御遊歩一同罷越候馬稽古場御見物外國局ゟの達書五通篤太夫持參隼人正殿に差出も

劇の名アフテアートルアンペリアルデユシヤテレー

十二月三日晴　土　十二月廿八日

シーホルト歸國可致ニ付被下物有之
夜七時アウテアートルアンペリアルヂユシヤテレー御越石見守コロ子ル
文次郎御小性壹人御供留學生徒十人をも御召連相成
夜日比野清作來御勘定向申談いたし
十二月四日曇　日　十二月廿九日
御雇之内歸國之者御手當道中旅籠錢凡積相渡夕方洋服御遊歩石見守御小
性壹人御供
十二月五日曇　月　十二月三十日
シーボルト今日歸國ニ付爲御暇罷出る
隼人正殿罷出る夜栗本貞次郎來る
十二月六日晴　火　十二月卅一日
國帝より明七日西暦千八百六十八年第一月一日ニ付新年之祝賀御逢申度
旨ヂユツクドヤンバセレーズ其使者を差出し書翰差上る

夜白耳義國王ゟ差上候二連銃箱入ニ而到來以たし巴里在留の白國ミニストルベイヤンゟ御附添コロ子ルハ宛書状差越し

荷蘭王及王妃の寫眞四枚同地留學生ゟ送越し

十二月七日晴　水　　千八百六十八年第一月一日

第一時國帝ハ新年御祝賀のためチイロリー宮御越尤御狩衣石見守俊太郎御附添コロ子ル御供以たし

大君御寫眞　公子御寫眞各三枚額縁有之分を御持參御贈相成

新年之ため御旅館小遣一等其外諸出入之者ハ為年玉銀子被下

十二月八日晴　木　　第一月二日

第十二時御洋服御寫眞被為取候ニ付ニマブラン御越石見守文次郎御小性壹人御供御飼犬リヨンを為御牽相成御歸路石見守ヱ向山隼人正旅宿カリレー立寄留學生一同栗本貞次郎引纏ひ新年之賀御祝として罷出る

篤太夫御巡國日記出來ニ付御手許御扣之分差上る

十二月九日晴夕雪寒甚　金　　第一月三日
第三時皇太子御年始御祝詞として罷出るゼネラール壹人馬教師壹人附添罷越候御庭御稽古所とも御誘引直ニ罷歸る
フロリヘラルト御年始として罷出る
篤太夫御用談ニ付外國局旅宿カリレーに罷越候
十二月十日曇雪　土　　第一月四日
朝荷蘭倫敦等に篤太夫ゟ書狀差出候
外國局に是迄之物返却以爲候酒數樽封入差遣候
白耳國カピテインニケーズ國王相送らせ候鐵砲相達候旨挨拶として石見守ゟ書狀差出候
クーレー罷出縁附御寫眞を被下
十二月十一日雪　日　　第一月五日
朝御飼馬之儀ニ付コロネル談判有之以來御馬三疋一日五日壹ヶ月百五十フニ

而飼立候様可致積因而同人所持之飼料も御見込被下度旨申聞候事
仕立師ブーシ江御勘定相渡候事
日比野清作ゟ諸書附請取候事
箕作貞一郎罷越御書物仕分いたし目錄書請取候事　御旅館火災請合御旅館御修覆代追而可仕上分諸請取類見合迄之積
夜三田伊右衛門ゟ明後十三日荷物差立之積申越候事
御寫眞類御國御送之分仕譯以為し候事

十二月十二日雪　月　朝御乘馬　　第一月六日

江戸表江進達物手當類願覺書共澁澤篤太夫持參以為し隼人正殿江差出候事
英意御入用仕上幷御寫眞代共同人ゟ日比野清作へ相渡候事
箕作貞一郎被下物實測地圖壹部被下候事
御國書狀到着御用狀もなし
佛國御滯在中諸入費類フロリヘラルト爲替承知之書面寫隼人殿ゟ相廻候

事
貧窮人江御施の貳百フランク市中惣代之者ゟ禮狀差出ス
川路太郎中村敬輔江書狀差出ス拜借金爲替手形封入ニ而差遣ス
十二月十三日曇　火　　第一月七日
御國行御用物外諸荷物共ガリレー江相送候事　入記目錄相添差遣候事
午餐後御洋服御遊歩石見守コロテル等御供
夜川路太郎ゟ書狀到來
隼人正殿歸朝ニ付外國事務執政ムスチー御旅館の儀ハ石見守萬事取扱候
旨書面差出し右寫相廻候事御附添コロテル同斷
十二月十四日　水　朝御乘馬　　第一月八日
夕軍事ミニストル名札を以年頭御禮申上る
御國ゟ御取寄御品到着切開相改受取
隼人正來ル

夜九時帝宮舞踊相催候御招待ニ付御越石見守俊太郎凌雲宗三文次郎篤太夫等御附添コロ子ル御供

獻上の御時計鎖代コンマンタンに相渡

十二月十五日　木　　第一月九日

英國川路太郎中村敬輔ゟ拝借金請取差出ス

隼人殿歸朝ニ付爲御贈別御同案の夜餐被下隼人正安藝守栗本貞次郎三田伊右衛門日比野清作箕作貞一郎鹽島淺吉中山七郎北村元四郎等罷出る石見守俊太郎凌雲宗三文次郎篤太夫御小性兩人御相伴フロリヘラル罷出御附添コロ子ル教師共同斷クレーカシヨン等御招之處外出付不罷出候事

十二月十六日　金　朝御乗馬　一月十日

ガランモンに被下品御寫眞共外國局旅宿へ差遣す

コンマンダントパンサンに爲御年玉小箱壹ツ御寫眞を添被下難有御禮申上る

茶醬油入用向取寄方外國局ヘ達ス
海軍惣督名札を以御年始申上る
御名札ニ候而御年頭御申遣し相成候處書
但コロヲ子ル持參いたし候事
ハロンドラシユス　禮式掛ハロンシブーエ　禮式掛設待役
ハロンジユイエドコンシユ　各國使節取扱ハロンソリギアク　帝側役
ブエルトラ　禮式掛
アンリモリス　禮式掛
チユクドカンバセレーズ　同斷總裁
飛脚ニ而差遣し候分
エルブエ　醫師
フロリヘラル
シユブリヨン
パリエ

十二月十七日　土　晴微曇　　一月十一日

川路太郎ゟ酒賣拂方之儀中越外國局江相廻し尚精々以ゑし候モシ賣拂兼候ハヽ在留公使江可相廻旨同十八日書狀差出候事

御用狀御書付類外國局ゟ相廻ル追而書留栗本之手江返却可致事

十二月十八日　日　曇　　一月十二日

隼人正始來二十一日出立之者一同御暇乞罷出る日比野清作ゟ御金請取高調書差出篤太夫ゟ請取相渡

要用之書類不殘引渡有之川路太郎中村敬輔の拜借金請取願書も請取置

御手許御入用ニて組入候拂方与差引清作へ相渡

立替置之壹萬佛与今夜受取可申積申談

御屆之者歸國ニ付御目付へ御用狀与御屆之者引渡候事

御直書類四封石見守ゟ隼人殿江相渡候事

上樣壹水戸殿壹貞寶院殿壹土屋余七麿殿壹

夜石見守篤太夫外國方旅宿ニ罷出御用談有之

十二月十九日曇　月　一月十三日

朝御乗馬隼人正伊右衛門等罷出候事

第十一時半御洋服ニ而隼人正旅宿ガリレー御越石見守保科俊太郎御小性

壹人御供石見守ヽ隼人正同行ニ而諸方罷越候事

十二月廿日曇　火　一月十四日

御國行御用状京地行三封江戸行宅状共外國局ヘ相托し御寫眞一面横濱行

共外繪圖共箱入ニ而相托ス爾後引續御用ニ關り候儀ハ石州ゟ隼人殿宛御

用狀可差遣三田伊右衛門ゟ申談置

夜石見守俊太郎文次郎篤太夫ガリレー罷越爲送別夜餐有之十二時歸宿

十二月廿一日曇　水　一月十五日

朝御乗馬

コロ子ルえ儀候付隼人正殿御旅館ヘ罷出

夕七時隼人正三田伊右衛門箕作貞一郎日比野清作鹽嶋淺吉中山七郎北村元四郎六日出立保科俊太郎澁澤篤太夫カールデリヨン迄見立罷越御國行御用狀相托し差出ス

御雇之者病氣歸國之者四人同樣出立いたす

夜外國事務執政ムスチー宅ニ而舞踏之會有之御招請ニ付罷越石見守文次郎コロ子ル御供栗本安藝守も御供いたす

十二月廿二日曇　木　一月十六日

午後御馬ニ而ボワテブロン御遊歩石見守俊太郎文次郎菊池平八郎御附添コロ子ル御供

十二月廿三日曇　金　一月十七日

朝御乘馬

石見守篤太夫安藝守御用ニ付旅宿江罷越ス

十二月廿四日曇　土　一月十八日

栗本安藝守來
御旅館諸道具之内不用品取調留學生に可相廻旨コンマンタントゟ申談調
書請取
十二月廿五日晴　日　一月十九日
留學生一同罷出る茶其外被下御相手いたし御稽古所ニ而休息夕方罷歸る
坂戸小八郎罷出る
十二月廿六日曇　月　一月廿日
朝御乘馬御越
澁澤篤太夫御用ニ付栗本貞次郎旅宿に罷越ス
明廿七日貞次郎生徒共第五十五番セルセーミジーと申處轉宿之旨申聞る
向山隼人正馬塞里ゟ差送候書狀到着一同無異
廿五日二時同所出帆之積申越御附コロ子ルにの返書差越も直ニコロ子ル
ゟ相達も

十二月廿七日曇　火　　一月廿一日
午後石見守俊太郎御附コロ子ル御供プランスアムペリヤル御尋問第一時半御歸旅
十二月廿八日曇　水　　一月廿二日
朝御乗馬記事なし
十二月廿九日曇　木　　一月廿三日
栗本安藝守罷出乙同貞次郎坂戸小八郎等來クーレー罷出る
歳暮御褒美として一同ニ被下物有之
瑞西國元御國ニ使節ニ而罷越候アンベルと申者其從弟ドロヲと申者を以時計献上以ゑも石見守面會收納ニ相成旨申聞る
十二月三十日半晴　金　　一月廿四日
シーボルト罷出る
午後御遊歩朝御乗馬

午後ゟ御學科御休課
夕方英國女王寫眞到來　大君　公子ニ差上候分共貳枚來
慶應四年戊辰正月元日　土　第一月廿五日
曇朝一同罷出御年始御祝詞申上る
篤太夫ゟ川路太郎ニ御用狀を出ス御笠代之儀申遣ス
第一時栗本安藝守同貞次郎留學生一同罷出る一同御召連ニ而ジヤルダン
デアツクリマタシヨン御越二時頃御歸館
カシヨン御年始申上る　禮式懸シツフロワ罷出る
夜一同ニ御年頭御祝としてシヤンパン酒被下
正月二日曇　日　第一月廿六日
御國行御用狀フロリヘラルトニ相達ス室賀豫州ニ壹封向山隼人正ニ壹封
石見守ゟ申越ス
午後セルセエーミジー留學生徒宿所御越石見守俊太郎コロ子ルウエレツ

ト等御供第二時頃御歸旅

夕五時半御國御用狀着御政態御變革之儀其外品々申來る夜栗本安藝守來

御用狀相廻ス

栗本安藝守ゟ御用意品融通方之儀ニ付掛合書差越ス

大紋緞子御反物貳卷相廻ス

ドブルゟカレー迄御歸船之節の船將江芦雁香箱壹ツ御送相成シーボルト

江相渡ス

正月三日晴夕曇　月　第一月廿七日

朝御乘馬

石見守俊太郎教師ボワシールル不快ニ付尋問以亥ス留學生徒宿所江立寄罷

歸る

昨日到着之御用狀御書付類寫取英國荷蘭留學生徒江相達ス

コンマンダントエ賄代差引殘及當月分共相渡

正月四日雨　火　　第一月廿八日

瑞西アンベル時計献上ニ付石見守ゟ挨拶狀幷被下品共篤太夫文次郎持參

ドロウと申者ハ（取次人巴里在住）引渡ス

ユマブラレン御寫眞代拂相渡ス

安藝守旅宿ヘ御用狀類寫濟之分返却致ス

石見守ハ川路太郎ゟ書狀到來御金到着ニ付返上方之儀申越ス

正月五日晴　水　　第一月廿九日

英國女王寫眞被相送候ニ付御挨拶狀石見守ゟ巴里在留公使ヘ差越スシー

ボルトヲ相渡ス

一同御手當相渡ス乘馬代被下相渡ス

月掛積金之法取立規定書申合致ス

高松凌雲木村宗三爲修行外宿願濟明六日外宿之積申達ス

石見守御用談ニ付安藝守旅宿ヘ罷越御國ゟ申越候英國爲替請取方之儀申

談

外國局ゟ差越候商人御貸付金證書ハ手筈行違候付次使江戸表江差返候積

申談

正月六日晴　木　　第一月三十日

午後御乘馬御遊歩石見守俊太郎コロ子ル御供之事

高松凌雲木村宗三外宿願濟リウサンヘルジナンテルン街十番ソバール方

江引移候事

山内文次郎澁澤篤太夫部屋繰替候事

夕方フロリヘラルト罷出る

正月七日風　金　　第一月卅一日

朝御乘馬御稽古御越

正月八日雨　土　　第二月一日

今朝ゟ運動御稽古相始アベニユーモンテーン御越之事山内文次郎御相手

申上る
英國川路ゟ篤太夫ゟ書狀到來
正月九日晴　日　　　　　　　　　　二月二日
朝八時御乘馬御遊步石見守文次郎コロ子ル等御供
午後留學生一同罷出栗本貞次郎罷出る御旅館御不用之諸色廻方之儀申談
クレー罷出る高松凌雲木村宗三罷出る
正月十日雨　月　朝御乘馬　　　　　　二月三日
澁澤篤太夫不快ニ付出仕無之事
坂戸小八郎來奉書紙不足候ニ付廻方之儀申付る追而相廻可申旨石州ゟ申
聞候事
正月十一日晴　火　　　　　　　　　　二月四日
朝運動御稽古御越
高松凌雲來

英國川路太郎ゟ石州ゟ書狀到來返納金三百ポンド手形封入差越ス

正月十二日晴　水　二月五日

朝御乘馬御稽古

明日御國御用狀等差立候ニ付藝州旅宿ゟ其段申送候事

奉書紙貳帖藝州旅宿ゟ相廻候事

高松凌雲來

正月十三日曇　木　二月六日

朝運動御稽古御越

午後御乘馬御遊歩御附添コロチルル保科俊太郎澁澤篤太夫御供之事

夕五時御國御用狀到着藝州旅宿ゟ相廻ス

銘々宅狀類をも差越ス

正月十四日半晴　金　二月七日

朝御乘馬御稽古

御國ゟ到來之御用狀一覽ニ而安藝守ゟ返却之事
屆狀類其外英國ゟ差立候事
夕四時運動御稽古場御越但御見物之面々高松凌雲木村宗三外宿御賄代正
月分相渡候事
正月十五日曇　土　二月八日
朝運動御稽古御越　荷蘭松本緒方ゟ篤太夫ゟ書狀差越ス
篤太夫齒痛ニ付出勤無之
正月十六日晴　日　二月九日
朝御乘馬ボワテブロン御遊步石見守文次郎コロネル御供
篤太夫齒痛ニ付高松凌雲見舞罷越ス
木村宗三罷出る
正月十七日晴　月　二月十日
朝御乘馬御越

荷蘭商社ゟ御爲替金之儀ニ付石見守ゟ書狀差越も
小栗上野介ゟ石州ゟ書狀封入差越も
坂戸小八郎來御國御用狀差出ニ付寫持參いたしも
高松凌雲來但篤太夫不快見舞のため

正月十八日晴　火　二月十一日
朝運動御稽古御越
晝後安藝守來御用狀類持參いたしも

正月十九日曇　水　二月十二日
朝御乘馬御越
ミニストルトラゲールル之妻と里巴里貧窮人救助之ため施行方組合ニ御加入被下度旨書翰を以申越も返翰コロ子ルゟ申遣し百フランク救助として差遣も

正月廿日曇　木　二月十三日

朝運動御稽古御越
午後御乘馬御遊歩

正月廿一日曇　金　二月十四日

朝御乘馬御稽古御越

正月廿二日晴　土　二月十五日

篤太夫文次郎ヲリエンタルバンクに罷越英國川路太郎ゟ差越候爲替金請取栗本藝州旅宿に罷越御用召之方申談荷蘭商社に爲替金之儀返翰差出ス赤松太三郎林伊平へも申遣ス川路太郎に爲替請取書付差越ス

正月廿三日晴　日　二月十六日

御國行御用狀認室賀豫州川崎近江守小栗上野介等に石州ゟ御用向申越ス
朝御乘馬御遊歩俊太郎平八郎コロ子ル御供

正月廿四日晴　月　二月十七日

朝御乘馬御稽古御越

御國行御用狀フロリヘラル方江差越し差出方申遣ス
夜俊太郎文次郎篤太夫コロ子ル方江夜餐相越ス栗本藝州同貞次郎其外罷越ス

正月廿五日晴　火　二月十八日
英國川路太郎ゟ書狀差越ス同所御貯ひ品賣拂方之儀申越ス
朝運動御稽古御越し林研海ゟ篤太夫江書狀來川路太郎ゟ同斷

正月廿六日晴　水　二月十九日
朝御乘馬御稽古御越
夜九時王宮舞躍御越石見守俊太郎篤太夫コロ子ル御供夜一時半御歸館

正月廿七日曇　木　二月廿日
朝御運動御稽古御越
午後御馬御遊歩石州平八郎コロ子ル等御供
白耳義國鐵砲師ゟヒマトル獻上仕度旨ニ付差越ス早速返却之積コロ子ル

ニ申談

栗本藝州來御國新聞之儀談判いたし

正月廿八日曇　金　　二月廿一日

朝御乘馬御稽古御越

午後ホテルヒルニかねて博覽會竹木監定の褒賞會有之旨ボウトヱン申越

ニ付俊太郎平八郎丹藏罷越し

佛國ゟ御國ミニストル交代ニ罷越ドウツトレー罷出る御逢之上種々御談

話有之安藝守石見守等面會いたし

ウツトレーハ元アレキサンデリヤコンシユールセチラール相勤候ニ付佛

國ニ御越之節同所公使館御立寄御一泊有之

正月廿九日雨　土　　二月廿二日

荷蘭ハントロマートスカツペンゟ返書差越し爲替方ニ付赤松太三郎ゟ委

細申越し

商社ゟ爲替金五千弗手形差越も
朝御運動御稽古御越
石見守昨日ゟ微邪ニ而出勤無之
二月一日午後晴　日　二月廿三日
瑞西ヌーシャテルアンベルゟ先達而被下物御禮状差出も電信傳習の爲先
同所に差遣し置候士官之儀ニ付隼人正ゟ最前挨拶および置候答禮をも申
越も
フロリペラルトクーレー爲御機嫌（伺脱カ）罷出る
シーボルト罷出る荷蘭レグー巴里に罷越候ニ付御機嫌伺度申立る明二日
第一時御逢之積申達も且明夜御同案夜餐被下候積コロテルに御達有之
安藝守罷越候様石州ゟ申達も
午後御乗馬御遊歩コロテル俊太郎御供
此日ブーフグフといふ祭日ニ而市中殊ニ雑沓せり第九時半爲御見物御

越十二時御歸館
此日の祭式ハ年々の恒例ニ而いと大きなる牛を撰み車ニ載せ樣々の粧を爲して市中を引廻し其牛車の前後ハ亞細亞亞墨利加亞弗利加歐羅巴等の風俗ニ粧ひぬる伎曲の藝人大きなる車ニ乘り奏樂して聯行し頗る神田祭祇園會等ニ類せり右の祭日ハ市中ニある肉屋共の戮力して祭るなるよし故ニ數多の肉屋いつれも其市店を粧塡して尤美麗なり此祭日今日ゟ三日を經て休しといふ其後右ノ牛を屠り其祭ニ與る人これを食しといふ牛車通行の道筋ハアンシーストリートゟシャンセリゼーをアルグデトリヨンフニ來り右ニ折してブールハールを通り終ニアンシストリーニ至りて止む其通行之節は豪富の商人又ハ有名の大家ニ而其牛及祭ニ與る人とを其家ニ招請し酒食を給し故ニ其通行も頗遲緩なり

二月二日曇　月　　二月廿四日

朝御乘馬御稽古御越石見守不快ニ付篤太夫御供いたし

第二時マストリツクレグー罷出るシーボルト同道以参を御逢之上今夕夜餐に可罷出旨被仰聞

夜六時グレーシーボルト罷出御同案之夜餐被下安藝守俊太郎文次郎篤太夫平八郎コロ子ルコンマンタン御同案石見守ハ不快ニ付不罷出

二月廿五日

二月三日曇　火

朝運動御稽古御越

此日牛祭結局之日ニ付午後御休課

第二時半ゟ御乗馬御遊歩コロ子ル篤太夫平八郎御供カランドアリメーの通を御越初代那破烈翁の銅像之處ゟ左ニ折し（欠字原本ノマヽ）といふ砲臺御一覧夫ゟザンクルウを行過しセーヌ川ニ随ひ博覧會の側迄御乗切ニ而第五時半御歸館

フロリヘラルト書翰差出し明後木曜日之夜ソロレー御越候儀申立る

二月廿六日

二月四日曇　水

朝御乘馬御稽古御越石見守未タ出勤無之ニ付篤太夫御供いたし
第九時半石見守篤太夫俊太郎フロリハラルト方罷越御入費筋荷蘭ゟ爲替
相成候儀申談し
尤臨時之節ハ爲替相賴候旨申聞候處同人儀委細御引請聊御差支無之樣可
仕旨御請申上る
御國ミニストル交代として跡役被申付候ウヱツトレー旅宿尋問いたし面
會之上雜話第十一時歸宿
御國行御用狀差立る石見守ゟ伊豫守隼人正近江守等ハ御用向申遣し
夕安藝守來
夜安藝守石見守篤太夫文次郎平八郎端藏等御供アルクデトリヨンフ邊御
遊歩田邊太一(マヽ)郎篤太夫ハ書狀差越し十二月三日之分到着いたし
二月五日曇　木　二月廿七日
朝運動御稽(マヽ)御越

朝御用意品蒸氣車場着之旨汽車場役人ゟ書狀差出ス
篤太夫荷蘭商社バンクリユーデメナアル五番ニ罷越爲替金五千弗佛貨貳萬五千フランクニ而請取
英國ニ御寫眞緣代爲替シーボルト江相廻ス
午後御乘切石見守コロチル等御供いたす
夜八時半フロリヘラル宅御越石見守俊太郎文次郞篤太夫平八郎等御供夜十二時半御歸館

二月六日晴　金　二月廿八日

朝乘馬御稽古御越
石見守一昨日より不快平愈出勤いたす
御附添コロチル儀先頃中ゟ職分之儀ニ付石見守と申談難相整御同案御斷申上候處右和熟いたし今日ゟ御同案食事いたす
諸向御手當類內借相渡ス外宿之者御賄代其外相渡ス

二月七日曇　土　二月廿九日
朝運動御稽古御越
夕三時半ゟ御乗切御遊歩俊太郎篤太夫コロ子ル等御供
夕五時御歸館
二月八日晴　日　三月一日
朝御乗切御遊歩石見守コロ子ル平八郎等御供文次郎篤太夫も雇馬ニ而遊
歩以為し候ニ付御供以為在
午後御遊歩石見守コロ子ル文次郎平八郎等御供以為在
夜セ子ラール某ゟ巴里貧窮人救助之儀ニ付コロ子ル迄申立有之佛貨四拾
フランクを御遣相成
フロリヘラルト妻會社相立病院を巴里ニ取立候ニ付御合力之儀書状を以
申立尤右御合力ヲ同人及婦人會社ニ而外國局借請同所ニ而拂物店但火曜日木曜日
土曜日相開合力之志有之候者右開場之日罷越品物高價ニ而買上候趣のよし

因而品物買上料として五拾フランクを御遣し相成御越之儀ㇸ御斷申遣もす
高松凌雲木村宗三外宿ニ付教師料被下候ニ付壹ヶ月壹人貳百フランク宛
相渡
御國御用狀到着いたし一覽之上安藝守旅宿ニ相廻もす
川路太郎中村敬輔ニ立替內借被仰付候分殘金返納手形差越もす
荷蘭林研海ニ醬油買上可相廻旨書狀ニ而申遣もす
二月九日曇　　月　　三月二日
朝御乗馬御稽古御越
午後御國ゟ御取寄品着目錄之通相改請取
夜シーボルト罷出る御國新聞之儀申聞る同夜石見守ニ川路太郎ゟ書狀到
來同斷之新聞譯書申越もす
昨日荷蘭赤松大三郎ゟ篤太夫ニ書狀到來御國諸大名帝鑑間始王臣御免願
之儀寫差越もす

英國ゟ差越候御寫眞緣代兩樣共シーボルトゟ相渡ス

二月十日曇風　火　三月三日

朝運動御稽古御越

夕四時御乘馬御遊歩俊太郎篤太夫コロチル等御供

二月十一日晴　水　三月四日

朝御乘馬御越但御稽古場

午後ホワテブロン御遊歩コロチル教師石見守俊太郎篤太夫平八郎端藏等

御供ニ而為之

二月十二日曇　木　三月五日

朝運動御稽古御越

午後第三時御乘馬御乘切石見守コロチル御供ニ而為之

今日別當支度出來候ニ付御乘切之節御供相初む

二月十三日曇夕晴　金　三月六日

朝御乗馬御稽古御越
第十二時御國御用狀着銘々宅狀私用狀等數多差越ス
御老中方ゟ　民部大輔殿ヘ差上候書狀封入差越ス
御國爾後御形勢京地新政被仰出候幷
公方樣ゟ御所ヘ被仰立候事其外御時態逐（一脱カ）申越ス
栗本安藝守御用中若年寄格被　仰付御役金四千兩被下候旨をも御書付を以被仰越
民部大輔殿御用向も取扱候旨被　仰渡
山高石見守御附添御免留學生取締被　仰付
夕安藝守御旅宿ヘ罷出る石見守同樣被仰渡之旨申上る
保科俊太郎高松凌雲木村宗三澁澤篤太夫御用向有之候ニ付明十四日第一時安藝守旅宿ヘ可罷出旨申達有之
高松凌雲木村宗三罷出候ニ付其段申達ス

石見守以下御附添之者御手當被下（員數書但覺書之寫）外國局ゟ差越も

此日別封御用狀安藝守方到着十二月廿七日二丸御延燒　天璋院樣和宮樣

被爲替候儀無之旨外異事無之旨申越も

二月十四日曇　土　三月七日

朝運動御稽古御越

第一時保科俊太郎高松凌雲木村宗三澁澤篤太夫安藝守殿旅宿ヘ罷出る俊太郎御附添御免留學生取締可立戻凌雲宗三御附添御免留學被　仰付旨安藝守殿御書付を以被　仰渡

澁澤篤太夫外國奉行支配調役被仰付勤候內並之通御足高被下御役扶持も被下之民部大輔殿御用も是迄之通取扱可申儀御同人御書付を被　仰付

第四時御乘切御遊歩コロ子ル俊太郎御供五時過御歸館

書學御稽古御初ニ付コロ子ル書學敎師同道罷出る明十五日ゟ御初之積御取究壹ヶ月拾貳度（但十二時半より二時位）壹度御稽古代三拾フランク宛之積御取究相成

オーストリ公使館ゟ使者様之（者脱カ）罷出御國御政態御變革之儀ニ付御樣子柄承
度旨申立る其筋之者居合無之旨申聞候處明日可罷出旨申置罷歸る
保科俊太郎高松凌雲木村宗三澁澤篤太夫等今日被仰渡之儀罷出る御披露
申上る

二月十五日雨　日　三月八日

午後安藝守罷出るオーストリ公使館之者罷出候ニ付同人面會以爲も新聞
紙之儀ニ付中立有之
第二時御乘切御遊歩コロ子ル平八郎等御供
畫學敎師罷出る一時間御稽古有之
栗本貞次郎留學生一同罷出る
小出涌之助御附添之儀被仰付來廿日石見守俊太郎引越之積申談も

二月十六日曇　月　三月九日

朝御乘馬御稽古御越

午後澁澤篤太夫御用ニ付安藝守旅宿江罷越も昨日荷蘭商社ゟ爲替金之儀書状差越も

二月十七日曇　火　三月十日

朝運動御稽古御越

午後三時御乘切コロチル平八郎御供

安藝守罷出る御旅館內見分有之同人御旅館引移之儀御用都合も有之暫時見合可申當分之處澁澤篤太夫相心得御取締向取扱候樣申渡

二月十八日曇　水　三月十一日

朝御乘馬御稽古御越

夕書學敎師罷出る

商人卯三郎ゟ品々献上物有之候ニ付置時計幷花臺を添被下

二月十九日晴　木　三月十二日

午後第十二時半御乘切石見守コロチル御供

篤太夫荷蘭出張バンク江罷越ハントロマートスアーペン江返書差遣し月月爲替請取方申談毎月十六日持參可相渡旨引合約定いたす

澁澤篤太夫夜安藝守旅宿江罷越す荷蘭爲替金之事其外御入費筋ニ付廉々安藝守江申立る

安藝守御旅館江罷出御機嫌を伺ふ

二月廿日晴　金　　　三月十三日

朝御乘馬御稽古御越

第一時山高石見守保科俊太郎リユーセルセミジー江引移る小出涌之助俊太郎部屋跡江罷越す

朝石見守俊太郎江被下物有之

夕方シーボルト罷出る明日英國書記官御國江罷越候ニ付爲御機嫌（伺脱カ）罷出る旨申立る

篤太夫夜餐御同案申上る但安藝守引移迄同人爲取締夜餐御同案之積

二月廿一日曇　土　三月十四日

朝運動御稽古御越小出涌之助今日ゟ御供被仰付

第一時半英國書記官（欠字原本ノマヽ）シーボルト同道罷出る御逢後安藝守ゟ引合およふ第二時過罷歸る

大井太郎左衞門不快平愈無之ニ付醫師相招

第四時御乘切コロ子ル篤太夫等御供五時半過御歸館

夜七時御遊歩馬車ニ而市街御通行ハレエーロワヤルに御越九時御歸館コロ子ル文次郎平八郎涌之助等御供

二月廿二日雨　日　三月十五日

朝書學敎師罷出る

高松凌雲木村宗三御附御免ニ付被下物有之

午後御乘切御遊歩コロ子ル山内文次郎御供第三時御歸館

山高石見守罷出る

二月廿三日晴　月　三月十六日

朝御乘馬御稽古

第一時荷蘭出張商社ゟ第三月分爲替壹万貳千五百キユルデン持參山高石見守罷出同人調印ニ而請取

午後篤太夫安藝守旅宿ニ罷越御國行御用狀差立る御直書壹封安藝守ゟ梅澤孫太郎ニ宛申遣ス

御入費請取方其外御手當筋之儀江戸表へ申遣ス荷蘭ニ申遣候醬油七拾貳本到着いたす

夕四時安藝守山内文次郎コロチルル等御供御國ミニストルロス留守宅フロリヘラルト宅等御立寄ボワテブロン御遊歩有之第五時過御歸館

二月廿四日晴　火　三月十七日

朝運動御稽古御越

英國川路太郎ゟ篤太夫ニ書狀差越ス封入之御國行書狀早速差出ス

第四時過御乗切コロチルヂ八郎御供リユーヂユセルセミジト留學生徒旅宿御越ニ而御歸館

篤太夫涌之助端藏パリエー方ニ而乗馬稽古相始る

二月廿五日半晴半雨　水　　三月十八日

朝御乗馬御稽古御越

二月廿六日晴　木　　三月十九日

朝運動御稽古御越篤太夫文次郎コロチル涌之助等御供

午後第一時半御乗切ペリエー端藏御供以為し

第二時過御歸館

二月廿七日曇　金　　三月廿日

朝御乗馬御稽古御越

朝御國御用狀着栗本安藝守旅宿に送遣し

午後篤太夫同所に罷越御用狀持參罷歸る卯十二月廿五日薩州邸の賊徒御

討伐之儀申來る京師探索書壹綴申越し
此日佛蘭西新聞ニ大君大坂表之一戰ニ利を失ひ御東下相成候旨申唱る
二月廿八日曇　土　　　三月廿一日
朝運動御稽古御越
午後第四時御乘切コロネル平八郎御供五時半御歸館
栗本安藝守罷出る夜餐被下御話中上罷歸る
伊太里商人横濱ニ罷越せし者御機嫌伺罷出度旨安藝守ゟ申聞明日曜日第
十時罷出可申旨申越し
二月廿九日曇　日　　　三月廿二日
朝第十時意太里商人罷出る御逢有之
朝畫師罷出る畫學御稽古有之
午後第一時半御乘馬御遊歩石見守罷出て御供いたし第三時頃御歸館
保科俊太郎留學生徒引纏罷出る

第四時フロリヘラルトクレー罷出る御國新聞クーレー方ゟ御國正月十三日出之分申來候趣京坂間ニ而一戰爭有之大君利を失ひ御東下之旨申聞る」シーボルト御機嫌伺として罷出る

栗本安藝守罷出る夜餐御同案被為在

二月卅日曇　月　　三月廿三日

朝御乘馬御稽古御越

夜八時シーボルト罷出る荷蘭レグートゟアンクル入獻上仕度さし出候旨申聞る

三月一日晴　火　　三月廿四日

朝運動御稽古御越

昨夜佛蘭西新聞ニ大君御退職之以後新政府益盛ニ而追々鎭靜可相成旨及二月中日本帝ゟ新ニ使節を各國ニ遣し彼の國書を持參し和親を改めんとせる支度被為在旨有之

午後第一時石見守罷出る同人も右同様之新報カションゟ承知之旨申聞る」
篤太夫安藝守旅宿ヘ罷越新聞之趣申聞夫是申談いたす
御旅館御入用金御有高之内六萬フランクフロリヘラルトヘ御預之積ニ付
篤太夫ゟ安藝守ヘ差出す外ニ御附添之者積金壹萬フランクも同様相托す」
第四時御乘切コロ子ル文次郎御供五時半御歸館荷蘭レグーゟ差上物ニ付
書翰差出す
御飼犬リヨンシーボルトヘ被下ニ付此日同人方ヘ差遣す
此夜佛蘭西新聞ニ大君京坂ニ而一戰爭御勝利無之正月十五日頃御歸府之
旨及向後大君御再擧有之哉又ハ和議と相成候哉將又大名之勢強く合從し
て東伐及候哉相分不申旨認有之

三月二日晴　水　　三月廿五日

朝御乘馬御稽古御越

三月三日曇　木　　三月廿六日

朝微雪寒威甚朝運動御稽古御越
篤太夫御國御用狀差出方ニ付藝州旅宿ヘ罷出る安藝殿ゟ梅澤藤(孫カ)太郎ヘ御用狀差遣す當地新聞之儀申遣す　篤太夫ゟ杉浦愛藏ヘ御用向申遣す御直書御差出ニ付封入差遣す
午後第一時御乘切コロ子ルヘリヱー平八郎等御供いたす第二時半頃御歸館
シーボルト歸國いたすニ付御暇乞ニ罷出る明日出立之旨申聞る
荷蘭レグーゟ西洋墨入獻上書翰差出候ニ付返書コロ子ルゟ可差遣旨申談す
馬車之儀ニ付夜コロ子ル申談小之分返却之積取計且英國ゟ引取候分ハ賣却之積申談いたす
三月四日半晴　金　　三月廿七日
朝御乘馬稽古御越

月々御賄コンマンタンに内渡いたし
御附添之者御手當取調いたし其外御入用調いたし
山高石見守ゟ同人始木村宗三高松凌雲御手當御賄料江戸表ゟ相廻候迄立
替相借之儀掛合書面差越し
坂戸小八郎來明日カションヂユリー罷出る旨申聞る
フランセスマチルダゟ書翰を以貧窮人御施之儀願出る四拾フランク御遣
しコロ子ルゟ返書差越積申談し
夕畫學教師罷出る
三月五日曇　土　三月廿八日
朝運動御稽古御越コロ子ル篤太夫文次郎洒之助御供いたし
夕四時栗本安藝守殿罷出る第五時半カションヂユリー罷出る御同案之夜
餐被下
夕四時御乗切御遊歩コロ子ル御供第五時半御歸館

御夜餐後コロチルゟ御稽古御學科之儀ニ付同人見込ミニストルロース及新ミニストルウットレーㇾ書翰ニ而申遣せし案安藝殿ㇾ申述るカションㇾ通辨以爲𛀁

ウットレー御國ㇾ出立前夜餐御招之儀コロチルㇾ申談る

三月廿九日

三月六日夕晴　日

朝書學教師罷出る

第十二時ゟ御乘切コロチルペリヱー御供ムウドンといふ帝家の畋獵場御越フランスナポレヲンの獵𛀁るを御見物第三時半御歸館

安藝守殿罷出る三時罷歸る石見守俊太郎宗三凌雲等罷出る石見守宗三凌雲御手當内借相渡安藝守殿ゟコロチルㇾ送品篤太夫ゟ引渡𛀁

三月卅日

三月七日晴　月

朝御乘馬御稽古御越

午後安藝守殿ゟウットレー御招之儀ニ付篤太夫ㇾ書狀ニ而申越𛀁

篤太夫ゟコロ子ル江申談同人ゟ書状ニ而ウットレー江可申遣旨申談候
御乗馬御稽古之儀以来一週間二日と相定御乗切之節パリエー御供ビジモ
アンス而已と可致旨コロ子ル申談候
御旅館御入用調并諸御買上物内譯調ニ付篤太夫山内文次郎と取調いたし候
三月八日晴　火　三月卅一日
朝運動術御稽古御越
仕立屋ブウシ罷出御上着壹ツ御注文相成御召古之衣服類取調御拂下相成
三月九日晴　水　四月一日
此日ゟ御馬御稽古相減一週間二日と御定相成安藝守殿并坂戸小八郎熊谷
次郎左衛門等罷出る
御土産品殘高取調内譯遣拂書仕分いたし候
三月十日晴　木　四月二日
朝運動御稽古御越

午後第十二時シエーブル御越陶器製造所御一覧コロチル山内文次郎菊池
平八郎御供
篤太夫御用調物持参安藝守殿旅宿罷越ㇾ
第四時御乗切コロチル俊太郎御供第五時過御歸館
夜御國ゟ罷越候新公使御招相成居候處參上相成兼候旨コロチル迄書翰を
以申越しコロチルゟ申上る
三月十一日晴　金　四月三日
昨夜コロチルゟ申上候新公使夜餐參上相成兼候旨篤太夫ゟ安藝殿ニ申越
ㇾ
朝御乗馬御稽古御越
午後ボワデブロン御遊歩篤太夫文次郎平八郎端藏御供第一時御歸館
三月十二日晴　土　四月四日
朝運動術御稽古御

午後坂戸小八郎來る佛國法律書翻譯之上御國江差上度ニ付申上書付之見
廻し持參以爲も見留小印之上返却
御仕立物師御衣服仕立出來持參以爲も
第四時ゟ御乘切コロチル御供五時半過御歸館
三月十三日晴　　日　　四月五日
第十二時御乘切ワンセンヌ御越コロチル平八郎ペリー御供御四時十五
分頃御歸館
御國公使ウットレー御國江出立ニ付爲御暇乞罷出る明後十五日當地出立
之旨申立る御逢有之安藝守殿罷出御逢前後御同人面會御國新聞之事共承
合夫是申談も
山高石見守保科俊太郎高松凌雲外生徒一同罷出る
瑞西ヌーシャモルゟ向山隼人正當書翰差出も事柄間違居ニ付其儘差置候
三月十四日晴　　月　　四月六日

朝御乘馬御稽古御越
第九時栗本安藝守殿罷出る御國新聞之儀昨夜横濱新聞紙カシ(マヽ)シヨンゟ申
聞候旨申上る旨趣ハ先日中新聞紙上ニ有之候御國正月上旬京攝間ニ而一
戰爭官軍不利遂ニ
上樣蒸氣船ニ而俄ニ御歸府其後京攝兵庫迄總而薩長輩ニ而鎭臺有之旨右
戰爭之手續等逐一相認有之旨申上る右ニ付安藝守殿篤太夫等リユーセル
セミジー江罷越公子御進退之儀及留學生取扱方其外決心之處談判尚又安
藝殿篤太夫とも御旅館江罷出評決之旨御内意迄申上る
第十二時ゟ馬博覽會御覽御越第二時御歸館夜篤太夫ゟ川路太郎中村敬甫
江御用狀差出ス
三月十五日晴　火　四月七日
朝篤太夫安藝守殿旅宿江罷越ス御用談有之
朝運動術御稽古御越

第四時御乘切コロネル御供第五時御歸館
篤太夫部屋元石見守跡ゟ引移る

三月十六日　水　　四月八日

朝九時御用狀着早刻安藝殿ゟ申越十時半同人罷出開封石見守貞次郎俊太郎等罷出る公子ハ勿論藝州留學生共迄其儘滯在可有之御達書有之
御國變之儀ハ總而新聞之通無相違旨內狀等ニ而委細申越ス
留學生是迄之通可罷在候儀ニ付英國荷蘭魯西(亞脫カ)等ゟ御書付寫即日申達ス
第三時頃篤太夫安藝守殿旅宿ゟ罷越向後之處御用談いたす
今朝御直書御認此御用便御差出之積ニ候處御用狀中御直書被爲在候ニ付
御請之御書御認相成

三月十七日雨　木　　四月九日

朝運動御稽古御越
第一時御用狀着京攝戰爭之手續其外風聞書等申越ス

夜十二時御國行御用狀御直書共坂戸小八郎方に差遣ス
夕四時安藝殿及フロリヘラルトクーレーカションヲ罷出る藝州歸國之儀ニ
付御用談有之御有合ニ而御同案之夜餐被下
第九時篤太夫藝州同行ニ而御旅宿に罷越夫ゟセルセミジーヲ罷越御用談
夜一時歸館
三月十八日晴朝雪　金　四月十日
朝御乘馬御稽古御越
昨日到來之御用狀中品々寫取英國荷蘭等へ申遣ス
三月十九日晴　土　四月十一日
朝運動術御稽古御越
篤太夫御用ニ付石見守旅宿迄罷越ス
川路太郎ゟ返書篤太夫迄差越ス
安藝殿當地引拂之儀次便迄延引之積坂戸小八郎を以申越ス御用見留物相

濟小八郎持參ニ付篤太夫ゟ相渡ス夕三時半御乘切コロチル御供五時過御歸館

三月廿日曇　日　四月十二日

此日ゟキリスト祭日ニ付來廿五日迄御稽古御休日之積

午後第一時御乘切コロチルペリー御供二時半御歸館

英國荷蘭ゟ差越候御用狀之報差越ス

三月廿一日曇　月　四月十三日

朝六時御乘切コロチル御供七時過御歸館

午後一時サントクールス御供競馬御一覽コロチル篤太夫文次郎涌之助等御供四時頃御歸館安藝殿罷越ス夜餐後夜九時過罷歸る

三月廿二日晴　火　四月十四日

朝運動術御稽古御越

昨日ゟ食盤之儀一同御同案と相成但小遣之者相減候たぬ御省略相成候

平常の御稽古事ハ御夫壹人御車ニ添候積取究メ置キ
運動御稽古御供ヒ稽古いたし候者ニ而相勤候積いたし置キ
荷蘭醫師ボードエン罷出る篤太夫面會いたし置キ同人御國ニ罷越度候付御國
近來之景情伺度申聞候ニ付是迄之成行大略申聞る
第三時篤太夫藝州旅宿ニ罷越フロリヘラルトクーレーカションン等面會御
旅館御入費向夫是談判夜十一時歸館
第四時御乘切コロ子ル御供
三月廿三日曇　水　　　　　　四月十五日
朝御乘馬御稽古御越
フロリヘラルトコロ子ルニ御旅館之儀ニ付申談有之今朝罷越候ニ付コロ
子ルヘ篤太夫ニ右申談之手續申聞る
第一時篤太夫文次郎コロ子ル同行藝州旅宿ニ罷越コロ子ル存寄同人ヘ安
藝殿ニ申聞る

篤太夫文次郎荷蘭商社出張ニ罷越月々請取候爲替金調印之儀石見守ゟ篤太夫引繼可申儀申談す

第三時コロチルル平八郎涌之助御供曲藝御覽御供五時御歸館

三月廿四日曇　木　四月十六日

朝運動術御稽古御越

第一時石見守罷出る荷蘭商社出張ゟ五千弗爲替金持參罷出る此度ゟ石見守調印來五月ゟ篤太夫調印之積書面差遣ス承知之旨返答以て致し罷歸る

三月廿五日曇　金　四月十七日

朝御乘馬御稽古御越

篤太夫御國御用狀差出方ニ付藝州旅宿ニ罷越ス

御直書類三封其外御用向等表狀内狀共ニ而申遣ス

フロリヘラルトニ御預之壹萬フランク篤太夫持參安藝殿ニ相渡ス

夕肥前佐野壽左衛門罷出御逢有之同人明日歸國之旨申聞る

三月廿六日晴　土　　四月十八日
朝運動術御稽古御越
夕四時ゟ御乗切コロ子ル御供
三月廿七日晴　日　　四月十九日
朝英國留學生箕作圭吾罷出る六三郎次郎罷出る坂戸小八郎熊谷次郎左衛門罷出る
石見守俊太郎生徒引連罷出る
第二時ゟ御乗切サントクールフ御越競馬御覧第四時過御歸館
三月廿八日晴　月　　四月廿日
朝御乗馬御稽古御越
三月廿九日晴　火　　四月廿一日
朝運動術御稽古御越
夕方フロリヘラルト罷出る同人明卅日荷蘭邊出立ニ付御暇乞として罷出

る田邊太一ゟ篤太夫江書狀到來辰二月四日附
第三時御乘切コロテル御供第四時半頃御歸館
三月卅日晴　水　四月廿二日
第十時篤太夫藝州旅宿江罷越モ夫ゟフロリヘラルト出張所江罷越御預金ニ而蒸氣車札買取候員數相改同人江相預ケ封印之上鍵請取夫ゟ藝州方江罷越第三時半過藝州篤太夫次郎左衞門蒸氣車場江罷趣フロリヘラルト見立候積之處同人儀最早出立ニ付其儘罷歸る第四時頃御乘切御遊歩コロテル御供
四月朔日曇　木　四月廿三日
朝運動術御稽古御越
第十一時商人次郎歸國ニ付罷出る御茶獻上いたし候ニ付象牙細工置物壹ツ被下御逢有之
英國留學生箕作圭吾歸英ニ付罷出る御逢有之夕七時ボワテブロン御遊歩

篤太夫文次郎涌之助平八郎端藏等御供

四月二日曇　金　　四月廿四日

朝御乗馬御稽古御越

午後安藝守殿罷出る　夕方石見守罷出る

四月三日曇　土　　四月廿五日

朝運動御稽古御越

午後ランベルト罷出る篤太夫面會いたす

夜七時ボウルバアル御越コロ子ル篤太夫涌之助平八郎御供魚見物所御越

夜十時御歸館

四月四日曇　日　　四月廿六日

午後高松凌雲木村宗三罷出る

第二時ボワテブロン御遊歩凌雲宗三文次郎涌之助平八郎端藏等御供

篤太夫御附御手當類幷諸勘定調いたす

凌雲宗三立替御手當金相渡
石見守宗三凌雲御手當立替四月分相渡
四月五日曇　月　四月廿七日
朝御乗馬御稽古御越
夕石見守俊太郎罷出る夜餐後ボワテブロン御遊歩御國新聞申聞る大坂表ニ而佛人殺害を受船を破らせ外國人戰爭之積用意有之新政府ゟ精々申談候旨新聞有之
夜赤松太三郎來同人歸國之積相決候旨申聞ル
四月六日曇　火　四月廿八日
朝運動御稽古御越
夜御呈書御認相成
四月七日曇　水　四月廿九日
朝篤太夫藝州旅宿江罷越御用狀差出も

藝州御歸朝之儀來便御決定之積相成
荷蘭商社ゟ爲替金之儀ニ付先達而申越候調印人相替候儀承知いたし候旨幷公子巴里御引拂之儀荷蘭ニ而承込巴里江申越候ニ付彌實事ニ候ハヽ承知いたし度旨書狀を以篤太夫江申越ス依之卽日返書差出ス公子不相替御滯在ニ付兼而談判之通爲替可有之旨篤太夫ゟ申遣ス　四月廿日

四月八日曇　木

朝運動御稽古御越

午後第一時御乘切コロ子ル平八郎御越(マヽ)二時過御歸館

夕五時安藝守殿赤松太三郎罷出る御夜餐後一同御供ボワテブロン御遊步

八時御歸館

來日曜日競馬御同行之儀藝州江御約束相成

赤松太三郎明朝歸蘭之旨申聞る研海江差越候醬油代同人江托し差越ス

フリッセル新發明之連發銃太三郎歸蘭便リエージュニ而買取藝州歸國便

御送之積御談相成右代金渡方ハ銃師ゟ郵船江差出請取持參候ハヾ御旅館ニ而代金相渡郵船の請取ヲ御國江差越候積申談る

四月九日曇　金　　五月朔日

朝乘馬御稽古御越

午後英國ゟ書狀到來昨日巴里ニも有之候新聞英公使パアクス御門ゑ謁見鄭重之取扱有之歸途亂妨之者有之候旨新聞申越ス

昨日御約束之藝州競馬御同行ウエルサイル行御振替之旨篤太夫ゟ申遣ス

四月十日晴　土　　五月二日

朝運動術御稽古御越

午第四時御乘切コロ子ル御供第五時過御歸館

四月十一日晴　日　　五月三日

朝八時御乘切コロ子ル御供九時過御歸館

第十一時安藝守コロ子ル涌之助平八郎御供ウエルサイル御越夕七時御歸

館
朝御國ゟ御用狀着御歸東以後府下御平靜御軍制御皇張之御趣意厚く被仰出公議所等出來候旨其外上意之寫等差越ス

四月十二日晴　月　　五月四日

昨日申來候御用狀之旨趣英荷蘭等江申遣ス屆狀をも封入差遣ス

朝御乗馬御稽古御越

第三時サントリールスニ而大調兵有之ニ付御越安藝守殿コロ子ル貞次郎等罷出御供以致ス第五時過御歸館此日の調兵ハ騎兵と騎砲兵と都合四千人程なりといふ

四月十三日晴　火　　五月五日

朝運動術御越

第十二時御國御用狀着第一時安藝殿罷出開封　上樣御恭順之ため東台御入被爲遊西御丸ハ田安殿松平確堂江御預と申事申越ス東台宮樣二月廿一

日頃御謝罪之たぬ御上京之由とも申越ニ而御書付數通有之英荷之届狀ヒ
直樣篤太夫ゟ申越御用狀之趣をも認入申遣ス
タフロリヘラルト罷出る新聞之趣抔申聞る
夜餐後御乗切コロ子ル平八郎御供七時過御歸館

四月十四日晴　水　五月六日
篤太夫ゟ荷蘭江御用狀差越ス

四月十五日晴　木　五月七日
朝運動術御稽古御越
御用狀差出方ニ付篤太夫安藝守殿旅宿江罷越ス御用調物御見留物等不殘
取調濟持参以来ス第十一時歸宿
午後十二時半コロ子ル篤太夫文次郎平八郎御供大砲器械貯所御越御一覽
夫ゟ巴里有名の古刹御一覽交易公事吟味所罪人裁決所等御一覽第二時半
御歸館

石見守罷出る同人御手當之儀文次郎歸國ニ付御手當之儀等申談遣ス
安藝守殿大三郎ヘ御書狀差出ス
夕六時過御乘切コロチル平八郎御供七時過御歸館
四月十六日晴　金　五月八日
朝御乘馬御稽古御越
午第七時御乘切コロチル平八郎御供第八時過御歸館
夜坂戶小八郎罷出る出立之者明日荷物可差送旨申聞る
四月十七日晴　土　五月九日
東照宮御忌日ニ付御休日
山內文次郎大井節左衞門ヘ被下物有之
朝運動術御越
篤太夫儀安藝守殿ヘ罷越英國女王寫眞其外御國ヘ御遣之品相托ス調物書類不殘仕上濟ニ付差出ス

第十時ヲリエンタンバンク江罷越小栗上野介ゟ石見守江申來候貳萬弗爲替方申請第一時再同所江罷越石見守調印之ためセルセミジー迄罷越候處同人外出ニ付尚又バンク江立戻り右高の半方五萬弗受取明後十九日可罷越旨申談罷歸る

歸路五萬弗を安藝守殿江相渡し第四時歸宿

四月十八日曇　日　五月十日

山高石見守栗本貞次郎生徒一同罷出る第四時一同御供アベニユーデランペロウルの側なる華園御越第五時頃同所ニ而一同御暇申上引取篤太夫添之助御供五時半御歸館

四月十九日曇　月　五月十一日

朝御乘馬御稽古御越

篤太夫貞次郎旅宿罷越同人同行東洋バンク罷越し再ひ石見守調印之ためセルセミジーゟ罷歸る爲替金拾萬七千五百九十貳

フランク十サンチイム請取爲替方仕方等色々承合以致し第二時歸宿
四月廿日曇　火　　五月十二日
朝運動術御稽古御越
第一時篤太夫セルセミジー罷越夫ゟ藝州御旅宿江罷越第六時御用濟歸宿
來土曜藝州出立ニ付夜餐有之候樣取究セルセミジーコンマンタントをも
相招
四月廿一日晴　水　　五月十三日
朝英國江御用狀を遣し安藝殿分封入差越し
第三時川路太郎罷出る夕餐被下同人英國引拂之儀申談有之
四月廿二日晴　木　　五月十四日
朝運動術御稽古夕川路太郎罷出る
第二時半御乘切篤太夫ペリー御馬教師御供以致し
第七時馬車ニ而ボリデブロン御遊歩篤太夫文次郎涌之助川路太郎等御供

いたし八時半御歸館
四月廿三日晴　金　五月十五日
朝御馬御稽古御越
夕セルセミジーニ而藝州出立のため夜餐有之ニ付篤太夫文次郎罷越夜十二時歸宿
シーボルト罷出る御稽古御逢有之
四月廿四日曇　土　五月十六日
朝運動御稽古御越
篤太夫セルセミジー罷越夫ゟ荷蘭商社江相越爲替金請取十時歸宿
赤松太三郎來木村宗三高松凌雲罷出る凌雲御預り之藥籠同人儀歸國ニ付御旅館ゟ返上爲致英國荷蘭爲替金之儀ニ付取調書安藝守殿江差出候御有高書拔をも差出候
夕六時藝州出立ニ付御同案之夜餐被下安藝守殿山高石見守栗本貞次郎保

科俊太郎澁澤篤太夫菅沼左近將監山内文次郎大岡熊谷次郎左衛門坂戸小八郎高松凌雲木村宗三小出涌之助菊地平八郎三輪端藏川路太郎赤松太三郎も罷出候ニ付被下
コロ子ル、フロリヘラルト、クレー、カシヨン、ボワシエール、チソウ生徒コンマンダン御旅館コンマンタント等貳拾六人之大夜餐有之
夜餐後フロリヘラルトハ御預之蒸氣車札請取之儀安藝守殿栗本貞次郎澁澤篤太夫カシヨン等ニ而申談フロリヘラルトより萬一之節ハ直樣右預り品篤太夫ハ相渡可申因而請取紙者可差出方申談約定いたし

四月廿五日晴　日　　五月十七日

山内文次郎御茶差上候ニ付御下緒壹掛被下
安藝守殿爲御暇乞罷出る被下物有之御暇乞相濟コロ子ル方へ罷越篤太夫通辨いたし夕餐後御遊歩平八郎端藏涌之助御供
夜篤太夫安藝守殿旅宿ハ罷越引繼物不殘請取書物御用狀御書翰一切相改

仕譯ハ無之

四月廿六日晴　月　　五月十八日

朝御乘馬御稽古御越

第九時文次郎六郎左衛門出立綱吉同斷コロチル篤太夫端藏藝州見立としてガールデリヨン迄罷越十一時蒸氣車發篤太夫ゟ歸路フロリヘラルトハ立寄蒸氣車札箱入立替金相渡罷歸る

夕川路太郎罷出る今夕歸英之積申聞る同人立替金等相渡外ニ立替時借百フランク相渡

四月廿七日晴　火　　五月十九日

朝運動術御稽古御越

夜餐後ホワテブロン御遊歩篤太夫涌之助平八郎端藏コロチル御供

四月廿八日晴　水　　五月廿日

朝御乘馬御稽古御越今日ゟ御乘馬朝七時ゟ八時迄と相成運動術も同斷

四月廿九日晴　木　　五月廿一日

荷蘭林研海ゟ篤太夫江書状差越ス
朝運動術御稽古御越
小出涌之助精舎算術稽古之儀ニ付栗本貞次郎へ書状差越ス研海之儀も申遣ス御用状出る其外安藝守殿達書寫等差遣ス
第一時過御遊歩御乗馬へリー平八郎御供以為ス

閏四月一日晴　金　　五月廿二日

朝御乗馬御稽古御越
荷蘭商社ゟ林研海江相渡荷物之儀ニ付書状差越ス

閏四月二日曇　土　　五月廿三日

朝運動術御稽古御越
荷蘭商社江返書差遣ス林研海伊東玄伯も同斷夕第七時御車ニ而市街御越
御冠物御買上以為スコロ子ル篤太夫涌之助端藏等御供八時御歸館

閏四月三日曇　日　五月廿四日
朝八時御乗切コロチル平八郎御供
フロリヘラルト罷出る山高石見守保科俊太郎罷出る

閏四月四日晴　月　五月廿五日
朝御乗馬御稽古御越

閏四月五日曇雷雨　火　五月廿六日
朝運動術御稽古御越
夕七時御乗切コロチル平八郎御供

閏四月六日晴　夕雷雨　水　五月廿七日
朝御乗馬御稽古御越
リヱージ鐵砲師ゟ先達而御買上連銃之儀ニ付書状差越も
コンマンタント江月々御賄代第六月分渡

閏四月七日晴　木　五月廿八日

午後第二時ゟジャルダンデプラント御越篤太夫平八郎涌之助コロ子ル御
供數々鳥獸類御一覽夫ゟ花園御覽
大人小兒の四支不具之者骸骨之類御一覽同所ゟ川蒸氣ニ而王城之前迄御
越御上陸馬車御雇ニ而御歸館
閏四月八日晴　金　五月廿九日
朝御乘馬御稽古御越
篤太夫フロリヘラルト方ニ新發明鐵砲代渡方之儀ニ付罷越ス
閏四月九日曇夕雨　土　五月卅日
朝水練御稽古御初夫ゟ運動術御越篤太夫平八郎涌之助コロ子ル御供
夕三時半御用狀着京兵江戸ニ接近横濱港も不日敵手ニ相渡可申　上樣ニ
ハ愈御恭順之御趣意ニ而上野ニ被爲在忠憤之餘過激之者無之樣御諭等有
之旨申越ス
各國留學生歸朝御達差越ス

公子より尚御留學可被成候旨御達安藝守に差越す
御用狀表之旨趣一通り栗原貞次郎澁澤篤太夫ゟコロ子ルより申聞る
夕七時御乘切コロ子ル平八郎御供八時御歸館

閏四月十日晴　日　五月卅一日

朝魯英蘭留學生徒へ御用狀認夕方差出す
朝御乘切コロ子ル平八郎御供
午後石見守生徒一同罷出る
今朝貞次郎ゟ御用狀之旨趣クレーカシヨン等へ申聞候旨書狀ニ而申越す

閏四月十一日晴　月　六月一日

朝御乘馬御越
篤太夫セルセミジーに罷越夫ゟ荷蘭バンクに罷越す
金貳萬兩之儀荷蘭承合之上返答可致申聞る
ヲリエンタルバンクニ而川路立替請取

夕四時半水練術御越篤太夫平八郎涌之助等御供

閏四月十二日晴　火　　六月二日

朝運動術御越

篤太夫御用狀差出方ニ付調物いたす

閏四月十三日曇　水　　六月三日

朝御乘馬御稽古御越

午後第三時貞次郎石見守俊太郎罷出る生徒方江御國狀到來京師ゟ差下候東山《マヽ》先鋒總督江大目付梅澤孫太郎を以歎願として差出候處兎も角も三道總督江戸表江罷越軍議之上處置可有之旨被申達候趣御書付寫封入有之生徒引拂方之儀ニ付篤太夫ゟ貞次郎江申談貞次郎ゟフロリヘラルトクレー江再應申談候積談判いたす

閏四月十四日晴　木　　六月四日

朝運動術御稽古御越

御國行御用狀差出𛀁內狀共差出𛀁御有高御入用高廉書をも封入差出𛀁貞次郎フロリヘラルトㇾ相越相托候積申談赤松太郎之鐵砲包生徒之內引拂之便差越候積フロリヘラルトㇾ傳語貞次郎ゟ相托𛀁
安藝守殿小八郎ゟ歷山ㇾ御用狀差越𛀁赤松多三郎ゟ鐵砲之儀ニ付篤太夫ㇾ書狀申來る
夕方御國御用狀着貞次郎以上生徒取締三人罷出る近江守ゟ藝州ㇾ細書有之御書付寫類封入差越𛀁京兵三道江戸ゟ進入之儀申來る
英國行御國狀包即日同所ㇾ差立る
閏四月十五日晴　金　六月五日
朝御乘馬御稽古御越
夕方御乘切コロ子ル篤太夫御供
閏四月十六日晴　土　六月六日
朝運動術御稽古御越

朝篤太夫涌之助フロリヘラルト方ゟ罷越カルトウス代相渡ス
生徒引拂之儀ニ付來火曜日相談致度旨同人申聞る
午後篤太夫セルセミジーゟ罷越ス荷蘭商社ゟ金貳萬兩一件ニ付返書到來
之儀貞次郎申談ス

閏四月十七日晴　日　六月七日

朝御乘切コロ子ル平八郎御供
第二時競馬御覽御越篤太夫涌之助コロ子ル御供第四時過御歸館
夜九時林研海罷出る御旅館中一泊被致ス

閏四月十八日晴　月　六月八日

朝御乘馬御稽古
荷蘭商社ゟ金貳萬兩請取方ニ付セルセミジー罷越し貞次郎同行商社ゟ罷
越月々爲替五千弗無差支相渡呉候樣申談金貳萬兩ㇵ請取可相成旨申談スに
午後川路太郎罷出同人幷生徒一同英政府ゟ船相雇歸國爲致候ニ付御暇乞

として罷出る旨申聞る同夜御旅館一泊

閏四月十九日火　晴　　六月九日

朝運動術御稽古御越

午後第十二時篤太夫フロリヘラルト方罷越生徒歸國之儀申談貞次郎も罷越も夫ゟ貞次郎同道セルセミジー罷越英國生徒之儀申談第五時半歸宿六時半篤太夫太郎同行英國江罷越も但七時五十分蒸氣車乘組

閏四月廿日晴　水　　六月十日

朝御乘馬御越

篤太夫儀朝七時ロンドン着旅宿相雇夫ゟロヱト方罷越生徒引拂方申談直ニ太郎ゟ兼而申談有之船主方江断之旨申談候方可然旨ロヱト申談ニ付篤太夫太郎同道罷越候處船主申聞ニ而ハ此度生徒歸國入用ハ英政府之賄之旨ニ付確證承知いたし度申談候處船主同行外國局江罷越承及可申旨ニ付同行之處外國局ニ而ハロヱトと可申談旨ニ付引戻候途中ロヱト面會尚申談

候處ロエトゟ外國局承合申聞候旨趣ハ船賃之儀者談判濟ニ付いつれも政府ニ而相拂可申歸國之儀ハ勝手次第ト申聞候ニ付其夜尙ロエトゟ申聞佛國飛船ニ而引拂之積相決夜十時頃電信を以て巴里江申越ス

朝取落し物之儀ニ付篤太夫ゟ平八郎江書狀差越ス

ロエト方預置候品物之儀申談候處酒馬車を明日賣拂可相成旨其儀ハ暫時猶豫いたし呉度ロエト申聞る

閏四月廿一日晴　木　　六月十一日

朝運動術御稽古御越

篤太夫倫敦ゟ貞次郎江書狀差越ス英生徒廿四日頃同所引拂巴里江罷越可申旨申越ス

午後篤太夫太郎同道荷物差出方其外諸方奔走夜ロエト江馬車酒之儀申談候處馬車ハ明日賣拂酒ハ賣拂相成兼候趣申聞る

閏四月廿二日晴　金　　六月十二日

朝御乗馬御稽古御越
篤太夫ロヱト方ニ罷越馬車代三十五ポント請取酒之儀巴里ニ運送方取計
生徒荷物積出し方手配いたし
午〔マヽ〕八時半篤太夫倫敦出立

閏四月廿三日晴　土　六月十三日

朝運動術御稽古御越
篤太夫儀朝八時歸宿
午後第二時貞次郎石見守罷出英國取計向其外萬端篤太夫ゟ申聞英生徒明日到着候ハヽ六人ハ御旅館八人ハセルセミジーニ而賄可申旨申談る
來水曜日夜食後爲御暇乞歸國生徒一同罷出候様可致旨申達し
フロリヘラルトゟ篤太夫ニ連銃代之儀幷運送入用ニ付書状差越す

閏四月廿四日晴　日　六月十四日

朝御乗切コロ子ル平八郎御供いたし第七時半御歸館

魯國生徒ゟ返書到來歸國之儀魯政府江申立候處元江戸表御老中方ゟ御賴相成候ニ付改而御達無之而ハ歸國難爲致旨申聞候趣申來る
第一時篤太夫涌之助端藏コロチル御供コロチル在所ビローフレー御越華園御遊覽夕六時半御歸館
第七時頃英國生徒巴里着手筈通川路太郎始六人御旅館内止宿いたし荷蘭生徒貳人も巴里着林研海旅宿罷在候所ニ同宿いたし
閏四月廿五日晴　月　六月十五日
朝御乘馬御稽古今日ゟ篤太夫も御供都合貳人宛御供と相定む
第十時篤太夫セルセミジー罷越し生徒出立船賃其外魯國生徒之儀等申談し
第一時英國生徒十四人荷蘭三人共罷出御見付被仰付
第二時篤太夫俊太郎同行魯國公使館罷越し
生徒引拂之儀ニ付コンシユールゼチラルへ申談候同人申聞ニ付全權公使

江書翰可差出旨談判篤太夫已夫ゟセルセミジー罷越明廿六日郵船會社江罷越可申旨貞次郎と申談夕六時歸宿夜魯國公使江差遣候書翰認

閏四月廿六日晴　火　　六月十六日

朝運動御稽古御越

第十二時篤太夫リユーノウトルダムデビクトワル江罷越郵船賃拂方取計歸路フロリヘラルト方江罷越不在ニ付歸宿

魯公使館江生徒之儀ニ付書翰幷命令書寫共差遣ス

閏四月廿七日晴　水　　六月十七日

朝御乘馬御稽古御越

生徒渡御用狀類内狀其外調物以爲致

篤太夫儀荷蘭生徒同行爲送別ホワテブロンニ而夜餐以爲ス

夜九時生徒歸國之者貳十三人爲御暇乞罷出る御茶シヤンパン氷製菓子等被下フロリヘラルトクレー共外罷出る

貞次郎江申談御用状取調いたす
御國行御用状ハ川路太郎江相渡届方之儀不(マヽ)も申談す
閏四月廿八日晴　木　六月十八日
朝運動術御稽古御越
第九時生徒一同巴里出立澁澤篤太夫三輪端藏カールデリヨン迄爲見立罷
越す
連發銃幷カルツースハ今便差立候ニ付御國着之上受取方之儀保科俊太郎
江申談遣す
篤太夫歸路フロリヘラルト方立寄連發銃のカルツース運送賃拂いたす
英國ゟ川路太郎江書狀着後便差立可申積預置酒差送候箱屋ゟ書狀差越す」
夕第七時御乘馬御乘切コロネル平八郎御供
閏四月廿九日晴　金　六月十九日
朝川路太郎林研海之書狀英荷等江送遣す

朝御乘馬御稽古御越

夜餐後御遊歩コロ子ル書學敎師篤太夫端藏涌之助等御供以爲も

五月朔晴　土　六月廿日

朝運動御稽古御越

リエジー連發銃賣主ゟ篤太夫江書狀差越も

第四時水練術御稽古御越

五月二日晴　日　夜雷雨　六月廿一日

朝第七時御乘切篤太夫コロ子ル御供

午餐後畫師チソー宿所御越

仕立師ブウン江御拂物爲試相渡も直段等取調渡も

夕第七時御遊歩篤太夫端藏涌之助御供

五月三日雨　月　六月廿二日

朝乘馬御稽古御越

第十時篤太夫セルセミジー罷越夫ゟリユウエプロン、クーレー宿所ニ罷越
御旅館御手許方其外談判ヲ以テ栗本貞次郎同行第六時歸宿
第四時過水練御稽古御越　晝雷雨
五月四日曇　火　六月廿三日
朝運動術御稽古御越
夕御乘切御遊歩平八郎コロ子ル御供大雷雨
夜巴里パッシー卿之奉行ゟ公用之藏書所取建ニ付御合力相願度旨書翰差
出ス
午後篤太夫コンマンタン同行蒸氣車札買上方ニ付プウルス迄罷越ス
五月五日晴　水　六月廿四日
朝御乘馬御稽古御越
パッシー奉行申立ニ付御合力被下コロ子ルゟ返書差遣ス
夜餐後田舍祭禮御越篤太夫平八郎端蔵涌之助コロ子ル等御供種々小戲藝

御遊覽夜十一時御歸館

五月六日曇　木　　六月廿五日

朝運動御稽古御越

第十時篤太夫フロリヘラルト方罷越蒸氣車札利金受取方取調いたす

リエージゟ差越候連發銃代の返書フロリヘラルト申談差出す

一月々御勘定取調いたす

第二時半新發明之器械御覽御越蒸氣車道を巖山の中に開く具なりといふ

巴里東郊のリウテホウルナヲと云處ニ而巖石中ニ仕掛有之其製大なる鐵板に及鐵ニ而鋏を多く附置其鐵板を蒸氣ニ而巖に押附抉り廻しこれを穿つ其鑿出せし石屑も同しく器械ニ而小溝を拵器械の下より流出す御覽中試しも五ミニユート間ニ而十二サンチメートルを穿ちたり

第七時御乘切篤太夫コロ子ル御供夜八時半御歸館

五月七日晴　金　　六月廿六日

朝御乗馬御稽古御越
英國ゟ差立之酒到着いたし但箱數貳十一右箱屋ゟ箱仕立代請取書差越し
夕方水練御稽古御越
五月八日晴　土　六月廿七日
朝運動術御稽古御越
コンマンタントに第七月分御賄代御借家代共壹萬七千フランク相渡し
夕第七時御乗切平八郎コロ子ル御供ジローフレー御越ニ而十時半頃御歸
館
山高石見守罷出る
五月九日晴　日　六月廿八日
夕第七時ヌエーと申處御越田舎祭禮御遊覽篤太夫平八郎端藏涌之助御供
夜十一時御歸館
五月十日晴　月　六月廿九日

朝御乘馬御稽古御越
リヱージ連發銃師ゟ篤太夫江書翰差出ス
第七時半シルクデアンヘラトリース御越曲馬御一覧夜十時半御歸館

五月十一日晴　火　六月廾日

朝運動術御稽古御越
バンクヘ預ケ置候貳萬五千之内八千フランク蒸氣車買上方ニ相廻し壹萬七千を御賄方ニコンマンタンヘ相渡ス
第一時篤太夫ヲリヱンタルバンクニ罷越英國行箱代爲替取調いたす
御勘定辰壬四月分取調いたす
リヱージゟ差越候書翰之儀ニ付篤太夫フロリヘラルト方江罷越候處他出ニ付面會不致
フロリヘラルトゟ請取候蒸氣車札士官之分コンマンタンヘ相渡ス
御買上之分と同しくバンク預置可申旨申談ス

五月十二日晴　水　　七月一日

篤太夫不快ニ付出勤無之事

夕方御乗切コロ子ル平八郎御供

五月十三日雨　木　　七月二日

午前御稽古午後王宮ニ繼ける廣大の貯所と申所ニ而油繪其外古器之珍奇物御一覧夫ゟパンテヲンと申古刹御越最高之塔御登鐵の棧段四百貳十百メイトル余なりといふ最上ニ而四方を眺望もせは恰も巴里を一覽も往來の人馬僅寸分之看を爲せり第一時半御發第五時半御歸館篤太夫平八郎涌之助コロ子ル御供

五月十四日曇　金　　七月三日

朝御乗馬御稽古御越篤太夫不快ニ付御供不仕事

五月十五日曇　土　　七月四日

朝運動術御稽古御越

午後貞次郎石見守罷出る御國ゟ到着之御用狀持參いたも
御用向品々申越も上樣水戸江御愼御城尾張殿江引渡海陸軍士器械等總而
京地江差出其上御家名御立可被下旨五ヶ條之條目を以御沙汰相成旨申越も」
英佛生徒歸國見合可申旨申來る
夕方フロリヘラルト罷出る京地ゟ公子江御達相成候御歸朝達書佛國公使
ゟ送來候旨ニ付差出も
夕七時御乘切コロ子ル平八郎御供
五月十六日曇　日　七月五日
朝篤太夫貞次郎方罷越も石見守貞次郎同道御旅館江罷出る御國情委細昨
日着之御用狀ニ而御分上樣御身上御落着ニ付公子御歸朝御決之旨被仰出
三人之者江御直ニ被仰渡
午後コロ子ル江前段之旨申達し政府其外申立方之儀申談尤御支度も可相
成丈手詰申度候得共いつ迄西暦九月中佛飛船相成可申旨同人ゟ申上る

夕方クレー罷出る御歸朝之旨申達もコロ子ル同斷之旨趣申上る御旅館差
戻し方等夫々骨折呉候樣申談も

五月十七日晴　月　　　　　　七月六日

朝御乘馬御稽古御越

篤太夫フロリヘラルト方罷越蒸氣車札利金請取御用狀着有之ニ付持參罷
歸る

公子御歸朝御決之儀フロリヘラルトに申聞る同人儀も九月中御出立位ニ
御支度被成度旨申聞る

上樣四月十二日御發水戶に御愼相成候旨申越も同日御城已尾州に引渡海
陸軍引渡之積ニ候處多く脫走之旨申越も

塚原丹州之儀ニ付書狀到來英國生徒に御用狀着以來も

篤太夫午後貞次郎方に罷越御用狀持參申聞る

五月十八日晴　火　　　　　　七月七日

朝運動術御越
昨日コロ子ル外國局ヘ罷越候公子御門ゟ御歸朝之儀被申達旨申立る且御歸朝御決之儀申入る尤日限ハ未タ不取究且最初御越之手續も有之候得共可相成手順宜引拂候樣相成度心配いたし居候旨申入置
御門ゟ歸朝之御達書譯しコロ子ルヘ相渡外國局陸軍ヘ廻候
魯國公使ヘ生徒之儀ニ付催促書差出候
リユージ銃師ヘ返書差越候以來丁寧ニ取調候勘定書フロリヘラルトヘ差出候樣可致返答いたし候
夕方御乘切篤太夫コロ子ル御供第七時御越第九時御歸館
五月十九日晴　水　七月八日
夜クレー、ワッソウル罷出るワッソウルハ此間御國ゟ歸着ニ付御國之事共同人見及候儀等夫々申上る
五月廿日晴　木　七月九日

午後篤太夫荷蘭出張商社に罷越月々爲替金何月迄引繼可申哉承度旨申談
候處荷蘭表承糺之上挨拶可有之旨返答有之
第一時半公法之藏書所御越コロネル端藏涌之助等御供いたを
五月廿一日晴　金　　七月十日
朝御乘馬御稽古御越
第四時過栗本貞次郎罷出る御歸國之儀是非來第九月佛船ニ而御引拂被成
度コロネルに改而御談有之
夜八時半巴里市街御遊歩コロネル平八郎涌之助御供十時半御歸館
五月廿二日晴　土　　七月十一日
朝運動術御稽古御越
五月廿三日晴　日　　七月十二日
朝御乘切コロネル御供八時過御歸館
夜山高石見守罷出る夜雷氣無雨

五月廿四日晴　月　七月十三日
朝御乗馬御稽古御越
午後篤太夫フロリヘラルト方罷越不在ニ付面會不致
五月廿五日　火　晴　七月十四日
朝運動術御稽古御越
第十二時半ワンセンヌ御越砲歩兵之運動御一覽有之篤太夫平八郎コロ子ル等御供ワンセンヌハ巴里城之東邊ニして尤廣大之華園士民遊息之地也其草野の廣潤なる處ニ數多くタントを張野陣の稽古をなし此日の調練凡砲壹座歩兵四大隊程なりマレシヤールゼ子ラール其外附屬之士官數多ニ而指揮以爲し初ハ襲擊之擧動あり大砲ニ而中堅を衝歩兵ハ二手ニ分れ横を入るゝの爲作あり夫ゟ種々ニ運轉し纔ニ兵を各隊ニ纒繰引ニ而調兵終る其兵凡貳千五百程なりといふ夕四時半御歸館
夜雷雨　魯國公使館ゟ生徒儀ニ付返翰差越し

五月廿六日晴　水　　七月十五日

記事なし

五月廿七日晴　木　　七月十六日

午後篤太夫フロリヘラルト方罷越京師ゟ御達書御請同人江差出方相頼御旅館家主江引合方之儀フロリヘラルト申談夫ゟセルセミジー罷越御用狀差出方貞次郎申談夜御用狀相認川路太郎江屆狀をも封入いたし候御直書御認相成荷蘭商社ゟ七月分爲替金持參いたし候

夕方（マヽ）水御稽古御越

荷蘭商社ゟ爲替金之儀ニ付書翰差出候

第七時御乘切平八郎コロ子ル等御供いたし候

五月廿八日晴　金　　七月十七日

朝御乘馬御稽古御越

第十二時御用狀フロリヘラルト方差送ル戻し狀拾貳封封入差立る

午後公子御歸國之儀ニ付コロ子ルゟ篤太夫江種々申談有之公子思召次第之旨申答

五月廿九日晴　土　七月十八日

朝運動御稽古御越

午後御歸國ニ付公子ゟコロ子ル江御談有之篤太夫も承ル夜篤太夫ゟ心得方申立る

夕四時水練御稽古御越

五月卅日晴朝雷雨　日　七月十九日

第十二時御乘切篤太夫コロ子ル御供第二時過御歸館

夕七時ホワデブロン御遊歩篤太夫平八郎御供いたし候

六月朔晴　月　七月廿日

朝御乘馬御稽古御越

第一時魯國生徒四人巴里在留魯國公使ゟ送越候御國出立迄之處御旅館ニ

可罷在旨申達部屋等取片付ゐ爲も
第三時公子ゟ御歸國之儀ニ付コロチルヽ御談有之是非共來西曆九月郵船
御出發之積御申談相成因而國帝挨拶之儀御催促之處已ニ其積を以書中ニ
而コロチルゟ申立候儀ニ付國帝ゟ挨拶無之候ハヽ御出立御差支無之旨申
上る若又國帝異論有之候ハヽ可申來旨をも申上る
公子御談後コロチルゟ篤太夫ヽ委細申聞右御決心ニ付而ハ無據御歸國之
外無御座ニ付諸方御見物等有之度旨精々申聞る因而公子ヽ申上候上挨拶
可及旨申聞置
六月二日晴　火　　七月廿一日
朝運動術御稽古御越
篤太夫魯國生徒引連セルセミジー罷越も夫ゟフロリヘラルト方罷越公子
御歸國之儀ニ付談判ゐ爲も
夕方水練御稽古御越

六月三日晴　水　七月廿二日
此日ゟ書學教師旅行いたしニ付不罷越
公子御歸國之儀ニ付コロ子ルゟ篤太夫江種々申聞る
魯國公使館ゟ書翰差越し生徒滯留中之勘定書箱館公使館ゟ御國江可差出
殘金ハ當方江可差廻旨外國局ゟ申來候旨寫書差越し
夕第七時一同御供ボワテブロン御遊歩
六月四日晴　木　七月廿三日
夕第七時御乘切コロ子ル御供いたし
六月五日晴　金　七月廿四日
朝御乘馬御稽古御越
來西暦八月ゟ御馬運動御稽古相休御旅行可被遊旨コロ子ル江御申聞相成
六月六日晴　土　七月廿五日
朝運動術御稽古御越

魯國公使館ゟ生徒入費殘金書翰共送越ス
夕四時水練御稽古御越

六月七日晴　日　　七月廿六日

朝御乘切コロチル御供以多ス
第十二時半篤太夫平八郎涌之助魯國ゟ罷越候生徒四人共御供ジャルダン
アックリマタシヨン御越數々御見物第三時御歸館
夜ホワテブロン御越平八郎端藏涌之助御供以多ス

六月八日晴　月　　七月廿七日

朝御乘馬御稽古御越
篤太夫フロリヘラルト方罷越御借家之儀申談飛脚船到着之趣ニ候得共御
國ゟ之御用狀包なし
夜日本新聞有之北國諸侯彌王命ニ不服遂ニ戰爭可相成哉之趣有之

六月九日晴　火　　七月廿八日

朝運動術御稽古御越
篤太夫ゟコンマンダント江第八月分御賄代相渡篤太夫御入用内譯仕上取
調以ゑも
夕水練御稽古御越第七時御乗切コロ子ル御供
六月十日晴　水　七月廿九日
記事なし
六月十一日晴　木　七月卅日
午後ヒッポドロム御越風船御試有之六時半御歸館
來西暦八月二日御出立シャルブールブレスト御旅行之積治定以ゑも
篤太夫セルセミジー罷越御用談四時半歸宿
第七時御乗切篤太夫コロ子ル御供
六月十二日晴　金　七月卅一日
朝御乗馬御稽古御越

御乘馬御運動御稽古共來八月ゟ御休息之積
同所教師へ相斷
御國新聞有之南北諸侯合併御國和睦之旨有之西暦七月六日上海ゟ電信尤徳川氏之儀ゟ
何とも書載無之第七時御乘切平八郎コロ子ル御供バルクモンソウ御越
夜クレー罷出る
六月十三日晴　土　八月一日
明日御出立之積ニ付御支度取調御入用金調分いたし
午後篤太夫フロリヘラルト方罷越御出立之儀申達し
御留守中之儀教師及コンマンタント等へ篤太夫ゟ申遣し
御旅行御供之儀篤太夫平八郎コロ子ル被仰付候事
六月十四日晴　日　八月二日
御支度も整ひぬれは朝八時御旅館御發馬車ニ而サンラザル之汽車場御越
九時五分御發軔コロ子ルゟ汽車掛り役人へ申談汽車ゟ別格ニ而乘合之も

のなけれは車中欝陶の憂なし直ニセイヌの橋上を渉る此橋ハ長百六十メイトル總て鐵ニて造立せり程なくブゾンといふ里を通り再ひセイヌの橋上を經過も其橋九ッニ連架せり毎橋三十メイトルなりといふ此邊ハ土地も饒にて田舍も屋を潤せり汽車の右ニハ廣き畑なりて多く野菜を作る其左ハ各所ニ大きなる車輪を建置石を掘出し巴里ニ鬻くといふ稍行過て右手ニ大なる森を見るサンセルマンの大森なりといふ十時十五分マントといふニて小休直ニ發軔ニて一の地道長七百メイトルなるを經過も第十一時車中ニて午餐もあるも貯品の多けれは十分ニ喫了尤愉快なりし第十二時十五分セルキンギユ着小憩此邊ハポンム樹多くポンム酒を作る樹木の叢茂せる小山多く田家其間ニ聚落し小河ありて村落を廻り流る頗る清絶なり又藁屋多く其中ニ女牛馬を飼ふ昔時ハ民家多く藁葺なりしもあ火災を恐るゝ爲政府ニてこれを禁し今ハ牛羊の小屋ニ用ゆといふ草野多く牛馬緬羊の類を多く飼ふ第二時前十五分一の大なる地道を過る長サ貳千三百六

十五メイトルなりといふ第二時半カンといふ地着汽車乗替直ニ發軔第五時半シイールブール着汽車場ヨ《ゟカ》公子ヨコロ子ル御供ニ而御先ニ客舎ニ被為越し而其客舎ヨ旅人多く部屋なしとて市街を巡り漸ニして一の客舎を得御投館ボテルドレニベルセイルといふ客舎篤太夫平八郎も荷物を調へて稍後れて達す此日朝來美晴炎熱之憂なかりし而午後ハ暑氣甚しく殆旅苦を覺ゆ御夜餐後市街御遊歩海邊ニ築出せし小店ニ而カッフヘー被召上御歸館

六月十五日晴　　　　八月三日

朝八時客舎御發御歩行ニ而製鐵所御越尤一同御供いたす

本地の製鐵所ハ市街の南邊ニ而海ニ接せし處ニ在之尤廣莊なり製鐵所の門前ニ而コロ子ル相識之壹人之士官ニ行逢夫ゟ同人御案内ニ而御歷覽有之最初ニ造船所御一覽四ケ所ニ連築せり其中二ツヨ造船中なりし而其一ヨ尤廣大の軍艦なり長百二十メイトル巾廿五メイトル巾二十五メイトル程なりと覺へし夫より鐵器械製造所反射鎔鑛爐等御一覽及軍艦ニ用ゆる材木の細工等御覽夫ゟ臺場御越砲臺ヨ

石ニ而築立廣壯なるしゐ其妙を究メざるを覺ゆ砲ハ平常の三四十ポント位ニ而數多く並立あり夫ゟ潮の乾滿海の動靜を見る器械等御一覽軍艦修覆所ニ而ロヲシャンブロウといふ惣鐵船御越千三百馬力大砲凡三百ポント之筒廿五門程載せ一時間十三ヌーゟ十五ヌー走るといふ此港ハ軍艦幅湊之ためニ設けしなれはさして美麗なる製作所ハなけれとも海軍の器械ハ總而行屆けり（當時輻湊の軍艦五十艘もあり其中鐵艦五六艘ありといふ）第十二時御一覽濟御歸館午餐第一時半再ひ御發し馬車ニ而プラスダルムといふ市街の海ニ接せし處御通り其海岸ニ初代那破列翁の馬上ニ而英國を指せし銅像あり英人これゐためニ不快といふ海岸を御巡覽交易之港御通ニ而ルウルといふ岩石山ニ御登り其岩石上ニある砲臺御一覽此砲臺ハ敵の上陸して市街近傍の裏手とる砲發を防く爲なれ砲臺の製海岸ニ向はせ岩山ハ尤突兀として其巓ニ砲臺を設けしなれ自然の天嶮を存せり尤臺場の製は全備といへゐたし御一覽後再海岸御越小舟御乘組第三時半海中築出之石臺場御着此築出し臺場

は港口ゟ壹里餘海中の尤深き處ハ其形長堤のことく石ニ而築立ありて堤の長サ壹里半餘四ヶ所の砲臺あり丸く石砲塔のことし長堤之巾四間もある高く二段ニ築立高き段ニ大砲を備置けり長堤の鼻頭ニある石臺場の右なる海中ニ一の巨大なる砲臺アンヘリヤルと名く砲四百五十門を置といふ其外海岸ニ添ふて左右ニ四五ヶ所の砲臺あり其長堤の内ヘ軍艦の備所ニ而當時ヘ碇泊も少なりしか時ありては數百艘を碇泊せといふ御一覽濟第五時半御歸館

御夜餐後市中御遊歩此地人口四萬六千程なりといふ

六月十六日曇　火　　　八月四日

第七時客舍御發し一昨日到着之汽車場ニ而汽車御乘組八時十五分發軔十時半ゟ小雨來第十一時十五分カン着ホテルデアングレテイルといふ客舍御投館午餐後馬車ニ而市街を御遊覽市外よある陣馬飼置所御一覽厩四棟毎棟ニ百二三十宛其外ニ病馬養所手入所秣置所行届けり夫ゟ市街を行過

て田舎ニ出ホンテンアンリイといふ古城御越田舎道三里程なりといふ此城ハ昔時當地を領せる諸侯の居城といへしハ廓門の構いと警備なりし態を存せり御一覽濟第四時半カン御歸着古城廓小湊古寺院抔御遠見此地人口四萬八千人なりといふ夜餐後第六時カン御發軔第七時メストンといふ處ニハ巴里よりシイールブールの鐵道を替巴里ゟブレストの鐵道を取る夜十一時半マン御着ホテルジユドウハンといふ客舍御投宿

六月十七日晴　水　八月五日

午餐後客舍御發第十二時半發軔之汽車御乘組夜第十二時ブレスト御着ホテルドプロバンスといふ客舍御投宿

此日午後甚暑之車中其堪兼(マヽ)きを覺ゆ

六月十八日雨　木　八月六日

昨夜ゟ雨降出し暑氣ハ稍凌能し朝九時頃本地有名の古城鐵橋等御一覽午餐後港内なる製鐵所軍艦修覆所造船所小銃大砲之貯置所帆綱組立所其外

種々廣大之器械製作所御一覽第四時御歸館此日ゟ雨降霧多けれは海岸の方ゟは御越なし

第六時篤太夫ゟ巴里ゟ御用狀差出す

六月十九日朝雨夕晴　金　　　　　　　八月七日

雨歇けれは午餐後第二時港口御越小舟を雇へ海中を乘廻し湊內御巡覽此港內ゟ周圍九里餘も有之水丈尤深く天造の大港軍艦四百艘を容るといふ港口は左右とも岩山ニ突出し恰も瓢口のことく港口ニゟ巨大なる軍艦三艘當時運用ニ不便なるを碇舶し置水軍士官敎練をなさしむ其尤大なるゟブリダニイといふ船ニ而佛國第一の巨艦なりといふ佛人曰くシャルブールゟ切要之港砲臺之造築等實ニ天造を犯すといふほとなれともブレスト元の自然の嶮岨ニ如すと眞ニ天嶮の要地なるを覺ゆ第六時御歸館御歸路ゟ元の羽塘場御上陸夫ゟ新港ポウルナポレヲン御巡覽夫ゟ市街ニ逍園せし宏壯なる臺場を御一覽ニ而御歸宿

六月廿日晴　土　　八月八日

朝ブレスト御發第七時半發軔之汽車御乘組第十一時キャンペールといふ所御着此邊ハ海ニ接近して風色宜し市街の南涯の海ニ接せし所ニ大き。（な脱カ）る一軸の樹なり其葉叢茂して其影六千メイトルなりといふ夜第七時ナント御着ホテルドフランス御投館此地ハ巴里ゟ佛國西南地方への浴道ニて尤繁華之土地なり市街の延蔓せしこと凡五里程なり人口も拾壹萬六千人なりといふ市中を裁して一の河なりロワールといふ貿易の船艦サンナザルといふ港ゟ來り運輸便なれは交易も盛なりといふ御投宿も市中の央ニて諸事の設待も稍行届けれ

六月廿一日晴　日　　八月九日

第十二時ゟ馬車ニて市中御遊覽先ナウトルダムといふ寺院御一覽夫ゟ河涯を添ふて古城ニ至る此城ハ千四百年前餘本州を領せし諸侯の築成せしといふ城中御一覽奇事なし唯建築ハ總て大なる石ニて堅牢なり今ハ政府

ニ而不用なる武器抔貯置といふ御一覽濟奇古の寺院御越夫ゟ市民遊息の華園御越暫時御散步又書額貯所御越奇麗なる額面數多御一覽第四時御歸館

御夜餐後市中御遊步河涯御散步ニ而御歸館

六月廿二日晴　月　八月十日

朝第七時御旅館御發サンナザイル御越とて市街中の河口ニ而乘合の川蒸氣御乘組七時二十分發舸此日船中甚暑あらを眺望尤佳なり下流ニ隨而川巾廣く其河の海ニ注く所ニ至り而已恰も壹里餘の川巾なり第十一時二十分サンナゼリル着波塘場ゟ御上陸海岸船の所等第一覽夫ゟ廣大なる飛脚船の碇泊しなりしを御一覽此飛脚船メキシコ北亞墨ニ航を船なりといふ同地已近來新規造築せし市街ニ而戸々清白なり往年已ロワールの河深く大艦直ニナンントニ着せしゐ河瀨廣くなるに隨ひ砂を注き遂ニ港已サンナセイルニ造築し小船もて運輸をといふ第一時同所汽車場ニ而汽車御乘組

第三時十分バアスアンドルといふ處ニ而蒸氣船ニ用ゆる器械製作所御一覽此製鐵所ハ總而蒸氣船ニ用ゆる鐵器械之製造ニ而甚廣大ニハならされとも其製作之順序全備し毎事能行屆けり第七時ナント客舍御歸館

今夜御國之御用狀到着以爲候巴里表へ相廻候江城ハ今以官兵滯軍御家名之儀ハ何とも被仰付無之旨申越候北方諸侯王命を拒み追々ハ戰爭可相成由私狀等ニ而申越有之

六月廿三日雨　火　八月十一日

朝六時半客舍御發し第七時發軔之汽車御乘組第十一時ツウルといふ地ニ而午餐第二時五分ヲレヤンといふ市街を經過候此市街ハ昔年英人の佛國を襲ひし節ジヤンダルクといふ十八才之少女當時の佛王ニ申立謀を以てこれを守り少女之號令ニ而英人と戰爭大勝利遂ニ市街を取返せりといえり

第四時半巴里ガアルデヲレヤン着御迎之馬車も罷出三輪端藏小遣召連罷

出けをば直樣御乘組第五時半ハッシイ御旅館御歸着

六月廿四日晴　水　八月十二日

此間中の御旅疲且時候の不宜ニ哉昨日ゟ少〻小腫物御惱み尤御氣分ニ者御替無之

昨日到着之內用中水戸中納言殿御逝去之趣有之ニ付今日より五日之間御心喪被爲居候旨コロ子ル申達御稽古事も右日限迄相斷夜石見守貞次郎罷出る

六月廿五日晴　木　八月十三日

午後篤太夫セルセミジー罷越も夫ゟ貞次郞同行リユジユノヲトルダムデピクトワル飛脚船會社に罷越魯生出立ニ付船賃拂方荷物積出し方等取扱ふ歸路フロリヘラルト方罷越御歸巴之旨申聞る御借家之事御歸朝之事談判以為も荷蘭伊東玄伯に書狀差越も

兼而御誂之シヤスポウ四挺道亂共昨日コロ子ルゟ差出も

六月廿六日晴　金　　八月十四日

午後シヤンゼリゼイニ而國帝通行ニ付兵隊これを擁護し盛大之行軍なり尤恒例なりといふ御喪中ニ付御越ハなし

六月廿七日晴　土　　八月十五日

此日ハ初代那破烈翁誕生之辰日ニ而佛國中の大祭也四民共ニ其職を休知音抔尋問し其歡を盡せ

夜ハ王城之前ゟアルクデトリヨンフといふ巨大なる石門の邊迄道路の兩側之ガス燈一聯ニ照映恰も一帶の大道を錦もて縁せしことし王宮ハ更なり各處の巨屋富商ハ其家の軒をガス燈ニ而輝かし平民之家々も總而小提灯又ハ小さき硝器ニ光燭を盛りて點火せ滿城闔市の燭光空ニ映し恰も晝夜を辨せぬ程なり年々の恒例ニ而アルクデトリヨンフ門及城外壹ヶ所ニ而巨大之細工火なり夜第九時より發するを恒期とす固より士民縱觀なれは見物之人尤多し故ニ此夜ハ馬車及乗馬人の通行を禁せ夜第九時ゟ凱旋

門アルクデトリヨンフニ而觀火之擧有之尤盛觀なり此城門ハ王城の正面
拾五程(マヽ)も隔りて突然と屹立し殊ニ總而石ニ而築立有りし門なれは頗壯嚴
を盡せり石階貳百八拾五階高三拾間餘もある高く其最上の屋上ニ而放火
ヲ其盛ニ發する時ハ闔門總而火中ニ入りて色々の火光と餘烟とニて門の
全態ハ見へぬ程なり凱旋門ハ四力の街衢割出しの中央ニ在ツて何方ニ而
も觀火のなし易しとて近來此祭りの觀火同所ニ定め有り見物の人ハ八方
ニ塡途しこれを見る尤盛大なる祭日なり

六月廿八日　　日　曇　　　　　　　　　　　　　　　　　八月十六日

魯國生徒歸便ニ差出候御用狀認る

夕方石見守貞次郎罷出る

六月廿九日曇　月　　　　　　　　　　　　　　　　　　　八月十七日

此日御心喪御解御稽古御初相成

夕方御乘切平八郎コロチルヽ御供ニ而有之

七月朔日曇　火　　八月十八日

朝魯國生徒出立篤太夫汽車場迄罷越出立方取扱歸路荷蘭商社江罷越第十一月分迄一時請取方再應申談候夕方商社ゟ爲替金持参いた候

御歸朝之儀ニ付國帝ゟ御挨拶有之右ハ先大君より御頼之儀ニ付新政府江一應問合いたし度因而去第七月十九日佛飛船ニ而書翰差出候間右左右相分候迄御待有之度旨コロ子ルを以外國事務執政ゟ申越候因而公子國帝御逢之儀コロ子ル申聞事務（マヽ）政江申聞候樣仰聞

夕方御乘切篤太夫コロ子ル等御供いた候

七月二日曇　水　　八月十九日

國帝御逢之儀ニ付コロ子ル江再應嚴敷被仰聞有之午前コロ子ル外國事務江罷越候歸後ムスチイ外出ニ付不相分候旨申立る此夜御國新聞有之ラフランス之中日本之新聞大に其態を變し是迄強盛なる御門之兵大に敗走し大君の旗江戸及横濱に翻ハ尤強盛之趣なり御門ハ京師に退きて宮と唱ゆ

る大なる僧都の警衛を請居るといふ
右ニ付御歸朝之儀先國帝ゟ問合申遣し候御模樣ニ御任せ可然御決し國帝
御逢之儀御延行之旨申入る

七月三日曇　木　　八月廿日

篤太夫フロリヘラルト方罷越不在セルセミジー罷越新聞之儀申聞る第四
時御乘切平八郎コロ子ル御供セルセミジー御越六時御歸館
夜餐後御旅行之儀御狩之儀セルセミジー借家之儀ニ付コロ子ルゟ篤太夫
江申談有之御旅行ハ來月曜日之積御狩ハ御見合之積セルセミジーゟ貞次
郎江申遣候積ニ相答る

七月四日曇　金　　八月廿一日

伊太里國御越之節獵場頭取ニ而御獵御案内申上候者罷出る
來月曜日コロアーブル御越之旨コロ子ル申答る
夜クレイ罷出る御國新聞之儀ニ付御悅申上るシユレイゟ新聞御悅之儀書

翰を以篤太夫迄申越も
荷蘭伊東玄白ゟ御買上物代貳千七百フランク差立書狀申遣も
七月五日曇　土　八月廿二日
フロリヘラルト罷出る新聞之趣申上る
午後御用狀着御國出來新聞紙數多差越も此御用狀ハ閏四月十一日出延着ニ付別段新聞ハなし
七月六日晴　日　八月廿三日
午後石見守罷出る夜貞次郎罷出る
昨日ラフランス新聞中ニ御國新聞御家名田安家ニ而御相續一橋外國事務と相成候旨有之
七月七日晴　月　八月廿四日
兼而ロリアブルなる海軍器械の博覽會御覽之積なれは此日朝七時御發し馬車ニ而過日御乘組なりしサンラザルてふ汽車場御越直ニ汽車御乘組第

八時發軔御供ハ篤太夫涌之助端藏コロ子ル等なり此日天氣朗晴車中の眺望いと佳麗なり連日之雨よく塵沙を濕ほし車中塵埃の患もなく沿路ハ多く小山ニ而去あも樹木叢茂し處々の村落いと綿密に住居るさま時秋成なれは田野にハ耕鋤の農夫多く種々の器械もて耘鋤し原野に飼ふ馬牛羊ハ無爲悠然と其生を養ふさま目に觸れ耳に應していと幽情を催ふせり第一のスタアシヨンマントと云ふ處ニ而過日シヤルブールの鐵道を去れ夫ゟルワンはの鐵道を取る第九時半ウヘールノンといふ地着此地ハ壹ケの小市街ニ而馬車蒸汽車の器械を製する製鐵なりといふ第十一時ルワン着オテルアングレテイルといふ客舎御投館客舎ハセーヌ河の水涯ニ而聊眺望の慰なりされとも市中なれは河上ハ荷船多く碇泊し街衢ハ馬車の響ニ而頗る欝陶を覺ゆ

御投宿直ニ午餐夫ゟ馬車ニ而セイヌ河橋を渡り行程半里計ニ而一箇の村落に至る則木綿絲を製する場處也程なく一箇の製作所御越案内を雇ひ逐

一御歴覽先生木綿の塵埃と分割する器械より其清潔になりたる綿を繰する器械終に機もてこれを織成すまて一々御巡覽其精巧驚くへし感すへし其織成す器械は矢張蒸氣もて梭を運輸し其速なる見留めたき程なり一時間に二十九メートルを織るといふ御一覽後其製造所に隣れる精舍の製造所御一覽硝石琉黄樣々の製藥ランビキにて精舍するを逐一御覽夫ゟ原路を取り橋を渡り河に添ふて行程一里計一箇の染物形附の製造所御越白布練立晒物形附染上之順序を以一々御覽御歸路市街にて古寺御立寄サントウワンといふ大寺の樓上に御登り夫ゟ市中を奉行する役所の前を御通りジャンダルクといふ有名の小女の肖像ある地に御越此小女は佛王シャルル第七世の時年十八にて王の爲に兵卒を指揮し當時英人の巴里邊迄攻入りしを屢追退けし大勳功ある小婦なりしか不幸にしてユンビエンの戰に英人に生捕られ此地にて生なから焚殺されたりといふ故に今に至る迄人人これを尊敬し肖像を作りて其功績を追思すといふ市中御一覽濟第五時

御歸館午餐後河邊御散歩直ニ御歸館

ルワンハ巴里ゟ西陲の沿道ニテセイヌを帶ひ舟船の便あり地形小山多く土肥人富盛り人口凡拾萬以上なるといふ近郊ニハ種々製作所多けれは產物も富饒ニテ市街其潤澤せる態を現せり

七月八日晴夕驟雨輕寒　火　　八月廿五日

朝七時御旅宿を發し數十歩ニしてセイヌの河邊ロワアフルぇ便船の港ニ至る夫ゟ乘合の川蒸氣御乘組直ニ發舡川巾甚廣からされとも水多く兩沿ハ總テ小山ニテ高低處々の人家尤幽情を覺ゆ第十一時舟中ニテ午餐第二時頃より川巾漸廣し第二時半ヲンフロウル云地着旅客の同地ニ上陸する ものなる爲なりヲンフロウルも壹箇の港ニテ市街の位置山ニ添ふて佳麗なりロワアブルとセイヌ河を隔て相對峙す旅客の上陸も濟ぬれは直ニ船港を發し河流の海ニ注き出る處を横截してロワアブルニ航す時ニ風強く波高く船ロワアブル港ニ着せんとする頃ハ頗る動搖せり無程港口着入口

の波塘場ゟ御上陸左折して海岸に添ふたるオテルフラスカチイといふ客舍御投館御休息後御歩行ニ而市街港口御遊覽船入の周圍之舟船の輻湊せし處諸荷物船揚積入場其外御巡覽夫ゟ海岸に出新製の砲臺に登り御一覽此砲臺貳拾（年脫カ）以來の築造ニ而外面ハ石ニ而築立其内面及護胸壁等ハ總而土ニ而築立たり長凡半里餘もあるへく曲折して恰も長堤の如く其堤敷凡貳三十間もあると覺ゆ其高サ七八間護胸壁の巾三間余もありぬへし總而向低に築成せりいまた砲門の位置彈藥庫の設等ハ全備せされとも頗る堅牢と覺ゆ第五時半御歸宿第七時夜餐此客舍ハ尋常の旅店に異なり海灣に添ふて設待したる一箇の遊樂場なり食餐の間ハ海面に向ふて飲食中大洋を眺望す于時夕暉水に沈し數箇の漁舟ハ波間に漾々たるさま或ハ火輪の烟を發し雲波の際より航來する風情尤雅興を覺ゆワロアブルハ佛國西陲の一大港ニ而貿易尤盛なり舟船の入港日々の出入を除て外平生三四百艘を碇泊すといふ市街前半面ハ海灣とセイヌの河涯にて後半面ハ小山數多く

擁峙せり街衢市廛も佳麗ニ而稍巴里都の風情あり市街の中央と覺ゆる處ニ市中の會所あり其前街を巴里街といふ劇場遊歩所の設いと懇ニ設待せり人口も拾萬餘あり交易の盛なる馬塞里港ニも稍及ふへしといふ船入の堀廻し幾筋ニも分割して市街を經緯せし數百艘の連檣其間ニ林立せり

七月九日晴　水　　　　　八月廿六日

此日ハ本地の近郊を御一覽あるとて朝八時半御發馬車ニ而市街の西邊を過り小高き山上ニ至り二箇の點燈臺を御一覽此燈臺ハ電機火ニ而頗る精巧なるものなり入港の舟船夜ニ入れは其點火を目標として濤路を認む臨時奇變の節ハ火色ニて一瞬目の間四方江相通すといふ御一覽後近郊村落を御巡り御歸路市街を御通行ニ而御歸館第十二時半再御發し海軍器械の展觀場御越此展觀會兼而承込しニハ全海軍器の精巧新奇なるを集觀する由なりしか却而其器械ハ少しく唯日用席上の具衣服家財の類多く虛飾物而已ニて實用の具ハ甚稀なり器械の羅列せし中央ニハ各處ニ植込庭を仕

立遊人の目を慰しむ其中に一の觀魚場ありこは海魚の品類の尤奇珍なるを多く搩め海水を以てこれを養ひ數十箇の硝器筐に盛りて陳羅し生きなからこれを見せしむ甚珍奇なり御一覽後展觀場の傍に別に油畫の展觀あるを御一覽第三時御歸館第四時半海中ニて水練御稽古有之

七月十日雨　木　　八月廿七日

此日海を航して一箇の地御覽の手筈なりしか朝より風強く波高ければ御越はなし午餐前客舍の前なる海岸御遊步第十一時午餐直ニ馬車ニて市街を行過本地ゟ二里程余も東と覺ゆる一村落に至り古き小樓廊御一覽御着之頃より雨いたく降來り騷敷御一覽尤別に古奇にもなく只尋常の屋宅にて庭中に僅に草木の植並たる位なりしかは雨を犯して來りたる甲斐もなく一同不興に入らし第三時御歸館御休息後再御發ニて禽獸油畫其外奇古の品藏蓄せるミゼイを御一覽尤コロ子ルハ御供せす第四時半御歸館直ニ御夜餐第五時半同地御越汽車場ニて六時發軔の汽車御乘組沿路は夜中な

れは目ニ觸る物もなく第八時半ルワン御着夜第十一時巴里御歸着御出立
之節御乘組の汽車場御着菊池平八郎小遣を召連御出迎申上一同馬車乘組
夜十二時御歸館
今夜ラフランスの新聞ニ第八月廿四日ボワンデガウル出の報御國新聞帝の兵隊北方の諸侯を征討すといふことを報來す
七月十一日晴　金　　八月廿八日
明十二日より歩兵隊の下役士官御雇小銃手前御稽古初之儀コロ子ル申上る
獵御催之儀申上候處御延引之旨被仰聞篤太夫ゟ申斷る
御馬御稽古來水曜日より御初之積但水金兩日と申聞る
第八月ゟ御賄御入用仕上コンマンダンゟ差出す第九月分内渡いたす
篤太夫御入用調いたす蒸氣車札御買上勘定取調る
昨日荷蘭伊東玄伯より爲替請取候旨返書差越す第一時御乘切コロ子ル平

八郎御供第二時半御歸館

七月十二日曇　土　八月廿九日

朝七時半下役士官罷出る小銃手前御稽古御初相成月火木土四日朝七時半
ゟ九時迄之積申聞る

荷蘭商社ゟ爲替金一時請取方之儀ニ付篤太夫ゟ書狀差越ス

夜石見守貞次郎罷出る魯國生徒荷物貳箇到着いたす

七月十三日晴　日　八月卅日

常陸帶御寫本御初日木兩日宛之積尤外史御復讀も同樣可被遊外ニ土曜日
ㄹ御復讀而已之積御治定

七月十四日晴　月　八月卅一日

篤太夫荷蘭商社ゟ罷出爲替金三ヶ月分請取方談判いたす

弗相場承合ニ付ヲリエンタルバンクゟ罷越ス英國ゟ承合之上可申聞旨申

聞る第四時御乘切篤太夫コロ子ル御供

七月十五日晴　火　九月一日
朝ラフランス御國新聞有之第七月四日江戸城京兵ニ爲陥市中過半焼失之旨有之大坂ゟ十八里南方ニ而會津之兵薩摩勢州之兵と大戰爭薩勢敗走之旨有之其外朝命ニ而薩州ゟ御國ニ而外國之宗旨信仰禁制之旨北方諸侯英佛米ゟ申談有之候抔有之
七月十六日晴　水　九月二日
荷蘭商社ゟ九十十一三ヶ月分爲替金請取
此日御乘馬御稽古御初朝七時御越篤太夫平八郎御供
七月十七日晴　木　九月三日
午後第四時御乘切平八郎コロ子ル御供
日本外史御復讀御寫物有之第三時ゟ四時歩兵運動之手續書コロ子ルゟ申上る
七月十八日晴暑　金　九月四日

シーボルトゟ書翰差出ス御國新聞之儀御祝申上る
荷蘭レグーゟ婚姻御披露之引札差越ス
英國バンクゟ横濱弗相場書差越ス
荷蘭伊東玄伯ゟ書狀差越ス
栗本貞次郎罷出る安藝守書狀到着ニ付持參いたす同人外一同五月十七日
横濱着十五日ゟ十七日方迄江戸表おゐて彰義隊官軍と戰爭有之彰義隊敗
走江戸を被追拂右兵燹ニ而江戸市街過半燒失之よし御家名ㇸ田安龜之助
樣と相定御領分高等ハ未タ御定不仰出候由卽今之景況僅會津莊內王臣を
拒み六十余州大概王命を奉し候との趣其餘細聞候事共申越ス
夜石見守罷出る
七月十九日晴暑　土　九月五日
朝篤太夫ゟ伊藤玄伯江返書差遣ス
篤太夫フロリヘラルト方罷越連發銃大小共勘定仕拂以為ス

連發銃小之分ハ巴里ニ運送難出來ニ付直樣馬塞里ニ廻し置御歸朝之節御
持歸之積申談
御歸朝之儀御旅館御引拂之儀申談魯荷着之上可申上旨フロリ申聞る夫ゟ
貞次郎方罷越其段申聞置安藝守ゟ差送候新聞紙類到着ニ付持參いたす
七月廿日晴　日　九月六日
朝御用狀類到着但五月十一日御國差立之分江戸表戰爭之事御家名御相續
田安殿ニ被仰出候由其餘數々事情送來之新聞中ニ有之
公子御歸朝之儀再京師ゟ水戸表ニ御達相成長谷川作十郎ゟ御用狀を以申
上る御書付寫しも差越す尤近々爲御迎井坂服部兩人可罷出旨申來る因て
彌御出立之積御決其段夫々ニ申達す篤太夫ゟ前書之旨コロ子ルニ申達す」
コンマンダントニ御旅館御取片付之儀申談す
七月廿一日晴　月　九月七日
午後語學書學御稽古之儀ハ御斷之積コロ子ルニ申談す

右ニ付同人ゟ篤太夫迄種々申聞有之
篤太夫御達書之譯持參フロリヘラルトヘ罷越夫ゟ貞次郎方罷越いつれも
不在面會なし
英國ロエードヘ書翰差出ス御拂物之儀申遣ス荷蘭魯西亞等ヘ御歸朝之儀
申遣ス
七月廿二日晴　火　九月八日
語學御稽古晝前限午後ゟ御國學問可有之旨コロチル申達ス
篤太夫フロリヘラルト方罷越ス水戶表ゟ相廻候御達之譯相渡御歸朝之儀
申達ス明廿三日(九日)魯荷到着ニ付同道罷出可申上旨相答る栗本貞次郎罷
出る御用狀之儀ニ付內談有之
七月廿三日晴　水　九月九日
朝御乘馬御稽古御越
第二時頃魯節フロリヘラルト罷出る御逢有之魯節ゟ御國之事態申上る

御歸朝之儀魯節フロリヘラルトハ別段嚴敷御申達有之
明廿四日一同相集り候上魯節ゟ御國之事共申聞度旨ニ而五時頃集會之積
申談此段石見守貞次郎へも申遣ス

七月廿四日晴　木　　　　九月十日

第五時魯節フロリヘラルトコロチル等罷出石見守貞次郎篤太夫平八郎端藏とも出席魯節ゟ御滯留之方御爲筋之儀申上る再度朝命被爲受今日ニ至り御滯在ヨ御情義且御條理ニおゐて難被成因而來月佛郵船ニ而是非御歸朝之旨御申聞有之左候ハヽ私共ゟ申上候御懇親之御忠告ヨ更ニ御聽請無之儀ニ付別段申上方無之旨再應魯節ゟ申上候ニ付懇篤之忠告ヨ御聽請可被成候得共既ニ先大君朝命を以水戸表ニ御退隱尚又朝命を以水戸表ゟ御歸朝申越候上ヨ則先大君思召も御同樣之儀右等順序も不辨只管御國之變動を窺ひ歸朝延引候ヨ日本人ニヨ決して難成得儀情義大道とも取失候筋ニ付懇篤之忠告ニせよ難聽請旨御斷其夕夜餐可被下之處其儘退散フロリ

ヘラルコロ子ル共同道ニ而引取夜クレー罷出る御歸朝之儀ニ付今日之手續等申聞るクレー申立候ヿ魯節始一同心得違思召被爲立候處如何ニも不得止御正論早々御歸朝之方御手續可被遊旨申上る因而數々申談退散

七月廿五日晴　金　九月十一日

朝御乘馬御稽古御越

午後篤太夫フロリヘラルト方罷越も不在夫ゟ魯節旅宿罷越も不在クレー方罷越も不在ニ而罷歸る

コロ子ルゟ篤太夫ㇸ申談有之公子御歸朝御決之儀御直書ニ而御本書譯書共相願度且貞次郎篤太夫とも連印證書以差し候樣申談有之

夜右之儀ニ付篤太夫貞次郎旅宿罷越も

七月廿六日晴　土　九月十二日

午後篤太夫コロ子ル同道時計屋ㇸ罷越被下物御買上以差も

第三時貞次郎罷出る夜餐後貞次郎ゟ調印之儀ニ付コロ子ルㇸ違存申談候

處承引無之其夜御直書日本文西洋文共御認兩人證書等も相認る夕五時御乘切六時御歸館平八郎コロ子ル御供

七月廿七日　晴　日　　九月十三日

昨夜御認之御直書コロ子ルに相渡す

朝八時御乘切篤太夫コロ子ル御供

コロ子ル拜借部屋內之道具被下之積コンマンタンに被下之積篤太夫ゟ書翰を以コロ子ルに申遣す

七月廿八日　晴　月　　九月十四日

御出發之御斷書コロ子ルゟ外國局に持參いたす

夕方御乘切コロ子ル平八郎御供

篤太夫フロリヘラルトカレー方罷越す石見守貞次郎旅宿方にも立寄罷歸る

七月廿九日　晴　火　　九月十五日

午後シユレイ罷出る同人儀來十月佛船ニ而御國出立之旨申上る御逢有之」

シーボルト書狀來る御歸朝之日限承度申越候間不相分旨且御歸國之節ハ御同道ハ難相成旨篤太夫ゟ申遣候

伊東玄伯ゟ返書來る夕方貞次郎罷出る

八月朔　晴　水　　九月十六日

朝御乘馬御稽古

午後クレイ罷出る篤太夫フロリヘラルト方罷越御旅館之儀其外御用筋談判以爲候

夜石見守貞次郎罷出る御國行御用狀認る

八月二日　曇夕雷雨　木　　九月十七日

朝篤太夫平八郎コンマンダント同道御用御買上罷越候鐵砲屋寫眞店地圖屋遠望鏡店等罷越御買上物相調ひ罷歸る

午後篤太夫平八郎涌之助同斷ニ付罷出仕立屋時計屋等罷越候

夕方御乘切端藏コロ子ル御供
第十時御國行御用狀フロリヘラルト方江差立る
八月三日曇　金　九月十八日
朝御乘馬御稽古御越
八月四日晴　土　九月十九日
記事なし
八月五日半晴　日　九月廿日
朝八時御乘切平八郎コロ子ル御供十時御歸館午後書師罷出御寫眞有之
篤太夫平八郎巴里墓所見分夫ゟヒツトシヨウモン罷越
朝御用狀到來生徒御手當金之儀ニ付貞次郎へ廻ス
八月六日曇　月　九月廿一日
朝八時井坂泉太郎服部潤次郎着御國書幷參政方ゟ外國事務江書翰持參御歸朝御迎として罷越ス

貞次郎篤太夫等ニ御用狀有之御書付類封入
若年寄ゟ御歸朝之儀ニ付申上る
前上樣御意書淺野美作ゟ申上壹封
午後石見守貞次郎罷出る石見守儀御歸朝御供之旨江戸表ゟ被申付
前書御國書幷外國事務相達候書類翻譯貞次郎持參罷歸る
シーボルトゟ篤太夫ニ書狀差越ス

八月七日雨　火　九月廿二日

朝御用荷物詰込取計ス被下物調分取計ス
荷蘭伊藤玄白シーボルト等ニ篤太夫ゟ返書差越ス
夜篤太夫セルセミジー罷越ス翻譯物貞次郎風邪ニ而出來兼候儀申聞候ニ付持參罷歸涌之助相伴ひ右翻譯取計ス

八月八日晴　水　九月廿三日

朝御乘馬御稽古御越

翻譯物添削教師ゟ申談右之趣篤太夫ゟ外國事務達し方コロチル申談候處
取扱差支之旨申立候ニ付フロリヘラル方持參譯書之寫相達手續申談同人
明日外國局相越否可申越旨引合罷歸る御用荷物詰込ゟ為し
八月九日曇　木　　　　　　　　　　　　　　　　　　　　　　九月廿四日
朝御用荷物詰込ゟ為し
午後一時御乘切篤太夫コロチル御供ホワデフロンよりガラントアルメイ
街ゟ出初代那破烈翁の肖像ある場處ゟ左ゟセーヌ河の橋梁を三度經過サ
ンセルマンといふ大なる森の邊迄御越ウイルサイユゟ激上する水車の器
械を御通掛御覽四時半御歸館往返拾壹里程
夜篤太夫涌之助御買上物ニ付巴里ゟ罷越し
八月十日曇　金　　　　　　　　　　　　　　　　　　　　　　九月廿五日
朝御乘馬御稽古御越
御用荷物詰込ゟ為し

夜フロリヘラルトゟ篤太夫ニ書狀差越ヿ外國事務ムスチイ外出ニ付御書翰類相渡方之儀ジェフロワと申談之上可申越旨申來る尤もフロリヘラルト明日外國局罷越可申旨申來る

八月十一日曇朝晴　土　九月廿五日

昨日飛脚屋ゟ英郵船來十月四日馬港出帆之積申聞ニ付爲承糺篤太夫クレー方ニ罷越ヿ十月十一日出帆無相違旨申聞る

今朝御乘馬御寫眞被遊

御國御用狀差出ヿ開成所組頭迄壹封差出ヿ御出發之日限粗相定候旨申遣ヿ

夜フロリヘラルトゟ書翰差越ヿムスチイ歸着ニ付篤太夫ゟ書翰を以公子同人御面會之儀申遣し御書翰類御渡相成候方可然申來る

山高石見守罷出る

御仕立師ブウシ御衣服類持參いたしヿ

八月十二日曇　日　九月廿七日
朝外國局江公子御越之儀ニ付篤太夫ゟ書翰差越ス
御用荷物詰込以爲ス
栗本貞次郎ゟ篤太夫江書狀來ルシーボルトゟ同斷
伊東玄伯江篤太夫ゟ書狀申遣ス御出發之日限申送る
八月十三日曇　月　九月廿八日
御書翰類御渡方ニ付公子外國局御越之儀コロ子ルゟ彼是申立ニ付午後篤太夫コロ子ル同行フロリヘラルト方罷越不在ニ付シベリヨン面會夫ゟコロ子ル外國局江罷越第四時歸宿御書翰請取方ハ國帝近日歸巴ニ付其節請取相成候樣申立る因而尚又コロ子ルゟ申聞是非其前相渡申度掛合篤太夫コロ子ル同行外國局江罷越執政之下役所頭江面會申談役所頭ゟもコロ子ル申立候通申答有之ニ付無據罷歸る
八月十四日曇　火　九月廿九日

朝英船御歸國之儀コロ子ルヘ御達相成但十月十一日
午後フロリヘラルト罷出る英船佛船之儀ニ付同人見込申立る御考之上被
仰聞旨御答相成
御書翰類寫改而外國局ヘ差出候方可然旨フロリヘラルト申聞る
八月十五日曇　水　九月卅日
朝コロ子ルを以十月十日英船ニ而御發之儀外國局ヘ屆遣ス
語學教師ボワシエールル書學教師チソウ小銃手前教師スピルモン等御暇被
下有之
篤太夫フロリヘラルト方罷越御差急ニ付英船御出發之儀申達御旅館向御
勘定向之儀談判いたす
御書翰類寫譯書共コロ子ルを以外國局ヘ差出ス
篤太夫午後セルセミジー罷越ス御出立之儀其外貞次郎へ申談ス
八月十六日雨　木　十月一日

朝コロ子ルコンマンダン江御暇被下物有之
篤太夫フロリヘラルト方罷越ス御引拂之儀ニ付諸事談判致ス
御備金之内ニ而六萬フランク佛國ソシエテイゟ借用之内渡其外博覽會品
物賣拂代及御旅館御道具賣拂代其外追而賣拂次第フロリヘラルト江相渡
同人ゟソシエテイ江相渡候積尤御旅館御道具賣拂方ハコンマンダン取扱
之積談判致ス英國ロエド江賣拂物之儀候付再書翰遣ス
蒸氣車賣拂ニ付フロリヘラルト江相托ス
篤太夫クレイ方罷越し談判夫ゟ英國飛脚船會社江罷越ス
午後書師チソウ宅御越端藏コロ子ル御供

八月十七日曇　金　　　　　十月二日

朝御乘馬御稽古御越
篤太夫英國飛脚船會社罷越上下九人外小遣壹人之船部屋申談代金半方相
渡殘金來水曜日相渡候積申談荷物ハ來月曜日車相送可申旨引合致ス

御借家證書篤太夫持參フロリヘラルト相渡此度相渡置候御借家代請取四
度壹ヶ年分をも相添渡も
山高石見守來る
八月十八日雨　土　十月三日
朝御用荷物詰込以為も
午後英國飛脚船會社之者罷出る船部屋無之旨申聞る但來月曜日第二時迄
ニ有無返答可及旨引合罷歸る
教師ホタシエール書學教師運動術教師御馬教師等御招御同案之夜餐被下
一同御相伴運動術教師等被下物有之
夜貞次郎罷出る英國生徒佛國生徒御手當御國ゟ相廻候分勘定書佛貨とも
請取フロリヘラルト被差遣書翰之儀談判以為も
貞次郎に被下物有之
八月十九日曇　日　十月四日

朝九時コロヂル妻之姉之宅ビロウフケー御越篤太夫平八郎涌之助コロヂル御供同所ニ而午饌午後近邊の野ニ而畋獵夕第六時半御歸館

夜九時半伊東玄伯到着いたす

八月廿日晴　月　　十月五日

朝篤太夫フロリヘラルト方罷越す同人不在ニ付東洋バンク罷越夫ゟ飛脚船會社罷越荷蘭バンク罷越す

飛脚船十月十一日英船江部屋無之旨ニ付會社頭取同道ニ而夕五時頃歸館

其段申立佛國飛船十九日分ニ可致申談差返す

午後フロリヘラルト罷出る篤太夫不在ニ付書翰差置罷歸る

栗本貞次郎來フロリヘラルトは差越候書翰持參勘定書持參いたす

八月廿一日晴　火　　十月六日

朝八時御發ホンテンブロー御越平八郎端藏潤次郎涌之助コロヂル御供夜第十一時半御歸館コンマンダンゟ八月九月分勘定書請取

篤太夫フロリヘラルト方罷越御旅館及博覽會品物之儀ニ付向後取扱方之儀書翰相渡𛂞但日本書翰佛文譯書共貞次郎篤太夫調印夫ゟフロリヘラルト同行請負人方罷越フロリヘラルトゟ向後諸事委任之旨申達し篤太夫ゟ證書相渡𛂞

英國飛脚船會社罷越英船部屋無之ニ付佛船ニ𛁈𛂦し候旨相達第一時歸宿

第一時御用荷物差出𛂞但佛船ニ而相廻候積夕六時再御用荷物都合六拾壹箇内貳箇殘し置差引〆五十九箇渡此嵩貳拾貳キユーブ但六千キロ程馬塞里迄御急ニ而差出候事

八月廿二日雨夕晴　水　十月七日

朝英國飛脚船會社支配人バアビイ罷出る佛國飛脚船部屋其外代金等之儀申聞る

第十二時半篤太夫フロリヘラルト方罷越同人同行ニ而佛國飛船會社罷越船部屋荷物等之儀談判𛁈𛂦𛂞夫ゟ御借家請負人トラバルム方罷越御借家

代期限迄相拂諸事取究いたす篤太夫已夫ゟ英國飛脚船會社罷越最前相渡す手附金請取戻し談判いたし夕六時歸宿

フロリヘラルト立替諸勘定向同人に相渡す

英船差支ニ付佛船と相成候旨コロテルを以外國局に相達す

御書翰達し方も催促いたす佛帝近々歸巴ニ付着次第御逢可申（マヽ）越若又遲滯候ハヽ帝罷在候ビヤリストと申地に御越之儀御案內可申上旨外國局挨拶之趣コロテル申聞る

八月廿三日晴　木　　十月八日

午後牛羊を殺し肉を鬻ふ場處御見物

篤太夫フロリヘラルト宅罷越諸勘定向相渡御旅館借料不足之分增相渡佛國商社に返金拂貨六萬フランク相渡す

蒸氣車札御拂代同人ゟ請取差引調いたす

英國飛脚船世話人に書翰差遣すフロリヘラルトゟ同斷書翰差遣す

篤太夫東洋バンク罷越横濱爲替金六萬フランク相渡ス
同人クレー方罷越同人ゟ御國新聞前上樣御事公子御模樣柄南北諸侯之事共有之
篤太夫クレー同行佛國飛脚船會社罷越船室承合荷物之儀申談
石見守ゟ荷物之儀ニ付篤太夫ゟ書状遣ス
夕四時御乘切コロネル御供
八月廿四日晴　金　十月九日
朝御乘馬御稽古御越
荷蘭御買上物代金調伊東玄伯相渡勘定差引いたす
御入用出入調いたす
御入費出入調分コンマンダント差出候勘定書調分譯書いたす
夜クレイ罷出る昨日御國新聞有之旨申上る
石見守罷出る篤太夫ゟ諸勘定差引相渡

八月廿五日晴　土　　　　　　　　　　　　　　十月十日

篤太夫御旅館御入費仕譯取調以《もつ》てなす

午後同人英國バンク罷越横濱爲替佛貨六萬フランクの證書請取

第一時半敷物製作所ゴブラン御越篤太夫平八郎コロ子ル御供本地ニ而製造敷物ハ多く人物奇草佳木の花模様抔製する場所ニ而政府ニ而立置なる地なれは別ニ利益ニ係はらす唯其品物の美なるを盡し其價を論せすといふ製作所ハ小なれとも其製し出す品類は頗る佳麗のものなりし同所支配人御案内申上右敷物ニ用ゆる毛綿絹糸の類數多色分の部類を分ち御覽ニ入る總而精舍術ニ而其色類を分ち其種三萬以上の部類なりといふ御一覽後ブウルバアル御通行獸鳥魚の肉及野菜物抔賣買する廣大なる市廛の前御通行御一覽第四時半御歸館

夜クレイより篤太夫へ書翰差越し御國より借用相成居候商社より引負金高申越す

朝九時御乗廻しコロ子ル御供
八月廿六日晴　日　十一月十一日
朝九時御乗廻しコロ子ル御供

御巡國日錄　全

御巡國日録

慶應三丁卯年三月中西洋千八百六十七年第五月中法郎西國都府巴里斯ニ而博覧會と唱へ世界にあらゆる物産を集會せる大學なるにとて同盟之國々よりいつれも公使を出し其擧に赴かしむるによりて忝しなくも徳川民部大輔殿我大君殿下の台命を被爲　蒙御名代として其會に被爲赴尤も會終り御使命被爲濟候上は同國に御留學可被成旨をも被爲　任御附添には御作事奉行格御小性頭取山高石見守彼地御用筋幹事として被仰付御目付松浦越中守は黄賓港迄諸事取扱候樣とて御供被仰付其他御醫師高松凌雲砲兵差圖役頭取勤方木村宗三俗事役御勘定格陸軍附調役澁澤篤太夫は御差添被召連御扈從ハ菊池平八郎井坂泉太郎頭取ニ而加治權三郎皆川源吾大井六郎左衛門三輪端藏服部潤次郎七人黄賓迄の御警衛は折節歸府いたし候遊撃隊

之者ニ而相心得（松平肥後守殿家来横山主税海老名郡治佛國留學願濟ニ付御同船御供被差許）御支度も萬端取調ひ諸事御手順御行届ニ付正月三日京都御出發と治定いたし

正月三日晴　西洋千八百六十七年二月七日朝九字京都御旅館内なる御住居御出發御乗切ニ而伏水御着淀川筋御乗船即夜大坂御着同所西本願寺御旅館御供之向は石見守越中守高松凌雲及御小性七人ニ而木村宗三澁澤篤太夫は御用荷物ニ附添二時頃京地出立伏水ゟ夜船翌曉七時着坂いたし

正月四日晴　二月八日

曉六時御供揃ニ而御出立西之宮御晝食夕五時兵庫津御着（此日兵庫ニ而湊川のかなたなる楠公之墓碑ニ御參詣被遊）御本陣衣笠亦兵衛御旅館此日　公子ニは御乗馬ニ而御供方は歩行なれは一同疲勞いたしぬ俗事役澁澤篤太夫は坂地ニ而御買上品有之ニ付同日九時同所出立夜十時兵庫着いたし此夜當地迄御供いたしぬる役々其外ニ御警衛骨折候ニ付子銀を被下

正月五日晴　二月九日

兵庫より横濱迄の御召船は長鯨丸といふ御船と兼て治定いたしぬれは朝七時爲御船見分俗事役澁澤篤太夫罷越船長幷俗事之向ニ御乘組之手筈引合およひ晝十二時御乘組（此日兵庫ニ而は公子の御乘組を見送り奉るとて長幼となく海岸に蟻集して拜しぬ）四時頃同所御出帆此日今般佛行御附添之外國奉行向山隼人正支配調役杉浦愛藏とも急御用ニ而上京いたし御用濟直ニ御供いたすとて早追ニ而今朝當地ニ着しぬれは直樣御同船ニ而御供いたす

正月六日風雷曉輕雷　二月十日

昨夜より天氣あしく東南の風はけしく雨を交ゐ風濤殊にはけしく曉にいたり紀州大島に船を繫き風洋を見合せぬ晝第二時頃雨歇ぬれとも風尙つよけれは出帆なく大島村ニ御上陸所々御遊歩蓮生寺と申寺院ニ被爲入暫時御休息ニ而御歸船

正月七日風雨　二月十一日

昨夜より風替り西北の風いと烈しく朝八時頃天氣晴て追々風も穩になる

とて晝第一時頃同所御出帆のところ風斜ニ吹當り船の搖動つよく折ふし
は風潮甲板の上をそゝきけれとも　公子は更ニ御いとひなく歩行し給ふ
夜ニ入て追々風洋よく蒸氣無弛翌遠州灘ニいたれハ此日本船役々水士迄ハ
爲樽代金貳拾五兩を被下一同難有御禮申上る
正月八日晴夜雨　　　　　　　　　　　　　　　　　　　二月十二日
曉之頃富峰を東北ニ見る次第ニ順風ニ而船の搖動も少しく夜ニ入り浦賀
の沖ニ而ゑる折ふし烟霧くらけれハ暗礁の恐れありとて其夜は同所ニ錨
を投しぬ横濱迄の舟行日々の里數幷東經北緯の度數等は日本船ニ而知り
難けれハ之を略す
正月九日晴　　　　　　　　　　　　　　　　　　　　　二月十三日
朝八時黃賓御着船卽刻外國奉行川勝近江守平山圖書頭栗本安藝守本船ハ
罷出御機嫌を伺十時頃佛國全權レヲンロセス同國水師提督とも御船迄罷
出て御安着を祝す引續て御老中小笠原壹岐守殿若年寄立花出雲守殿海軍

奉行並大關肥後守大目付瀧川播磨守御勘定奉行小栗上野介神奈川奉行早川能登守水野若狹守御目付赤松左京御機嫌伺として罷出る第一時　公子は小船ニ而佛國の軍艦を御訊問のところ彼國軍艦より二十一發の祝砲を打砲し敬禮をなせるにより神奈川の砲臺よりも同樣の打砲して答禮せり御訊問後　公子は修文館ニ被爲入暫時御休息御供之向は夫々手分ニ而御用物運輸又は諸事引合等精々行屆きぬ（此日第二時後ゟ石見守は支度取纏ニ而江戸表ニ罷越そ）此夜七時佛國公使ゟ御招待申上けされ夕七時頃より當地なる佛館ニ被爲入御相伴は前の役々數員罷出御饗應相濟修文館ニ御歸宿被遊

此夜佛國ミニストルニ爲御土産大和錦二卷を被遣

正月十日晴　　二月十四日

此日は修文館御逗留明十一日佛國飛脚船出帆の由なれは夫是御用取扱御用意金爲替方飛脚船各室割合其外御用荷物積込等無手落果しぬ　公子には此夜も佛國公使の御招待ニ而前夜の刻限を以御越なされぬ御相伴も前

夜同様ニ而種々御饗應夜十時頃御歸宿（此日夕五時頃石見守江戸表ゟ罷歸る）是迄御警衛いたせし遊撃隊御用濟ぬれは明日歸府可致旨申達し爲酒代金子七兩貳分一同江被下

正月十一日曇朝微雪　二月十五日

朝七時飛脚船御乘組御附添役々も追々乘組たれハ九時半横濱御出帆此日御老中壹岐守殿始諸向役々本船江罷出御見立申上候佛國ミニストルも同様御見立として罷越も御出帆後一行之役々外國奉行支配組頭田邊太一已下御目見被仰付（壹岐守殿家來尾崎俊藏と申者も肥後守殿家來同様留學願濟ニ而御同船御供いたす）

御附添役々名面左之通

御勘定奉行格
外國奉行　向山隼人正

御作事奉行格
御小性頭取　山高石見守

歩兵頭並 保科俊太郎

奥詰醫師 高松凌雲

大御番格砲兵差圖役頭取勤方 木村宗三

外國奉行支配組頭 田邊太一

御儒者次席同飜譯御用頭取 箕作貞一郎

小十人格砲兵差圖役勤方 山内文次郎

外國奉行支配調役 日々野清作

同 杉浦愛藏

御勘定格陸軍附調役 澁澤篤太夫

外國奉行支配調役並出役
生島孫太郎
外國奉行支配通辨御用
山內六三郎
御雇
民部大輔殿小性頭取
菊池平八郎
井坂泉太郎
同
同中奥番
加治權三郎
大井六郎左衛門
皆川源吾
三輪端藏
服部潤次郎
外
隼人正從者
壹人

石見守從者　壹人
小遣之者　三人
隼人正以下
總計人員貳拾五人

右を一行として其他此度佛國ゟ諸世話取扱として爲附添候同國人シユレイ、獨逸國ベーレーン人アレキサンドルフヲンシーボルト是ハ本國歸省之處永々横濱表滯在御邦言語ニも相通せしニより同行せしめ右主從四人ニ而都合一行人數貳拾九人となりぬ

正月十二日晴風北　北緯三十二度五十五 東經百三十二度三十三　速三百里　二月十六日

北緯東經并舟行の里數は其日之模樣ニ而船中張出しなき日もあれは取次慥ならす

順風なれとも風故舟中搖動し甚隨意ならす朝第九時紀の大島を過る五六日前碇舶せしを思い出して蒸汽船の速なるを覺ゆ第一時過土佐の地方を認る本船より一里先ニ英國メール船の駛行を見る夜ニ入り雨降出し風東となる終日船の搖動は止まされとも一行のもの更に疲勞の氣色なし

正月十三日曇夕晴 北緯三十度五十六 東經百三十度四十八 速　二月十七日
前宵ゟ雨降り風西となる第十一時頃土非崎ニ並ひて航し第一時薩摩鹿兒島港口を過る此日は雲霧糢糊として眺望随意ならも薩摩大隅の地方邊處處雲間ニ見る名ニしおふ海門嶽も雲靄ニて半腹より見ねも追々船搖動せり

正月十四日曇又雨 北緯三十度五十 東經百廿三度〇六 速二百八十里　二月十八日
曉より西風烈しく船の搖動甚しく折ふしは風潮の甲板上を灑き又は明り窓より各室ニ打入或は餐盤上の器械を覆し抔して物をおき様なれは　公子ニも終日船室ニましく〱一行の者ハ總て海疾ニ腦まされ各室ニ枕籍して甲板上もいと物淋しく餐盤ニ附し者は十ニ壹二なりし十五日の曉ニいたり船揚子江ニ入りて漸搖動も靜になり人々喜悦の色を顯はせ

正月十五日曇 北緯 東經　二月十九日
拂曉より揚子江ニ入りぬされは海色黃濁ニて風波も高からも揚子江は支那

第一の大河なる黄河の海に注く處ニ而兩岸ともに眺望とゞかす渺茫たるさま大洋に異ならすやかて河はゞのせはまりしと見へて遙に兩岸の樹色を見る第十一時呉淞江といふ枝流に遡りて投錨し直ニ小船ニ而上海港御上陸アストルハウスといふ西洋旅宿ハ御旅館まし〳〵ぬ一行のもの一同御供いたしぬ暫くして當地在留佛國のコンシユルセ子ラール引續て英國のコンシユル等罷出御機嫌を伺ひ御安着を祝す佛國コンシユルセ子ラールは明日御遊覽のため第十時に馬車を備御迎ひ申上度儀を申上る此夕は搖動の憂もなけれは　公子を始め奉り一同安眠いたす

正月十六日曇　二月二十日

朝來淡陰微暖ニ而春めきたる趣をなす第九時頃佛國軍艦プリモケーの提督ホシエー副將二員と共に御旅館に來り御安着を祝す呉淞江狹くして人家に近けれは祝砲の式なしかたしとて軍艦ハ御尋問は御斷申上る第十時作日約束せし佛國コンシユル館ハ被爲入隼人正石見守其他役々御供して

上海城邊處々御遊覽被成ぬ昨日の御答禮とて英國コンシユル所へ御立寄ニ而御歸舘御留守中英國東洋備の水師提督代任ハスヱル御尋問申上る御他出中なれハとて名刺を請取て是を返しぬ佛國コンシユルより　公子の御名號漢文字ニ而伺度由申來たれハ則日本大君親弟從四位下左近衛權少將德川民部大輔源昭武と記し送り遣す第二時頃當地道台支配向なる張秀芝陳福勳といふ二人之者名刺を出して御起居を伺ふ兩人とも卑官なれハ面謁は乞はすとて隼人正石見守其他數員の役々ニ而面會し來意を謝す兩人共ニ恐縮の体ニ而鎭臺の參上せさるを陳謝す且相應の御用相勤度旨を申述る（此節の通辯はシーボルト并佛のコンシユル所の士官なり）此方よりも相當の答禮して差返しぬ夜五字頃ゟ公子并隼人正石見守通詞旁保科俊太郎とも御供して佛のコンシユル所へ御越被成種々御饗應申上船中御慰とて支那茶二函を獻す第八時頃御歸舘

正月十七日晴（北緯三十一度十五　東經百十九度〇九）　二月廿一日

此日飛脚船出帆なれはとて朝より行李取おさめ諸方の御答禮等取濟し公子はハッテーラニテ本船に御乗組一行も追々乗組ぬれハ第一時頃上海を御出帆元と來りし揚子江を下り洋中ニ出る風穩ニテ波なくして船中平寧なり上海ニテ調へしと見へて夕饌ニ魚類を多く饗す昨夜御饗應の御挨拶として緋縮緬壹疋を佛のコンシュルセ子ラールに被下　此日御邦に第一號の御用狀差立る

上海は吳淞江ニ沿たる一街衢ニテ西洋諸國商人の出店も多くなれハいと賑はしき土地なれとも支那從來の街衢は狹隘ニテ甚汚穢を究む就中上海城といふ城中の市街は酒肆肉舗の類の多けれハ臭氣堪難し土人は陋劣ニテ然も浮薄の体なり非人乞食の類多し本邦の政態も一斑を見て推計るへきを覺ふ

正月十八日曇　北緯二十八度十一 東經百十九度三十二　速二百六十五里 香港迄五百七十五里　二月廿二日

洋中ニ出て稍過ぬれとも黃河の餘濁と見へて海水黃色なり時々支那地方

を西の方に見る波濤靜かに船穩やかなれば一同釋然の想をなす

正月十九日曇　北緯廿四度十九　東經百十六度二十八　速二百九十里　香港迄二百八十五里　二月廿三日

朝より海色漸淺黃となりぬ風和らかに時候長閑なり船の右手支那地方に處々漁船の帆影を見る夜に入ても船中穩やかなり

正月廿日晴　二月廿四日

此日は快晴にて舟中搖動の憂なく氣候清溫ニ而頗る春色を催す支那地方の山々を見る潮州邊にもありなんと想はる第十時頃香港御着船　公子は本船のバツテーラニ而御上陸被成同所旅店ホテルデフランスといふ客舍に御投宿しばらくして香港英國の鎭臺アジユダントをして御起居を伺ふ此方より隼人正罷越して答禮す御供の役々引分れ過半本船に罷歸る

正月廿一日晴　二月廿五日

此日同所御逗留朝十時頃當地にある銀座御一覽御歸途より隼人正英國軍艦フリンセスロヤルに罷越水師提督を訊問す午後第二時佛國之コンシユ

ル御機嫌を伺ふ第三時本地の英國獄舍を御一覽夫ゟ市街御遊覽此日御同船せし瑞西商人の沓を獻せしかは御挨拶とし縮緬壹反を被下此夜旅舍の夜餐ニ氷製の菓子を餐す其味甚美なり香港は英領なれは市街も多く歐洲ニひとし其中支那街衢もあれとも上海の比ならす土人も上海ニくらぶれハ其優を覺ゆ英國獄舍の宏壯ニ而行屆たる樣且其罪人ニ各其業を營ましむる處置等の遺漏なきニ一同感し入りぬ其一端を見ても本國の富强なる推て知るに足るへし

正月廿二日曇　二月廿六日

朝本地鎭府ゟ御滯在中夫是配慮せし挨拶とて隼人正可罷越旨申遣せしニ鎭臺の他出せし由ニ而陳謝あれは同人は佛國のコンシュルを訊問し第十一時公子はバッテイラニ而佛の飛脚船御乘組被成尤是迄航來の飛船アルヘーは當地限ニ而昨日とり同國飛船アンペラトリースといふ船ニ乘替ぬ右はいと大なる船ニ而然も壯麗を極めたり佛國コンシュル爲御見送本船

迄罷越す第二時御出帆第四時頃海安地方を認る夜に入りて船少し搖動せり今朝御國に出狀之便なれとも差向たる御用のなけれは略しぬ

正月廿三日晴　北緯十八度四十　東徑百八度五十一　寒暖計七十五度　速二百七十八里　柴棍迄六百三十七里　二月二十七日

昨日迄の寒暖は大概御國にひとしけれは度數を記することを略す

濤路の追々熱帶に進めるにより暑氣增して御國四五月の候と覺ゆ洋中は風冷にてさまてに難堪を覺えす此日は順風ニ眞帆打挂舟行如意四方に認むる地方もなく甲板上の眺渺邈たり昨日香港を發せしより今日第十二時迄二百七十八里を航し是より柴棍迄尚六百三十里余なりといへり

正月廿四日晴　北緯十三度五十五　東徑百七度二十三　寒暖計七十六度　速三百里　柴棍迄三百三十七里　二月廿八日

昨夜より暑氣稍增して航海の南移せしを覺ゆ風波は殊に穩かに時々安南の小島を見る第十一時遙に帆前船の駛行するを見る

正月廿五日晴　三月一日

朝より次第に地方近く第十二時瀾滄江の入口なる燈明臺山の麓にいたり

此邊より水先案内之者本船に乗組て川口に入りぬ上流に遡ること凡六拾里計にて川幅も漸狭く或ハ曲折せし處にては船を戻して揖を換へ兩岸とも切迫すれとも水深しと見へて舟行隙りなく岸は椰子《ヤシ》又は榛の木様の雜木叢茂して緑葉繁鬱せり夕六時柴棍の碇泊所に到る日暮たれハ御上陸はなし本地は安南地にて四五年前より佛國の分取せし土地なりといふ夜に入鎮臺の名代として使節の者本船に罷越明日御上陸の時刻馬車御迎の手筈等申聞る此夜は風冷しく氣候秋の如く兩岸とも滿緑の草木種々の蟲聲の澄わたりて聽えけれハ殊更に幽情を催す

正月廿六日晴（北緯十度七 東徑百七度 寒暖計八十三度）　三月二日

朝七時御迎船來りけれハ公子は直様御上陸御供は隼人正石見守其他扈従の向陪従せり御上陸の節軍艦にて二十一發の祝砲を發す騎兵半小隊程にて馬車の前後を警衛申上る本地鎮台を御尋問のところ茶を奉り武樂を奏す且本國博覽會に傚へしとて様々の樹木禽獸抔取集めありしを御一覽夫

ゟ市街御遊覽第十時御歸船暮五時ゟ尙又鎭臺ゟ御招請申上けされ隼人正石見守其他御扈從向御供ニ而被爲入種々御饗應當地在留の諸士官相つとへ音樂を奏し御旅況を慰む夜十時御歸船

正月廿七日晴　寒暖計八十七度　三月三日

本船は飛船なれは朝ゟ旅客の乘込ぬる事いと多く中ニ婦人小兒抔も見へ又荷物を多く積ならゐ甚鬱陶を覺ふ晝十時御發船瀾滄江を下り四時頃川口なる燈明臺山の麓ニ到る先ニ乘組し水先案内は是ゟ歸る追々大洋ニ駛航も片帆なれとも風追手なれハ舟脚早く甲板上も風故ニ暑氣稍凌よし

正月廿八日晴　北緯六度二十一　東徑百三度五十一六　寒暖計八十二度　速二百四十七里　新嘉坡迄三百四十一里　三月四日

風前日ニ同しく片帆眞切ニ而舟行尤疾し晩餐ニ御國白瓜樣の菓を饗も酸を加へて食も味ひ美なり

正月廿九日晴　北緯一度四十五　東徑百二度十三　寒暖計八十二度　速二百九十一里　新迄五十二里　三月五日

朝島嶼二ッを右の方ニ見る午後次第ニ地方近く第二時頃新嘉埠港なる燈明臺を行過る此燈台は海中に突出せし岩に臺を設けしなれは然も壯嚴なり先年荷蘭船の風難に逢ふて右船に乗組し御國ゟ傳習之爲め渡海せる士官困苦せし處なりと云ふ夕六時頃新嘉埠着御碇泊間もなく佛國コンシユルセ子ラール本船ニ來りて御機嫌を伺且明日當地御遊覽の手續を申聞る夜ニ入り石炭を積入るとて盡く船窓を鎖し爲れは夜熱殊ニ其酷しきを覺ゆ

二月朔晴　寒暖計八十三度　三月六日

朝六時御上陸當港は海岸迄水底の深けれは港口へ浮波塘を搆置船を挂たれは小船もて上陸せる煩ひなし御供は隼人正石見守其外御扈從向ニ而先佛のコンシユール所ニ御訊問夫ゟ花園御遊覽なり本港ハ他港と異なりて港口ゟ街衢迄一里余もなりぬれは馬車往還の眺望異俗田園の風情いと興を添ふ土人は四時とも衣服を用へす只紅なる布ニ而頭上と腰とを纒ふ面色極て黒し港口碇泊之邊ニは村童の多くつとへ來て瓜皮の如き小舟を浮めて旅客の投錢を乞ふたまくく錢を投すれは水底へ沈沒してこれを拾ふ其

さま恰蛙の游泳せる如し其輿を慰む夕五時頃發汀順風ふ帆を捲揚ぬ
此日佛國コンシユールセ子ラールル爲御見送夫妻同行ニゐ本船へ罷出る
御國ゟ第二號御用狀差出す
二月二日晴　北緯二度四十二　東徑九十八度　寒暖計八十六度　速百九十九里　錫蘭迄千三百五里　三月七日
風故暑氣は少しく凌易きを覺ゆ朝右手ふ麻剌加地方を見る昨日も旅客の
增加しぬされ甲板上いと混雜せり
二月三日晴　北緯五度三十二　東徑九十五度十四　寒暖計八十七度　速二百六十里　錫迄千四十五里　三月八日
美晴軟風ニゐ舟行は快けれとも暑氣ハ甚酷し第十一時左の方ふ小島を見
る帆前船の遙ふ駛行せるを見る
二月四日晴　北緯五度五十四　東徑九十度十　寒暖計八十五度　速三百里　錫迄七百四十五里　三月九日
天氣朗晴輕風ニゐ聊苦熱を忘る風波も穩なされとて本日ゟ公子幷御附
添とも佛語御稽古を初む
公子ゟは一行の留學生保科俊太郎御相手申上御附添ハ山內文次郎ゟ受亀

へとて朝夕兩度の日課を定む

二月五日晴　北七度〇七　東八十五度五十八　暖八十五度　速二百四十八里　錫迄四百九十七里　三月十日

昨夜蒸氣器械の損せしとて夜三字頃ゟ緩行をとゞむ曉五時頃修理せしとて發しぬ其爲ニ五六十里の航路を費せりといふ

二月六日晴　北六度十六　東八十一度三十一　暖八十二度　速二百七十里　錫迄二百二十七里　三月十一日

今曉第四時頃尚又機關の損せしと見へて緩行を止む第九時頃ニはゑり止ひ修繕をされとも順風なれハ修覆中帆前ニ而一字間三四里程を進む

二月七日晴　寒暖計八十七度　三月十二日

朝七時錫蘭島の内ホヱントデガール御着朝餐畢りて十一時頃御上陸ヲリヱンタルホテルといふ客舎ハ御投館暫時御休息御一時頃英國ゟ在勤せるゴヲフルニウヱイシコン幷陸軍士官とも來りて謁を乞ひ御安着を祝し且馬車を備へ市中御遊覽を申上る午餐後市街御遊覽第七時夜飯おはりて御歸船此地釋伽涅槃の舊寺院なりしゟ公子は御間隙なければ御越なく一行

之內ニ而相越せし者もあれといと寂寥たるさまにて別ニ記すへきことなし

此地土人は大概新嘉埠同種ニ而風俗も稍同し蝟毛鼈甲の細工物多く產す地形三面とも海を帶て海岸ニハ處々礮臺あり往昔は阿蘭領なりしか千八百年頃英國に侵掠せられしといふ

二月八日晴　寒暖計八十四度　三月十三日

朝十字ポエントデゴール御出帆昨日より暑氣彌增して一同堪兼ぬ且旅客追々乘組ゐれれ甲板上も混雜して甚た閙隘の想を爲す第一字頃洋中に鮫魚の多く躍り出るを見る夕三時頃驟雨來る又一抹の點雲空中にありしか氣の蒸熱せしと見へて潮を捲上ること恰も陸地の飈風にひとしくおれなん所謂龍卷なりとて人々奇觀の想をなす暫して雨歇て天氣朗晴なり

二月九日　北七度十　東七十三度廿九　速二百六十七里　寒暖八十四度　亞迄千八百六十八里　三月十四日

昨日の雨故にや暑氣少し減して凌よし

二月十日晴　北八度〇四　東六十九度十八　暖同斷　速二百五十七里　亞迄千六百十一里　三月十五日

朝海馬の波間に浮出せるを見る暑昨日と同し

二月十一日晴　北九度〇四　東六十四度四十五　暖八十度　速二百七十五里　亞迄千三百三十六里　三月十六日

午餐に西瓜を食も味甚淡泊なり

二月十二日晴　北緯十度十五　東六十度〇六　暖同斷　速二百八十四里　亞迄千〇五十六里　三月十七日

暑氣昨日と同し

二月十三日晴　北十一度三　東五十五度二十七　暖七十八度　速二百八十二里　亞迄七百七十四里　三月十八日

夕方より風歇て暑氣酷し

二月十四日晴　北十一度五十一　東五十一度四十　暖八十一度　速二百八十八里　亞迄四百八十六里　三月十九日

午前ゟ亞刺比亞地方にある島々を見る夕方帆前船の航行せるを見る

二月十五日晴　北十二度二十九　東四十五度五十二　暖八十二度　速二百九十里　亞迄百九十六里　三月廿日

風涼なく暑氣尤酷烈なり夕方より紅海に入りしと見へて時々島嶼を見る

午後鯨魚の洋中に浮ふを見る

二月十六日曇　寒暖計八十四度　　三月廿一日

朝第六時亞丁御着直ニ御上陸馬車ニて御遊覽當地は總て燒山ニて絶て草木なし水至て乏しく雨は兩三年間に壹度位降るといふ土人は色極て黒く髮毛燒爛して恰も夜叉のごとし驢馬駱駄の類を多く產す市街は海邊となり壹里程もありと覺ゆ陌頭と見へし處に大なる城門あり山に倚て要害嚴重なり此日十時頃雨少しく降けれとも乾燥の土地なれは更に濕はす十一字頃御歸船夕第三時發汀せり此日御國へ第三號の御用狀差出す

二月十七日晴　北十五度五　東三十九度五十一　寒暖八十一度　速二百六十六里　蘇士迄千四十二里　　三月廿二日

朝亞弗利加州北邊の島を西に見る順風なれとも烈しければ船頗る動搖せり

二月十八日晴　北十八度五十八　東卅七度〇四　暖八十三度　速二百八十四里　蘇士迄七百五十八里　　三月廿三日

暑氣稍減し聊苦熱を免かる

二月十九日晴　北二十二度五十八　東卅四度五十五　暖八十一度　速二百六十八里　蘇迄四百九十里　三月廿四日

朝より西風烈しく船動揺せり九時頃より逆風彌吹募り怒濤甲板上に打揚る程なれは散歩の人もいと稀なり夕方にいたり稍静まる伊太里蒸氣船の蘇士より來りしを見る

二月廿日晴　北廿六度卅二　東卅二度四十七　暖七十八度　速二百五十里　蘇迄二百四十里　三月廿五日

昨日より追々暑氣を減せり夕佛國の軍艦駛行するを見る左に亞弗利加地方右に亞刺比亞地方を見る風順にして船行静なり

二月廿一日晴　暖計七十八度　三月廿六日

順風ニ而舟行疾し海灣の追々隘まると見へて漸兩沿の山を見る十二字頃蘇士着川蒸氣に御乘替御着岸御上陸同所客舍に御休息御上陸之節佛國コンシユール警衛のもの差出し御出迎申上る夕餐後第七時蒸氣車御乘組第八時御發軔同夜第一時核祿埃及都府にいたり暫時御休息直に發軔　當地は舊地ニ而種々奇古の品有之地なるよしなれとも夜中なれは御遊覧はなし

二月廿二日晴　寒暖計七十七度　三月廿七日
今朝第十一時亞拉散大御着蒸氣車會所ゟ馬車ニ御召替同所客舍ニ御休息無程佛のコンシユールセヂラール罷出御安着を伺御招請之儀申上る且居宅手廣ニ付御止宿之儀申上隼人正石見守保科俊太郎御扈從向御供ニ而夕二時頃ゟ馬車ニて市中御遊覽夫ゟ同所ニ御越此夕コンシユール其外士官罷出御饗應申上る當港は埃及國の別都ニ而地中海ゟ西洋渡海の湊なれハ舟船輻湊して市街も頗る繁華なり　昨夜ゟ暑氣次第に減して御國四月頃の氣候と覺ゆ

二月廿三日曇　寒暖計七十度　三月廿八日
地中海の飛脚船今朝十一時出帆之筈ニ付公子は昨夜御止宿の佛館ゟ直ニ御乘船の積なれは一同役々も十時頃ゟ荷物等取纏ひ同船ニ乘組ぬ無程佛國コンシユール警衞の者差出しバツテーラニ而御送申上第一時御乘組五時頃出帆此日空曇り風強く時々は雨を交へ船搖動せり御乘組なりしはサイドといふ飛脚船なり

二月廿四日晴　　　　　　　　　　　　三月廿九日
風北にて艇行逆なれとも船動搖せす終日山を見す
二月廿五日晴　　　　　　　　　　　三月三十日
風靜に船穩にして艇行安寧なり
二月廿六日晴　　　　　　　　　　　三月三十一日
朝より風强く船少しく搖動せり夕六時伊太里地なるメンイーナ港着此地
より初めて西洋の地なりといふ夜に入たれは御上陸はなし第二時ゟ同所御
出帆風はけしく船搖動せり
二月廿七日晴　　　　　　　　　　　四月一日
朝より逆風ニて船甚しく動搖せり海疾にて食事に附く人いと少し
二月廿八日晴　　　　　　　　　　　四月二日
船の搖動昨日と同しく第九時頃コルシカ島サルジニー島の海狹を航すい
つれも佛國の屬地なりコルシカ島は佛國初代の那波烈翁誕生せし地なり

といふ此日風濤はしく終夜船の動搖やます

二月廿九日曇　四月三日

曉より西北風となりて船の動彌增して甚し第九時半佛國馬塞里港御着船海岸ニ而二十一發の祝砲あり暫くして御國コンシユールセ子ラールフロリヘラルト幷御國士官の佛國ニ到着しける鹽島淺吉北村元四郎兩人御出迎として罷出る無程本地コンシユールセ子ラール御迎ニ罷越しバツテーラニ而御上陸御警衞は騎兵一小隊斗にて前後御守衞同所なるヲテルデマルセールは御投館此日同所鎭臺幷海軍惣督陸軍惣督市尹等禮服ニ而替る替る御機嫌を伺ふ第三時馬車ニ而フロリヘラルトジユリー御案内申上鎭台幷陸軍惣督を御尋夫ゟ當所なる佛帝別宮其他市街を御遊覽第六時御歸館第八時ゟ演劇御遊覽ニ而第十一時御歸館

二月晦日晴　四月四日

朝海軍惣督幷コンシユルセ子ラール御尋問夕刻ゟ鎭台御招待ニ付隼人正

石見守保科俊太郎御小性四人御供ニ而御越鎮台幷附屬士官等打寄御饗應申上る夜田邊太一木村宗三高松凌雲山内文次郎等爲御迎罷越第十一時頃御歸館

三月朔晴　四月五日

朝御寫眞被爲取夫ゟ本地之華園御越奇禽怪獸御一覽第二時御歸館此日爲御迎罷出しフロリヘラルト其他御國士官兩人とも巴里へ罷歸る尤當地御滯留ハ本月三日迄の積ニ付四日リヨン御一泊ニ而五日巴里御着之積申遣もる

三月二日晴　四月六日

今朝當地ゟ三十里余東南なるツロンといふ所ニ而軍艦貯所其外諸器械等御一覽のため朝第七時御發ニ而御供向ハ隼人正石見守保科俊太郎箕作貞一郎澁澤篤太夫御小性貳人ニ而御旅館ゟ馬車ニ而蒸氣車會所御越夫ゟ蒸氣車ニ而九時半頃ツロン御着　此日美晴ニ而車中四顧の眺望十分の春色いと興を添ふ田野には麥菜種其外名のしらぬ草木の多くありし

ゟ總而花盛りなり兼而手筈のなりけれハツロンなる鎮台夫々の役筋ニ而御出迎申上歩兵半大隊斗御道固以爲し御着の節ハ奏樂して祝詞を呈セ無程小さき川蒸氣ニ而港に碇泊せる軍艦江御案内申上大砲其外蒸氣の機關等御覧終りに打砲調練をなし又御慰にとていと大なる炮に火藥を點して公子親ら御發砲夫ゟ他船三艘程御歷覧右御越なりし船毎に十七發の祝砲を發す第十二時鎮台の役所江御誘引午餐を御饗應此日御誘引に與りし士官美麗の装に而御相伴いなす御饗應後尚又馬車ニ而製鐵所御越鎔鑛爐反射爐其外種々器械御一覧又銃砲の園所御覧終りニ人を水底に沈ましむるの伎を試ましむ其は緻密なるゴムニ而衣服を拵手足四支水のとふらぬ様に以爲し置頭にハ眞銅ニ而丸く頭成に鑄立たる兜を着耳口の邊はギヤマンニ而張り視聽自由ならしむ頭上にゴムの管をとふして空氣を通せしむ此日沈没せしは水底も淺しとて凡四五ミニユト程なりしか右の空氣さへ通せしめは何時ニ而も能堪るといふ夕五時半頃先の役所江御返事果ぬれハ暇を告元の蒸氣車會所江御越ニ而直様發軔夕七時御歸館此日御貯になりぬる紅縮緬壹疋に蒔繪の食籠壹器を當地の惣奉行江同縮緬壹疋蒔繪の香合壹ツを水師提督に被下

三月三日晴　四月七日

朝第十一時より本地なる調兵場ニ而三兵調練を御覧（此日の調兵ハ歩兵三レジメンド騎兵八小隊砲兵一坐程なり尤行進而已ニ而運動はなし）此調練は去歳東甫塞ニ而戰爭之節有功之者にメダイルといふ功牌を與ふ爲なりといへり右恩賞の式三兵を四方ニ布列ね中央ニて稠人廣坐の觀望の屬する處に當人を立しめ惣督幷軍監何迄も馬より下りて恩賞を申渡し惣督手柄メダイルを襟ニ付け挨拶して式終る第一時頃御歸館

明日當地御發之儀御都合ニ而御延引六日御發之積其段電信機ニ而巴里に申越す

三月四日晴　四月八日

朝十時頃公子をはしめ御附添一同寫眞を被爲取夫ゟ學校御一覧精舍所ニ而種々精舍を試み又顯微鏡ニ而細蟲を寫し御覧ニ入る（學校寄宿所會食所部屋々々等悉く御覧學校中寄宿の者凡五百人なり修行料衣食料一切の費一歳九百佛なりといふ）

三月五日晴　四月九日

此日は終日御在館御休息尤隼人正幷支配向とも本地コンシユールセ子ラール役所に罷越一昨三日船中祝砲の數相違せしを掛合以爲候事果さゞるは巴里御着之上相談可及旨ニ而引取此夜當地鎭台陸軍惣督コンシユールセ子ラール其外附役拾貳人を御招ニ而夜餐被下隼人正石見守支配向拾貳人相伴のため同盤ニ列る夜十時一同退散以爲候

三月六日晴　四月十日

朝十一時御發蒸氣車會所ニ而蒸氣車御乘組鎭台幷コンシユール其外とも爲御送罷越候　夕七時リヨン御着ホテルデヨーロツパ御投宿

三月七日晴　四月十一日

朝七時蒸氣車御乘組直ニ發軔夕六時半巴里御着ガランドホテル御投宿此日巴里蒸氣車會所迄御國ミニストル書記官カシヨン其外とも爲御迎罷出る尤フロリヘラルトハ要用有之旨ニ而代之者差越候

此夜爲御使魯西亞ゟ罷越候小出大和守石川駿河守支配向とも同國御用濟歸國の路次とて一昨夜當地着之趣ニ而罷越も卽刻御機嫌を伺へ魯國ニ在し事共申上る

三月八日晴　　　　　　　　　　　　　　　　　　　四月十二日

此間中取極置しにより朝第七時一同御用取扱候役所ゟ出席御機嫌を伺ひ夫ゟ昨日御着之儀を當地事務大臣ゟ申達せる書翰の手續を取調向後御滯在の規則を定む夕六時御安着御祝として一同ゟ御同案の夜餐被下尤小出大和守石川駿河守支配向をも御招ニ而同樣被下

右は京都御出發より佛都御着日々なりし事共の概略を記せる而已ニ而爾後の日錄は旅行と異なれハ公務の條緒を摘書し置て別に輯抄せんと欲も

卯三月廿一日校

慶應三年丁卯八月我　民部大輔殿兼而
大君殿下の親命被爲在佛國博覽會之舉被爲濟し上は御條約濟同盟の各國御巡歷御訊問被爲遊ニ付既ニ其期ニ至りぬるとて法國ニ在留せる各國公使へも御巡國の手筈御談およひ御支度も相調ぬれは八月五日法國御出發瑞西國より荷蘭孛漏生白耳義等御巡歷之積八月六日巴里御旅館御發と治定いたし

八月六日晴極暑　　九月三日

朝六時御旅館御發馬車ニ而當地なる汽車會所シメンデヘールレイストいふ會所ニ而蒸氣車御乗組七時發軔晝十一時シャンパンユのトロワといふ處ニて御晝食シャンパンユは法國の一部郡ニ而シャンパン酒の名所なり本地の産にとりシャンパンの名ありといふ此日御晝食に右の名酒を饗せしゟ其味他方の産に超ること數等なりし夕八時瑞西國バールといふ地御着トロワロワといふ客舎に御投宿此日は酷暑ニて車中炎熱難堪殆旅苦を覺ゆ剩夏日の長きを終日車中ニ消したれは公子始一同疲勞いたし御投宿後ハ夕涼ニて殊ニ客樓は本地

有名なるランヌといふ歐州第一の大河ニ臨せしあば欄頭の夜景いと清涼ニて一同快然の想をなモ御着後直ニ本地の鎮台客舎ニ來り御安着を祝す

八月七日晴　熱昨日と同し　九月四日

朝八時半昨日の鎮台御案内申上本地説法所幷織物細工所御遊覽十時頃御歸宿夫ゟ御出發蒸氣車會所ニゐ汽車御乘組晝一時半過國都ベルン御到着ベルネルホフといふ客舍御投宿御着後直ニ大統領の命なりとて壹人の書記官罷出大統領御逢の手續御問合申上る因て明日御逢之積申答遣モ夜餐後御口上振其外手筈取調る此夜當地御安着の旨電信ニて巴里ゟ申遣モ

各國御巡歷御供名面

向山隼人正

山高石見守

保科俊太郎

高松凌雲

田邊太一
箕作貞一郎
山內文次郎
澁澤篤太夫
菊池平八郎
井坂泉太郎
加治權三郎
三輪端藏

外ニ兼ゐ御雇の通辯御用としてシーボルトをも被召連

都合拾三人

道中取扱方

キース

御旅館小遣

アンリー

綱吉

隼人正家來
石見守家來

壹人宛

九月五日

都合一行貳拾人となりぬ

八月八日雨夕晴

朝來雨甚しく殊に本地は山巒多けれは雲靄にて四望分ちかたし客樓は水濱にて眺望に佳なれは雨中の風煙も更に興を添ふを覺ゆ此日は第十一時より大統領御逢の手筈なれは御扈従之者早朝より支度相整ひ十一時頃御迎馬車四輛當日諸事取扱として第一等書記官罷出御都合相伺直樣御出向にて議事堂へ御越（議政堂は御旅館に隣りて
乍雨中御路次は便なりし）此日御逢ありしは大統領副統領其外重任之役々四人都合六人なり御着席後御口上振御演述山内文次郎佛文に譯し申述る大統領よりも御答詞申上暫時御閑談にて御歸館（此日御逢の手續は別に手續）

書に委しく記したきは此に略す

夕五時公子隼人正石見守御供大統領の宅御尋問のところ不在ニて御面會なし隼人正田邊太一此日御逢なりし役々の居宅に爲挨拶罷越せ此夕大統領より樂師八十人御着御祝として御旅館に差出し奏樂を呈す樂後一同にシャンパンを被下闔衢の人民御旅館の前庭ニ群集せり

八月九日晴　朝大霧　　九月六日

此日はツンヌといふベルンヌ十里餘隔たる地ニて點火の調兵なるニ付御覧の儀昨日大統領ゟ申上ぬれは朝五時半より御支度軍事惣督御案內御附添一同御供ニて六時蒸氣車發軔七時半頃ツーンヌ御着直ニ調兵場に御越公子は御馬ニ被召石見守及爲通辯シーボルト御供其余は馬車ニて御供此日調兵せし人數は歩兵四レジメンド壹レジメンド七百人程大砲貳座一座八門騎兵二中隊中隊三十六疋撤兵貳中隊中隊六十人なり整頓行軍の駈引より攻擊襲討の擧動迄其指揮綿密ニして然も着實なり此兵士は總て農兵ニて僅一月半の調練ニて如此熟

達せしといふ國内調兵之法總而農ニ取りて農事を害せさる樣其約束を緩ニし人々能其能を盡さしむるを政態の要領とも故ニ即今擧國二百萬の兵士あり其法簡易輕便ニて整粛ならさる樣なきとも他邦月督日課の兵ニ恥さといふ調兵終て後本地客舍に御案内午餐御饗應申上る（此日調兵に預りし役々七八人罷出て御相伴いたす）午飯後本地有名の豪富者居宅御覽（右居宅はツンヌ湖の水涯に瀕して建築せり）樓上の眺望尤絶佳なり湖水は周圍十里程もあるべく水清く波浪靜かニ四圍蒼山欝々として黛を臨し翠を流ふ尤絶奇なるはヨングフロウといふ山（いまた開墾せさる處野女といふ意）積雪如銀雲際ニ突兀し連山の翠に相映し其貌却而白髮羽化の老僊多少の群兒を擁坐せしことし瑞西は歐州中山河の光景ニ富みし地ニして本地は瑞西中の風色の尤なりといへは此風景をもて歐州第一といはんも亦不可なるべからも佳景御一覽後湖水流末の一小亭ニ而御休息再ひ調兵場御越大砲の丁打御覽夕五時ゟ汽車御乘組六時半御歸館

八月十日晴　　九月七日

此日ベルンなる武器蓄藏所御覽ニ入るとて晝頃ゟ書記官御案內隼人正石見守高松凌雲山內文次郎澁澤篤太夫外御雇之者兩人シーボルト御供ニて一時頃ゟ御發大砲小銃其外數多の兵器尤新發明ニ而精巧なるを逐一御覽夫ゟ本地ニ而由緒ある飼熊を御一覽本地は從前の風習にて古來とり熊を貴び戶々熊の形を作りてこれを祭る本地の西北にいと大きなる園を作り置て二ツの大熊を養ふ往來の人食物を與ふるにパン菓子の外與ふるを許さすといふ千八百六十一年三月三日の夜英國壹人の甲必丹誤りて其園に落園中の尤巨大なる熊と大に觝觸し遂に其熊に裂き死せしといふ本地のベルンと稱するも獨乙語ニ而熊といふの意なりといふ夫ゟ御歸館五時頃御旅館向なる小山ニ而落日之晩眺御覽あるとて書記官御案內隼人正石見守田邊太一澁澤篤太夫御雇兩人シーボルト御供ニて御越行程過半より道路いと嶮なれは公子始一同車を下り步行ニて攀躋凡十五丁程ニ而嶺なる一の茶肆ニ至る折しも落日の山ニ沈せんとする處なれは夕陽萬木を映射し光景尤清絕なり俯して見れはベルンの街衢の簇々として溪間ニ蟻集していと廣壯なる高廊巨閣も蜂窩蟻穴の看をなし溪ニ添ふ行人は蒼蠅の器缶ニ啣むことく街衢を走る馬車は群蟻の殘肉を搬する

にひとし須臾にして日沒して月明に群山蒼々として夕煙を揺曳し眞に天造の光景を究む茶肆の高樓ニて御眺望中シャンパン及冷水杯御取寄（茶肆の主人罷出て其樓の風色寫眞せしを差上る）夕七時より御歸路山麓迄御歩行道路稍平坦なるとて御乘車七時半御歸館

八月十一日晴　　九月八日

此日は本國有名の時斗を製するゼ子イブといふ地御遊覽の積兼て大統領より申上けしは朝來御旅裝を整頓し晝十時頃御發十時半汽車發軔第二時頃ベベイといふ湖水畔岸の一市街に至り蒸氣船御乘組三時頃出帆第七時ゼ子イブ御着ホテルデメイトロボールといふ客舍御投館此日航せし湖はラアックデ子イブといふ瑞西にて巨大なる湖水なり長凡十里程横のわたりも二三里程もありぬべし水光渺茫として蒼海に異ならも湖上ニて瑞西最高なるモンブランを望む白雪堆く夕陽に映して光彩銀の如し夏日の熱するもこれを望は膚に粟を生るを覺ゆ

ゼヂーブは湖水の西南ニ瀕して頗る繁華の土地なり湖水の末流街衢を中截して流決する處ニいと廣大なる鐵橋を架し兩衢ともニ往來を自在ならしむ其側ニ小島あり樹木蒼茂して頗る遊歩ニ佳なり尤夏夕の納涼ニ宜しといふ闔衢殷富ニて人品も卑しからず所々ニ廣大なる時斗の製造所あり其精巧緻密驚くべし瑞西人本地を稱して小巴里といふも其實なしと謂べからず昨日伊太里國のゼヂラールガルバルジー本地へ罷越あり本國の大統領も所用ニて相越せしとて市中は尤雜沓を究めぬ

八月十二日晴　　九月九日

晝十時一同御供中上時斗製造所御一覽夫ゟ市中御遊覽十二時御歸館午餐後隼人正石見守田邊太一シーボルト御供ニて昨日來會せし大統領の宿所御訊問本地の統領居宅へも御越及金細工所等御一覽ニて御歸宿

此日本地の豪富バロンロウチーユルといふ者罷出て御機嫌を伺ひ御招請申上けれは夕五時ゟ御越御土産として蒔繪の香合ニ扇子五本を添て被下

昨夜ベルンより栗本安藝守馬寨里來着之旨電信ニ而申來る明十三日ベルン御歸館可相成旨同様申遣す

八月十三日朝雨夕晴　九月十日

御見物も相濟候得は今日ベルン御歸館の手筈ニ而朝六時蒸氣車發軔十一時半ヌーシャテルといふ小市街御着本地ハ電信機の根本ニ而其器精妙なるよし且近來の新發明ニ而字面摺出し之電信機兼而御國より御注文ニも相成候得は御覽旁其製作所御越尤當所ミニストル其外役々御案内申上種種の電信機御一覽夫ゟ鳥獸の眞形數多集置し場處御案内的砲稽古場御越二三發御試砲ニ而湖水涯なる客舍御越尤高松凌雲箕作貞一郎山内文次郎澁澤篤太夫は天文臺觀月樓等一覽ニ而右之客舍江罷越をホテルニ而御夕餐相濟第六時汽車御乘組夜九時ベルン御着先刻ニ外國奉行栗本安藝守組頭三田伊右衛門外ニ馬寨里ニ而待受ゐる杉浦愛藏山内六三郎共着しをりとて御出迎申上る

八月十四日晴　九月十一日

昨日栗本安藝守到着御老中方若年寄衆ゟ御機嫌伺として書狀御品共差越せし旨申上る尤品は巴里表江相廻せしとて書類而已差上る石見守ゟ右御返翰相認杉浦愛藏歸國江托し送遣候室賀伊豫守原市之進ゟも御用狀差越候ニ付同樣返書差遣候

此日向山隼人正若年寄並七千石高被仰付栗本安藝守御書付類持參ニ而相達候外ニ品々被仰越之御沙汰も有之とて本日ハ種々之評論ニ而御巡國は隼人正御附添無之石見守保科俊太郎高松凌雲澁澤篤太夫御雇四人シーボルト而已ニ而外國局は總而引分き巴里表江罷歸る旨評決夫是手筈相定め諸書物類調分いたし候此日明後十六日當地御出立荷蘭國御越被成旨瑞西在留荷蘭コンシユール江書翰差遣候

白耳儀國御巡國之儀ニ付同國ゟ書狀を以申立來八月廿五日ゟ廿八日西洋九月廿二日ゟ廿五日迄本國祭日ニ付御來訪被下度旨申來る因而可成丈操合せ能越候樣

可致旨返翰差遣す

八月十五日晴　　九月十二日

明日當地御出立之儀相定御道筋取調いたす向山隼人正始外國向役々は引分を巴里に罷歸ニ付御用向調分いたす第一時杉浦愛藏山内六三郎巴里に出立いたす

夕六時大統領ゟ御招請申上ホテルデヨウロッパと申旅宿ニ而夜餐御饗應申上る御逢之上御供之者一同罷越す

八月十六日晴　　九月十三日

朝御道筋取調本日第一時半御發御徹夜十八日四時荷蘭ハアへ御着と相定其段在留之ミニストルに申達す同國留學の御國生徒へも申遣す澁澤篤太夫ヲリエンダルバンクニ而千ポンド爲替佛價ニ而請取大統領其外に御遣し品書記官に相渡御附添申上し書記官に被下物有之

第一時半御發尤隼人正始外國方役々は半時前ニ發軔一行も減しぬれは車

中寂寥なり夕五時バアル御着過日御止宿なりしトロワロクといふ客舍にて夜餐御調夜九時再汽車御乘組車中御通夜翌曉六時半バアデン國タルムスタートといふ地にて御休息汽車御乘替

八月十七日晴又曇　　九月十四日

朝九時マイヤンヌ御着同地は歐州第一の洪河ランヌの涯濱にて蒸氣船の便なれは本地より川蒸氣御乘組直に出帆にてランヌの流に隨ひ舟行頗る清駛なり兩岸は總て小山或は曠原等にて其間村落市街の遠近に斷續し流に隨ひ眺を異にし舟中頗る清興を添ふ併便船なれは乘合多にて雜沓は其厭ふへきを覺ゆ夕五時ボンヌ御着エトワルドヲルといふ客舍御投宿

八月十八日雨　　九月十五日

朝六時御發汽車御乘組直に發軔晝後一時頃汽車の儘にてランヌ河を航せしは河はゝの廣く水深くして剩へ洪水の患なれは橋梁の架すへき術なくいと大きなる船に鐵道を具せしを水上に數多浮め置汽車來れは其儘に右

の船橋ニ載せ蒸氣もて船を遣り着岸の後又鐵路を走らしむ其製簡便ニ而尤壯牢なり晝一時過荷蘭國境セイヘナル御着之處荷蘭ゟ爲御迎ルーテナントコロ子ルフワンガツペツルレン及御國留學生五人罷出て御迎申上る暫時御休息ニ而夫ゟウエツトレツト御着第二時半過ロツトルダム御着汽車御乘替なきはとて馬車ニて市街御巡覽直ニ汽車場ニ而尙又御乘組三時半發軔ロツトルダムはコアスといふ大河ニ添ふたる一都府ニ而頗る繁華の土地なり蒸汽帆前船共多く碇舶せり總而荷蘭内地へ舶來せし人の上陸所なりといふ砲臺其他警衛の船抔多く蓄ゐるといふ四時廿分國都ハアへ御着蒸氣車場迄國王ゟ爲御迎禮典ニ用ゆる美麗の馬車三輛を出し側役バロンスヌーケルトデシヤウベルフといふ者御出迎申上る夫ゟ市街を御通行ニ而ホテルデベールジユといふ客舍御投館（此日御着の式の見んと土人數多汽車場ょ群集せり）御着後御迎ニ罷出し側役及コロ子ル共罷出御機嫌を伺へ御安着を祝も且明日本地議事堂ニ而闔國の大禮典なる集會之儀有之ニ付御覽之旨申上る尤十

二時頃御越被下度旨其外手筈夫々申聞る此夕御安着之旨巴里ゟ傳信ニ而申遣も留學生林研海伊東玄伯赤松大三郎松本銈太郎緒方洪哉罷出る研海玄伯大三郎は御滯在中罷出御用取扱之積外兩人は引取勤學可致旨申達も

八月十九日曇　九月十六日

朝コロ子ル罷出御滯在中同人御附添申上候樣國王ゟ被命し旨申上ぬ本日議事堂御越之手筈申聞る第十二時御越尤馬車は國王ゟ被差送候禮車ニ而公子ニは御狩衣石見守も同樣禮服其餘は羽織袴着用ニ而御供議事堂の樓上なる棧敷樣の處ゟ倚子相設禮式懸之者罷出て御設待申上る一時頃國王及貴官共美麗なる馬車ニ而罷來る往來は步兵隊ニ而道を固め王車の前後は騎兵凡四隊宛小隊三十二疋立ニ而警衛し王車は八馬を駕せる車ニ而每馬御夫貳人を添ふ其衣服及馬車の裝飾いと華麗を盡せり王車ニ隨て聯行せしは貳馬を駕せし車壹輛四馬を駕せし車貳輛六馬を駕せし車三輛王車ともニ七輛なりし國王議事堂ニ着して中央の小高き處ニ座を設け貴官及諸民の

總代なる者其前及左右ニ羅列し扨國王着座之後懐中ゟ一小冊子を出して高音ニこれを讀む其旨趣は其年の無事平寧ニて人民の安息せる哉否を問毎事政刑の可否善惡を下問せるニ而年々の佳例なりといふ右之式終て直ニ元の車ニ而罷歸る式終ると公子も同時ニ御退出御歸路市外の林田園の景を御一覽ニ而夕四時御歸館

八月廿日曇晩晴　　九月十七日

朝赤松大三郎をアムストルダム」ファンドルマートスカーペン江爲替金請取方談判ニ付差遣候

晝十二時鐵砲製造所歩兵屯所等御一覽三時御歸館石見守保科俊太郎御雇兩人御供石見守は夫ゟ本國議政ミニストル七人江訊問公子御着彼是御取扱有之挨拶申述御名札差遣候

本日は國王謁見之手筈昨日御附添之コロ子ルより申上候得ば御逢之節御口上案御應接振取調夕五時爲御迎禮車二輛其一は國王之馬車ニ而四馬を

駕せる尤美麗を盡せるに御者四人を添（貳人の御夫は駕せし馬に乗りてこれを馭せり）外ニ御先拂之騎兵貳騎（いつれも同樣禮服ニ而尤美麗を盡せり）無程御附添コロ子ル御程合申上けれは直樣御出向石見守御附添コロ子ルシーボルト第二車は俊太郎篤太夫御雇之者兩人ニ而夕五時半王宮御越國王御逢之上太子の別宮に御訊問御逢夫ゟプランスフレデリーといふ國王之弟御訊問夕六時御歸館（此日御面謁之手續は別紙に悉しく記したれは之を略す）

晝後本地市中惣代ヨンクヘールヘーフルステーイトといふ者御安着を祝ふ英國ゟ在留せしシャルシダフヘール御機嫌を伺ふ巴里ゟ之御用状到來御着御祝同地平安之儀申來る

八月廿一日晴風凉　九月十八日

此日本地西北之港ニユーヨジップニ而軍艦及其製造所等御覧之旨御附添コロ子ル申上御供は石見守俊太郎凌雲御雇兩人シーボルト外ニ留學生林研海伊東玄伯等ニ而朝七時半御旅館を御發し本地の汽車場ニ而汽車御乘

組晝十二時頃ニユーヨシップ御着本地の水師提督其附屬士官教員禮服ニ而御出迎申上數多の兵卒を出して途上警衞せしめ其設待甚慇懃鄭重なり御着之節兵隊捧銃の禮を爲せり樂手は奏樂して御着を祝せり直樣客舍ニ御越暫時御休息夫ゟ港口ニ碇船せる軍艦ニ御越之ところ御越の軍艦毎ニ貳拾壹發の祝砲をなせり尤ブランスアンリイといふ惣鐵船は市街接近ニ投錨しありしかは市中ニ妨ありとて祝砲はなし軍艦ニ御着之節は水夫は總而帆桁ニ登らせ最高の檣ニ御國旗を建御巡覽之節も毎艦ニ而祝砲を爲せり祝砲の數都合九度百八十九發なりし御一覽後先の客舍ニ而御晝食夫ゟ病院御一覽夜十時御歸館

澁澤篤太夫フワンドロマートスカツペンに爲替金請取方之儀ニ付留學生赤松大三郎同道アムストルダム罷越是右請取方取斗夜十時歸宿歸路レードといふ處ニ而御歸之蒸氣車と同しくなりたれは御供いたして罷歸ぬ

晝後國王ゟ使者差遣し國王及王妃の寫眞進せらる

八月廿二日晴　　　　九月十九日

此日終日御休息ニ而御在館記事なし

晝後ブランスフレデリー及アレキサンドル魯國ゟ在留せるミニストル等御訊問申上るロツトルダム之ドクトルキルシス御機嫌伺として罷出る澁澤篤太夫小遣綱吉召連を朝六時出立巴里ニ罷越す綱吉儀本地御着之節不穩之働あるをは巴里ニ而謹方申付るべくとて道中小遣としてアンリイをも召連途中無滯此夕十一時巴里着同人ハ御留守取締木村宗三ニ引渡其外諸用相辨其夜は御旅館ニ一泊

八月廿三日晴　　九月廿日

朝八時御旅館を御發しアムストルダムニ御越十時頃レイデンといふ地ニ而蒸氣ニ而水を汲ましむる器械《ポンプ》御一覧同所ニ而御晝食第十二時半再汽車御乘組アムストルダム御着ジヤマン製造所造船所及博覧會其外所々御巡覧尤本地總鎮臺及水師提督等御案内申上る尤總鎮臺は本地の汽車場迄御出迎申上る此鎮臺は本國至重之任ニ而年高き才略抜群の者ならてハ其任ニ堪す往昔は其威權稍國王にひとしかりしといふ澁澤篤太夫巴里御用濟夜九時半歸着

八月廿四日曇　九月廿一日

朝御取扱申上し數員之士官は被下物之取調以而も晝十時半レイデンといふ地御越尤御雇之書記通辨官シーボルト亡父の別業なれはとて御招請申上たれハ石見守俊太郎凌雲御雇之者兩人留學生三人とも被召連シーボルト亡父は年久しく御國長崎港ニ滯在したれは其留滯中取集め而る奇古之品抔數多陳羅しゐるを御一覽御休息後御慰とて園池よ網し二三尾の魚を得御携ニ而夕五時御歸館此日同人は九谷猪口一組を被下

八月廿五日雨　九月廿二日

午後一時太子之弟アレキサンドル御訊問石見守俊太郎御供以而も白耳義國シャルジダフヘールは明後日當地御出立其都府は御越之旨幷御供名前書共申遣も且夕五時石見守訊問每事談判可及旨をも書翰ニ而申遣も

八月廿六日曇　九月廿三日

御滯在中御世話申上し者共は被下物有之此日國王は再御逢之(筈脱カ)ニ付夕五時

より御越石見守俊太郎凌雲篤太夫御雇兩人シーボルト御供其手續は謁見の節のことく御迎之馬車罷越し王宮の入口ゟ正面ニ二間を御行越し一の廣間ニて御逢數々御懇談ニ而御引取此日國王は小禮服ニ而御逢申上る公子御供之向は平服ニ而御越相成御越之節は國王次の席迄御迎御歸シ之節は馬車御乘組之處迄御見送申上る其御設待甚慇懃なりし

夕六時半御滯在中夫是御取扱申上ぬるスヌカール及御附添コロ子ル其外留學生とも御同案之夜餐被下石見守俊太郎凌雲篤太夫シーボルト御相伴

石見守外國ミニストル始外役々は御暇之ため可罷越之ところ在宅無之趣ニ付コロ子ルを以御挨拶申遣す夜白耳義國ミニストル罷出御機嫌を伺ふ明日同國御越之御程合伺度旨申聞る石見守面會手續申談し罷歸る

八月廿七日晴　　九月廿四日

朝巴里ゟ御用狀差出す御用行御用狀をも封入差遣す

此日御出立之積ニ付早朝より旅裝御整第十時半御發スヌカールは汽車場

迄御見送申上る國王の蒸汽車を以國境迄御送之旨申聞る御附添コロ子ル
はロットルダム迄御送申上留學生徒は荷白國境ヨウセンダール迄御送申
上る第十時四十分國都ハアヘ御發十一時半ロットルダム御着夫ゟ蒸氣船
御乘組ムールデーキ夫ゟ再蒸氣車ニ而ヨーセンタール御着之處白耳義國
と王爲御迎國王之汽車差出し御案内之者罷出る夕第六時國都ブリックセ
ル御着同處汽車場ニは第一等禮式懸及甲必丹ニケイズ美麗なる車を備へ
御出迎六時二十分御投館此日汽車場ゟ御旅館迄見物人途上ニ充滿し多く
冠を取り敬禮を爲せり汽車場は爲警衛兵士并市中取締之者多く差出せり

八月廿八日曇　　　　九月廿五日

朝カピテインニケイズ罷出本日國王御逢之手筈申上第一時御迎之馬車可
差出旨申聞る御贈品は御逢之節持參御附之者ゟ引渡可申其外手續申談罷
歸る第一時御迎之馬車三輛尤壯麗を盡せる裝ニ而罷越も第一車は爲御案
內甲必丹ニケイズ保科俊太郎高松凌雲澁澤篤太夫第二車は公子石見守御

迎之禮式掛シーボルト等御供第三車は御雇井坂泉太郎三輪端藏等なり二時半御逢濟御歸館御逢之手續は別ニ記載したれは此ニ略す御歸後外國事務執政御機嫌伺として罷出る御理髮中ニ付御逢ハなし第三時半ゟ石見守俊太郎カピテインニケイズ案内ニ付諸貴官ゟ本日之挨拶として罷越も今朝第九時巴里ゟ御用狀差出も隼人正宛佛國博覽會掛之書狀壹封差込相送る

夜七時半甲必丹御案内ニ而王家之劇場御越石見守俊太郎凌雲篤太夫井坂泉太郎三輪端藏シーボルト御供十一時御歸館

八月廿九日晴　九月廿六日

朝十時半陸軍學校御越火術精舍術御一覽夫ゟ兵隊屯所御越歩兵手前小運動御覽整頓裝塡の擧動とり運動行進之所作迄甚静肅ニして謹嚴なり別ニ木杖運用之擧動なり輕便にして勁捷なり亂軍ニ而彈藥盡し節銃を以て相接する爲の調練なりといふ終ニ細き鐵ニ而作りたる筋ニ而相擊の技を爲さしむ面覆及小手等は御國演擊具ニひとしく其製甚卑疎なり相擊之法軟弱ニ而迂濶なり晝十二

時御歸舘三時より尚又本地博覽會御越往古以來之武器其外種々之奇古珍有之品御一覽夫ゟ王家の園林華囿御巡覽夕五時御歸舘石見守篤太夫博覽會より御先に歸宿シーボルト同道孛漏生公使舘ハ罷越在留之シャルジダフヘールフランスクロワに面會同國御越之手續申談同人ゟ本國都府ハ申遣し御程合早々可申聞旨引合罷歸る

此日は本地の大祭日ニ而夜八時頃都府北邊の郊ニ而觀花の擧あるニ付御越之儀カジテイン申上夜八時半ゟ御越一同御供同車ニ而行程一里計ニ而郊外のいと曠濶なる處に設けある王家の棧敷に御越ニ而御一覽本地當夕の祭典は先年當國初代之王荷蘭ゟ分割して獨立せし祝日ニ而年々の舊制郊外の曠き處ハ高き竿を建其竿ニ麻繩を張り壹人の曲藝師美麗ニ結束して繩上を歩を（竿の長拾五間繩の行徑三十間もあるべし）其曲藝師手に長き竿を持繩上を徐歩し行止りて後面に逆歩し兩三度往返し終には疾歩如翔或は中央の繩のたるみし處ニ而繩に手を掛て足を投し身を翻して繩上に逆上し壹足に繩を掛て

身を翻投し看官をして心悸魄悚ゐらしむ曲藝師休息する時は樣々の細工火絶間もなく空中を裝點し末尾に彼の曲藝師之持し竿ゟ火を發し己は火中に在りしゐ火光にて而も其姿見へず火光稍鎭する頃又繩上を徐歩して休息の場に達す此時其下の觀火場ゟ數千發の細工火一時に連發し青紅紫白の火光中天に翻騰し尤奇觀を極めたり技曲濟ぬれば夜十一時御歸館此夜群聚の見物人凡貳万人余り其細工火の經費僅一万五千佛程なりといふ

八月卅日晴　九月廿七日

此日は本國有名なる然も歐洲に秀しアンベルスの礮臺御覽に入るとて朝九時半御旅館御發し例の甲必丹御案內本地之汽車場ニて王家の汽車御乘組十時頃一の礮臺に至る其砲臺の製外面は總て土ニて築立屈曲せし長堤の如く堤の下は深き溝ニて水平面ニ充溢せり內面の入口兩所に鐵橋を架してこれを通す砲臺の制開布せし扇面の如く外面に横衡して其堤の內は石と瓦とニて築立螺旋せし土穴を多く設置て其中に彈藥砲諸器械の貯所

及兵卒屯所等を設置きたり其扇面の要ともなるべき處に一の宏壯なる砲礮を築置けり其外面と要領と相通ずる處は堀廻はせし溝相接して僅に七八間の土坑なり土坑の兩側に拾門宛の大砲を備へたり交戰之節外面の砲礮にて相接し萬一戰爭利を失ひ敵外面を侵襲せし節は其要領ニて防禦する爲なりといふ其製宏壯緻密なること一歷覽の識得るところにならず御一覽後再蒸氣車ニて第十二時半アンベルス御着同所客舍ニて御晝食御休息後本地を周圍せし砲臺逐一御巡覽或は其未成中建築之仕方又は已ニ築成して砲礮の設方等逐一に御歷覽夕五時汽車御乗組六時過御歸舘本國は周圍陸地にて海軍之備なき故に陸地戰爭之設は其精を究めしといへりアンべルスといふ地は本國要領之場所緩急之節は國民を同所に移し國を擧てこれを衞る故に其周地は總て砲礮ニて其繞圍連築せし外ニ前に見及たる砲臺を八ヶ所に設置互ニ犄角の勢を爲し敵の侵襲を防禦する其兵食を充實して國を合せてこれを守らは歐洲擧て攻擊すとも能其防禦に堪ゆへしといい

へり此日は御附之者一同御供アンベルス御着之節同所ゼテラル御出迎申上砲臺御覽之節は勤番せし士官御案内申上る其兵卒は總而捧銃の禮を爲せり

九月廿八日　九月朔晴

此日も昨日御覽せし砲臺の殘れるを御覽ふ入るとて石見守俊太郎御雇の者兩人シーボルト御供ニ而御越砲車製造所諸器械及彈丸の製造等御歷覽夕五時半御歸館

九月廿九日　九月二日曇

第十一時御寫眞御越石見守御雇兩人シーボルト御附添カピテイン御案内申上る十二時半御歸館三時半市街御遊覽夕五時御歸館夜七時半より劇場御越尤本夜の劇は公子の爲ふ設しとて舞臺の周圍は警衛の兵を出し舞曲も尤華靡を盡せり座頭の者罷出御來臨之忝なきを謝も其設待周旋總而國王見物之節と同等なりといふ十一時御歸館此夕巴里表ゟ御用狀到着

九月三日晴　九月卅日

朝八時汽車御乘組リエーシといふ地ニ而銃砲製造之器械御覽ニ入るとて御附添カピテイン御案内石見守俊太郎篤太夫御雇兩人シーボルト御供十時リエージ御着大砲製造所御覽十一時半本地客舍ニ而御晝食夫ゟ同所小銃製作所御一覽一時頃ゟ尙又汽車御乘組シラアンといふ地御越製鐵所石炭堀出之器械砲車の製造蒸氣船蒸氣車器械之製造等逐一御歴覽夕六時半リエージ御歸先の客舍ニて御夜食八時汽車御乘組夜十時半御歸館（此日御覽ありし製鐵所は尤盛大宏壯なり其周圍凡三萬坪程ニ而其職人七千五百人ゟ壹萬人程なり壹ケ年の製作金高通例三千萬フランク程なりといふ先年英國の人ニツクといふ者本地ゟ來り製作を初めしとり追々其業廣大となり當節は歐洲中の尤なりといふ御着之節同所總裁之者其居宅に御請招申上御歸之節も御立寄御休息有之）

九月四日晴　十月朔日

此日マリートヲワニエトといふ地ニ而鏡及硝器之類製造所御覽ニ入るとて例のカピテイン御案内石見守俊太郎凌雲御雇兩人シーボルト御供朝九時半御發蒸氣車御乘組十一時同所御着當所會所迄四輛之馬車を備へ製造

所掛之役々十八人計御出迎申上る其製造所之總裁は其男子を騎兵ニ仕立騎馬ニ而御出迎申上る總裁居宅の前ニ御着の頃三拾人余の樂師を列ね奏樂して御着を祝す其表口ニは總裁の縁親なる婦人四人御出迎夫より總裁の家ニ而御休息御晝食御晝食之節前之縁戚之者御同案ニ而御接伴申上ろ尤別席は前の樂師奏樂してこれを賀す其御饗應いと善美を盡せり夫ゟ製造所御越逐一御歴覽御歸之節は道路の兩側ニ相襍りし諸職人の立並ひ祝詞を呈す其人數凡三百余人なりし其前ニは以前の樂師奏樂して御歸路を御見送申上る御歸掛尚又總裁の居宅御立寄之處表之方ニ貳百人余の婦人之職方打揃いたる粧ニて相列して祝詞を呈す總裁の家御立寄後相集りし男女の職人ハ祝詞を呈せし御挨拶ありしかば一同悦んで聲を發し其響いと盛なりし御歸之節總裁初役々七人蒸氣車迄御見送申上る夕五時半御歸館

當國王ハ被遣候とて大君の御寫眞額面調方篤太夫市街ニ而注文いたす

九月五日曇　　十月二日

朝巴里ハ御用状出す當地御用濟孛國御越之日限凡取調之儀等申越す御用

意品取寄方之儀申遣す
畫一時に至繪圖學地理學校等御越本國之精細地圖及歐洲全圖其外砲礮築城等之諸繪圖類御覽夕五時御歸館夕方孛國シャルジダフヘールゟ同國御越之儀洋歷九月十日頃御着有之度旨申來る

九月六日晴　十月三日

朝十時半カピテイン及王家の全權なる本地及近傍山林を支配する者罷出チユウルンといふ處ニ而本日御獵御慰之儀申上同時御發ニ而御越石見守俊六郎御雇兩人シーボルト御供申上る其畋獵場は王家の圍苑ニ而四圍拾町余もあるべく尤幽靜なる土地なれ茂樹叢欝として四方は土塀にて築立其内各處ニ溪流ありて禽獸の其的に來り安き樣なし置ぬ貳十人余の勢子四方ゟ伏匿せしを追出し其小溝を廻りて走るを射る獸は鹿兎之類多し此日之獲は鹿五疋に兎六疋を得たり其圍苑に飼置ある鹿凡七十五疋兎は其數を知らすといふ夕六時十五分御歸館此日は午餐その山林の草茵中に一の食盤を設け御供之者相集りて御同案申上る其

野興頗る清味を究めたり

此夜カピテイン其外御案内之者ハ御同案之夜餐被下其驅馳せし獵師一同ハ骨折し爲なれはとて佛貨三百フランクを被下

九月七日曇　　十月四日

朝巴里ハ御用状を出も御出立延引之旨御用意品取寄方之儀等申遣も書二時白耳義國ミニストルドラメイゾンチユロワフアンプレツトハ公子國王再御逢之儀ニ付石見守ゟ書翰相達も

明八日調兵場ニおゐて公子御覧のため調練を御覧ニ入るとて夫々手筈之旨御附添カピテインゟ申上る且當日は御乘馬ニて御覧有之度則御馬差出候旨申上けれは右御乘試とて晝後一時半ゟ石見守俊太郎シーボルト御供調兵場御越御試有之夕五時頃御歸館

九月八日晴　　十月五日

此日公子御覧の爲とて都府外の調練場ニて陸軍三兵の火入調兵有之旨ニ

て晝十時半御迎馬車罷越御召車は美麗に修飾せしに四馬を駕し六人の御者其四人は馬車に添ふて其貳人は駕せし馬に騎せり外ニ御案内とて壹人の騎馬之御車御前を拂へたり御供は石見守始一同ニて晝十一時半御旅館御發王宮の前衢を右ニ折して並木の植列ねなる大街衢に出夫ゟ左折して拾町余郊外の調兵場に至る其並木なる大衢の左之方に此日調練もなき兵隊の順序を以て陣列せり御通行之節歩兵は捧銃の禮を爲し樂手隊は賀樂を奏せ且其士官は總て手に持たる劍を笠て敬禮を爲せり公子の調練場へ御着之頃先の陣列せし兵隊は各其頭ニてこれを指揮し護送し調兵場に至る公子は調兵場の王家の棧敷ニて御休息のところ其護送せし兵隊は調兵場の各處に陣列して夫ゟ攻擊襲討之擧動なり此日之人數は歩兵三大隊大砲壹座騎兵三隊其外樂手隊共其勢二千五百人余なりといふ尤火入調兵なりしかは各隊連發の擧動を爲せし節は頗る壯烈を極めたりし右擧動終て兵隊整頓之上本日之ゼ子ラールロナイル棧敷に罷越して御挨拶申上公子ゟも御懇懃に御答禮夫ゟ公子は御馬に被召各隊の陣列を御一

周尤ゼネラールロナールル御附添カピテイン石見守俊太郎シーボルト等御供ニ而も公子の各隊御一周之節は總而捧銃賀樂の禮を為せり公子此日の御裝束は陣御羽織なりしか其華靡壯麗ニ而馬上御旋行の雄々しきさま兵隊は更なり群集の見物人とも感勝の聲を發せり兵隊陳列之前御一周之上尚又前の棧敷ニ御引取二時過御歸館此夜本日のゼネラールロナアル御附添カピテインニ夜餐被下昨日石見守ゟ申遣候返書到來明九日國王御逢之旨申來る

九月九日曇　日　十月六日

朝巴里ゟ御用狀到來御用意品差立候旨申越も朝十一時昨夜差越候ミニストルプレットニ石見守ゟ返翰差遣も夕六時カピテインニケーズ御迎之馬車を備へ今夜王宮ニ而夜餐を差上る旨申上る馬車は最初謁見の節と同しく第一車は公子石見守カヒテインシーボルト第二車は俊太郎凌雲篤太夫其次は御雇兩人御供ニて王宮の副門ニ而御下乘階子を御登り直ニ國王の居間の次席なる扣席御越此日御接伴ニ與りし側向の貴官陸軍惣督其外役

役罷出御迎申上る扣席ニ而暫時御休息夫ゟ國王の居間御通り尤石見守シーボルト御供以而も其余は扣席に御待被上る御逢之節種々御懇話夫ゟ國王御同道ニ而次の扣席に御越國王の紹介ニ而其貴官之向ハ一々御面會夫ゟ御供之者共公子ゟ國王に御引合被成右相濟て食盤の間御越國王は食盤の中央に座し其右に公子御着座石見守始以下も御接伴之貴官も次を以て列席以而も其夜餐中ゟ次なる一間にて奏樂なり割煮調理之美善を盡せしより器皿盃盤の華靡を究めしおと眞に王家の饗禮を覺ゆ夕六時半より夜餐相初り八時半頃終宴夫ゟ再ひ國王の居間ハ御越に而カツフヘー及種々の美酒等被召上夜九時御歸館

九月十日雨　月　十月七日

明朝當地御出發の積候付被下物其外取調以而も朝御取寄品之儀ニ付シバリオンハ電信差出も午後二時石見守俊太郎外國事務執政内事執政陸軍惣督等ハ御滯在中の御挨拶として罷越も三時頃孛國在留ミシャルジダフハ

ール罷越同國御越之儀差支候旨申聞る且爾後御日限も聢と申聞兼候旨因而明後十二日御出發御歸巴之旨決議第四時巴里江電信ニ而申遣ス

夜七時シバリヲンより今朝差出せし電信之報來る

九月十一日雨　火　十月八日

朝七時半御發マストリツクレグーといふ者荷蘭國の豪家ニて御請招申上けれは御越石見守俊太郎凌雲御雇兩人シーボルト御供陶器硝器製造之場所其他種々名苑奇亭御一覽午餐夜餐とも同所主人御饗應申上尤鄭重を盡せり夜九時半御歸館

朝巴里江御用狀差遣ス御旅館取仕末之儀等申遣ス

九月十二日曇　水　十月九日

朝九時發軔之汽車御乘組夕五時巴里御歸館尤此日は爲御見送カピテインニケイズ罷越御同車ニ而二度目の會所迄御送申上る汽車は國王の車ニ而御送申上る夕五時巴里御歸着

澁澤篤太夫儀御取寄品未着ニ付御跡殘以致し本日十二時到着ニ付蒸氣車會所江罷越請取方取計夫ゟ御附添之甲必丹其外共被下物取調之上引渡候
其夜同所一宿以致候
九月十三日曇　木　　十月十日
朝九時澁澤篤太夫ブリッセル發第五時巴里着夜六時過石見守俊太郎篤太夫御用ニ付シャルグラン隼人正旅宿江罷越候
九月十四日曇　金　　十月十一日
朝荷蘭赤松大三郎ゟ爲替金之儀ニ付篤太夫江書狀差越候第三時石見守コロ子ル御供ホワテブロン御越し第四時御歸館夜九時隼人正安藝守御旅館江罷出る御老中若年寄ゟ被進御品安藝守持參差出候
夜石見守篤太夫シャルグラン江罷越候
九月十五日雨　土　　十月十二日
第一時隼人正安藝守三田伊右衛門フロリヘラルトシベリヨン等御供博覽

會御越夕五時御歸舘第二時石見守シーボルト以太里公使舘江罷越同國御越之儀引合およふ

夜石見守篤太夫御用談ニ付シャルグラン江罷越す

九月十六日曇　日　　十月十三日

御旅中諸勘定向取調篤太夫ゟ田邊太一江引渡す御有金御入費共積譯取調以為す

夜七時シルクデアンパラトリース御越安藝守石見守其外生徒共御供十一時過御歸舘

九月十七日曇　月　　十月十四日

午後伊太里在留之公使同國御越之儀ニ付罷出御答申上る本月廿日御出立御越之積申談罷歸る夕四時試砲御越第三時石見守篤太夫御入用筋御用談ニ付シャルグラン罷越す

九月十八日晴　火　　十月十五日

晝十二時伊太里公使館ゟ同國御越之儀ニ付御道筋并人數書相添書狀差越
も御入費筋之儀ニ付石見守篤太夫シャルグラン罷越も
九月十九日晴　水　　　　　　　　　　　　　十月十六日
朝御乘馬御越夕方白耳義國御滯在中御附添之カピテインニケイズ罷出る
同國王女太子ゟ被遣之御品引渡も御巡國御入用日比野清作ゟ篤太夫請取
九月廿日曇　木　　　　　　　　　　　　　十月十七日
朝御國行御用狀差出も第一時保科俊太郎澁澤篤太夫巴里在留荷蘭公使館
ゟ罷越し同國御越中御附添せしコロ子ルカツパルレンゟ被下物引渡も
此夕意太里國御越之手筈兼ゐ御治定なりしゐは夕八時御旅館御出發尤御
供方并汽車場迄御見送之者等は七時半ゟ御旅館を發しカールデリヨンニ
ゐ御待申上る無程御越ニゐ八時四十分發軔之汽車御乘組ニゐ御發し相成
此夜隼人正三田伊右衛門田邊太一木村宗三其外御旅館御留守之者外
國局之者一同御見送申上る會津藩二人唐津藩壹人も御見送申上る
此夜汽車中御徹夜翌曉六時頃アンベリウルといふ處ニゐ御茶被召上暫時

御休息

九月廿一日雨　金　十月十八日

昨夜ゟ行路の澗峡に入りしては新寒稍増して衾被の薄きを覺ゆ朝來細雨如針殊に鐵路の兩沿は總て山岳の蒼々峨々として或は危巖怪石の突兀として途頭に蟠せし處は汽車其洞中を横衝してこれを過り其溪澗之深潭ニは鐵橋を架して是を通し行程愈嶮峻にして鐵路愈堅牢なり此邊は惣て巖山ニて處々に石炭を生せり木々は漸霜紅を帶て各處に其眺を改め雨中汽車中の眺望其清閑之餘味あり第一時サンミセイル御着午餐鐵道も此所限ニて是ゟ先は馬車ニて山中を越ゆるなれば夜中の行程不便なるべしとて此日は同所御一泊と相定め午餐中同所客舍を求めしに邑中僅壹軒の客舍ヲテルデポストといふ而已ニて家を擧て一行の人を宿するに足るべしといふサンミセイルゟ意太里國スーザー迄行程凡十時其間宿すへきの地なく且スーザーゟリチユラン之汽車は第五時發軔の例なれは此夜馬車中に徹夜しぬるも其益なしとて其夜は同處ニ一泊いたす二時半頃ガールニて馬車を雇へしが壹車而已ニて一行を駕する能ハされば半は公子に供して半は其馬車の再び還り來る

を待れりガールゟ右に折して隘衢を行過て一の往還に出又右に折して客舎に至る客舎の主人驚きたる体ニて相迎ひやて樓上に誘引し各其部屋に附して陋隘いはんかたもなく尤不潔を極めたり御着後馬車を雇へ邑中四山の風色を御遊覧夕三時頃御歸館此地四面峰巒崔嵬として最高の嶺には既に積雪あり陋屋之風寒衾被の薄きを恐れして幸に此夜は寒氣弛ふして一同安然の想をなせり

九月廿二日曇　土　　十月十九日

拂曉とて旅装を理し朝六時御出發いと大きなる貳輛の馬車を雇へサンミセールよりスーザ迄山路嶮峻にしていまた鐵路の設なければ行人の此路を取るは總て此馬車もて山路を越へさるを得す一行乗組し上に諸荷物を載せたり其馬車はジリジヤンとて巴里邊ニて用ゆるヲムニブスといふ車に同しく行路惡しけれは六馬或は八馬を駕せり客舎を發して峽路を曲折し或は溪に添へ又は坂を攀ち八時頃一村落にいたる村中汽車及鐵道を製せる器械ありこは佛國商人の戮力して汽車を此峽路に開きいと廣大なる巖山の半腹を洞し汽車を平垣に意太里國迄達せしめんとせる爲に右の器

械等を開きしにて未成なれとも日を追て其成功を見るへしといふ又馬車通行の路傍には別に小さき鐵路を造作しなり是は米利堅人の發起にして從來の峽路に添て小汽車をこの山に通せしめんとする爲なりといふ其危巖の崔嵬たる處はこれを洞突し崕峽の懸絶せし處もこれを棧架し其精其巧實に天造を自製せんとも山行の深きに隨ひ峽路も嶮峻なり霜を帶る葉は微紅錦を疊み巖に咽ふ泉は純白素簾を劃せり滿山總て巖石ニて高聳骨立し尤松檜之樹多し峽路の稍窮まりし處より攀躋凡一時程尤嶮岨にして且高し漸にして絶巓に達す其攀躋の尤急岨なる處は馬車の勞を助けんとて公子始車を降り徒歩にてこれを攀たり此日は空曇り山中は雲烟にて四望辨し難けれとも奇峰懸崕の雲霧に出沒して其貌を改むるも頗る雅興を添たり山の絶巓中腹には新雪處々に堆く攀躋の疲勞せし頃は積雪を取りて渴に嚢す其味清絶なりし絶巓に二三の人家なり馬車の替馬を出し及鐵路を造れる工人の泊する家なりといふサンミセイールゟスーザ迄馬車の馬を替ること六次其初は六疋中は七疋嶮峻の處は拾貳疋を駕せり其巓窮て降らんとする路傍に石杭なり佛蘭西意太里兩國境の封柱なりといふ夫ゟ山路下低して漸平夷なり下阪の半より雲霧晴て初て意太里の諸山を見る其眺望絶佳なり

夕四時半スーザ汽車會所御着之ところ意太里國爲御迎コロ子ルイシヤケエードボヲヤニといふ者罷出て御安着を祝も直ニ汽車御乘組夜七時チユラン御着ホテルデヨウロツパといふ客舍御投館御案内之使番も御供して罷越明日御遊覧の爲尚同所御滯留なり度儀國王ゟ申越さ匙し旨申上罷歸る此夜巴里ゟ電信差出も今日當地御休息明日フロランス御越之儀申遣も

九月廿三日曇　日　　十月二十日

朝十一時コロ子ル罷出御案内申上一同御供ニて本地國王の別宮及古代の武器貯所其外説法所等御巡覧第一時御歸館別宮の玄關及階子共總てマルブルといふ白き石ニて築立尤美麗なり其宮殿は總て金ニて彫鏤し巨大なる油繪の懸額なと武器藏所には諸國ゟ集めたる刀劍甲冑小銃の類多し其中に御國騎馬武者のなりしに其甲冑の着し方馬具結束之法多く其實を得さまはこれを御説示なりしには御案内之者喜んで拜謝せり

夕六時同所御出發汽車會所ゟ御越六時廿分發軔之汽車御乘組尤御附添せし使番も御同車申上る翌廿四日朝八時都府フロランス御着ガラントヲテ

ルデペエイといふ客舍御投館汽車場迄禮式懸シバリエーギユーリヨウチ
ニ外壹人御出迎申上る

九月廿四日曇　月　　十月二十一日

午後巴里ゟ御用狀差出を　終日御休息記事なし

九月廿五日雨　火　　十月二十二日

朝九時コロ子ル及禮式懸之者罷出本地國王の別宮御覽ふ入るとて石見守俊太郎凌雲御扈從向兩人シーボルト御供別宮ふて種々奇珍の品油繪石細工等御一覽十二時御歸館午後英國在留公使罷出る

九月廿六日曇夜雨　水　　十月二十三日

朝九時御附添コロ子ル及禮式懸御案內本地議政堂幷本國名産の石細工モザイクといふ等御覽ふ入るとて石見守俊太郎篤太夫御雇の者兩人シーボルト御供ふて御越昨日御覽なりし國王別宮の續きなる廣大なる堂宇ゟ御案內油繪御一覽夫ゟ議政堂御越議政堂の中央ふは國王の油繪を懸け其左右ふ諸

人の會議所を設け其兩面は大きなる油繪の懸額なり先年意太里國戰爭の圖なりといふ會議の式は年々洋曆十一月より四月迄諸民の惣代政府に加祖之者及其議に反せし者を左右に分ち中央にて國王及諸貴官ニて一の國論を出し是を討議せしめ其可なるを折衷すといふ（國議に反せし者は其左に位し加祖の者其右に着座すといふ）又別に高き棧敷を設け置各國より在留之公使を引て其議を與聞せしむ且其面前の高き棧敷には本國ミニストル始貴官之婦女罷出てこれを聽聞せといふ御一覽後石細工所御越種々奇珍之細工御一覽（石細工は本國第一の名産にて黑き硯石樣の石に種種の模樣を琢き出しあるもの也其精巧緻密ニて製作も甚綏優なり其製作し出す品は食盤小机筐石板及婦人の胸掛の類多し一の小筐石板を製するも五六ケ月を經て其功を遂く共精密なるは十年十五年の歳月を積て其成功を果す紫青紅白黄黑種々の石品を集め人物樹木果花其他種々の模樣を琢出す其美麗にして眞に迫る彫刻畫描の比にあらす）

晝十二時御歸館

九月廿七日晴　木　　十月廿四日

此日國王御逢之積禮式懸之者申上朝十時王車貳輛を備へ御迎申上る尤國情云々も有之不表立樣御逢致度因て御陪從人數可成丈御減し被下度申聞

石見守御雇兩人シーボルト御供十一時御逢濟御歸館御逢之手續は別ニ記し爲れバこゝに略す
夕六時御附添コロチル罷出今日御懇篤之御逢相濟絶境隔地比隣の御親睦
を結ふことを得るは全
大君殿下御厚意且公子遠路御來臨なられし爲なれは右拜謝の意を表する
爲免同國貴重のデコラシヨン差上度國王申越候旨申上る尤石見守俊太郎
凌雲篤太夫へも其等を以被相送る夕七時半劇場御越御附添コロチル禮式
懸之者御案內石見守以下一同御供王家の棧敷ニ而御覽御逢之節御取扱申
上し第一等禮式懸及陸軍惣督等罷出て御挨拶申上る夜十一時御歸館
九月廿八日晴　金　　十月廿五日
明廿九日本地御出立ミラン御越之積ニ付御滯在中御取扱なせしコロチル
禮式懸之者は被下物取調夜御同案之夜餐被下被遣品は石見守ゟ引渡も一
同拜舞して御禮申上る
禮式懸ソンヱキセランスルデユクドサルテラナ同ルマントメナブレアは

御滯在中の挨拶として石見守より名札差越す夕三時馬車ニ而都府外の郊御遊覽五時過御歸館郊はアルノといふ都府東北の山より流出する河に沿ふて樹木繁茂して頗る遊歩に宜し

當時意太里國には元同國セ子ラル相勤めしガルバルジーといふ羅馬廢滅佛法掃除之說を唱へ意太里政府貴官之者にも同說の者多く頻に國王に迫りしに其淵源尤深かりしかば其說次第に延蔓し佛蘭西國ゟ羅馬加勢のため人數差出し意太里は戰使を越し羅馬に代て戰爭可及旨被申越國王にも固ゟ佛國と戰爭の意なけれは夫是時機相延し候處ガルバルジーの奇計にて國民頻りに騷擾し擧て羅馬攻襲の勢をなし其中には羅馬に潜入して處々攻擊におよひしよし遂に佛國との和議破るれは國を擧て佛國と戰はさるを得さるとて國王は更なり政府も大に騷擾し討論日夜止まずといふ

九月廿九日晴　土　十月廿六日

第一時半都府東北の山眺望に佳なるとて御附添コロ子ル御案内石見守凌雲御扈從兩人シーボルト御供ニ而御越夕四時御歸館

夜九時英國ゟ在留之ミニストル書記官差出し本國ゟ申越之旨有之候ニ付公子意太里近海之英國所領之マルタ島ニ御遊覽被下度尤軍艦を以御迎申上候旨申上る尤本夜は意太里別都ミランといふ地御越之積兼而御手筈相成ぬれは來十月三日再ひ本地ニ御歸之上御越可相成旨御答相成夜九時半御旅館御發し汽車御乘組十時十五分發軔其夜汽車中御徹夜翌朝十時ミラン御着ヲテルカブウルといふ客舍御投館

十月朔晴　日　　十月廿七日

朝十時ミラン御着直ニ太子附之セ子ラール罷出て御安着を祝す明日太子御逢仕度旨申來るミランは意太里國一箇の都府ニ而殷富之地なり街衢も廣く人口も稠密なり市戸の布置佳麗ニして生業も富饒の樣子なり先年意太里王チユランの都をフロランスニ移せしゟフロランスハ街衢陋隘ニて都府ニ便ならざれば再ひ此地ニ移さんと欲せしが其經費の多きを患ふていまた其意を果さすといふ客舍の前ニ市人戮力して造りたる廣き園なり

奇草佳樹を植並へ處々ニ石泉を注て頗る遊歩ニよし此日は日曜日なれは遊歩なから我公子を見んとて閭郷の女兒客舎の前ニ充滿せり第三時太子より馬車二輛を差越し其セ子ラール罷出て市中御遊覽の儀申上る石見守俊太郎淩雲篤太夫御小性兩人シーボルト御供市街御遊覽夕五時御歸館此夕御案内之セ子ラアールに御同案之夜餐被下夜太子ゟ使者を遣し明日太子の旅宿ニ而御逢之上御誘引申上本地の囿ニ而畋獵相催御慰申上度旨申越す

十月二日雨　月　十月廿八日

昨夜より雨降出し御催之獵御越相成兼ぬれは朝十一時石見守シーボルト御小性兩人御供太子の宿所御越御逢有之晝十二時太子御旅館迄訊問暫時御雜話申上引取第一時

大君殿下之御寫眞公子の御寫眞共御送相成夕方太子寫眞二枚爲御禮差上る

夜九時發軔之汽車御乘組汽車中御通夜翌曉七時半フロランス御着最前御投宿なりし客舍に御投館

十月三日晴　火　　　十月廿九日

御着後直ニ英國之ミニストル罷出御機嫌を伺ふ且マルタ島御越之儀英國女王申越せし旨申上則當地近港に軍艦ニ而御迎申上候積右軍艦未着ニ付暫時御休息相願度由申上る巴里ゟ御用狀到來以爲も荷蘭カッペルレン被下物之謝狀差越も

十月四日晴　水　　　十月卅日

朝巴里に御用狀差出も英國ゟ御招待ニ付公子マルタ島御越可相成旨申遣も第三時市中の囿園御遊覽石見守御扈從之者兩人シーボルト御供第四時頃御歸館

十月五日晴　木　　　十月三十一日

朝六時御旅館御發し蒸氣車ニ而ピイザといふ地御越王家之囿ニ至る第九

時十五分同所御着汽車場ニは其地畋獵之事を宰する者罷出て御迎申上る直ニ馬車御乗組當地有名なる寺院御案内御覧此寺院中ニある丸き塔頗る奇製ニ而其造立斜ニして轉せんとする者の如し高さ貳拾間余もありて尤壯牢なり御一覧後客舍御越ニ而午餐十一時客舍を發し王家之苑ニ御越御休息夫ゟ畋獵御催之ところいまた勢子人數整はすとて山林中御遊歩第二時頃ゟ御獵此日の獵は騎馬の勢子二十人斗四方ゟ駈逐し銃を取る人は小さき松枝にて作りたる小屋ニ潜居し其迯去る處を射る此日の獲鹿六頭なりし第四時御濟馬車ニ而汽車場御越第五時發軔夜七時四十分御歸館此日騎馬の勢子其外御取扱之ものには下物いたす

十月六日晴　金　十一月一日

朝十時昨日御獵ニ而獲せし鹿二ツ畋獵主宰のものより差上る其一を調理し御陪從一同に被下其一を英國ゟ在留之ミニストルに御遣相成當國王ゟ大君御諱伺度旨申立けれは大日本大君源慶喜と記し洋字譯相添送り遣す夜過日國王ゟ差上しデコラ

アションは證書御附添コロ子ルを以差上る石見守以下へも同樣差越ス此日は御餘暇なれは一同を御襍書畫合作之御慰有之

十月七日曇　　土　　　　　十一月二日

朝英國ミニストルゟ御迎之軍艦今夕リボルヌ港到着候付今夜同所御一泊明日軍艦御乘組之儀申上る因而本夕當地御出立之積御治定にゐス夕四時御旅館御出發汽車場ニ而汽車御乘組夜七時リボルヌ御着ヲテルデワシントンといふ客舍御投館意太里國ゟ御附添之コロ子ル同所迄御供申上る御着後英國軍艦便宜承及候處同港規則ニ付外港突入之軍艦は直ニ着眼上陸を不許因而港口碇舶有之候旨船將ゟ書翰を以申立る朝十時半御乘組有之度旨をも申上る

十月八日晴　　日　　　　　十一月三日

朝軍艦ゟ書狀差出し風洋不宜ニ付御乘組午後三時迄御見合相願度旨申越ス朝十時巴里に御用狀差出ス午後三時御旅館を御發し馬車ニ而港口御越

のところ港口迄英國軍艦ゟバッテイラ貳艘各本國之旗を建其一艘ニハ第一等士官禮服ニ而御迎申上る（伊太里國ゟ御附添之コロ子ルは御乘組迄御見送申上て引取る）第四時軍艦御乘組（此日軍艦には色々の國旗を建中央に位せる最高の檣には御國旗を建ゐり其船將士官迄總而禮服ニ而御乘船之節は樂手隊奏樂し兵卒は捧銃の禮を爲せり滿船の水夫は不殘帆桁に登せ並立せしめ御乘組直に祝砲の禮を爲すへき手筈之ところ暫時前意太里軍艦壹艘本船間近に投錨せしゆは發砲の式なしゆゑしとて祝砲の式は見合せたり）本船はエンデミヱーヲンといふ壯大なる軍艦ニ而大砲小銃及諸器械共具足し然も堅牢を盡せり軍艦故ニ船部屋の設けなけれはとて假に船將の有せる舳の方ニ而御部屋を設け御供之者も彼所是所ニ休息所を出來せり御乘船後船中御巡覽風洋よろしきとて直に御出帆之積之處先ニ投錨せし意太里船の誤て錨繩を本船の繩に繋掛しゆは互に經連して相解も意太里船ゟ使者を遣し相互に船を運轉し漸ニしてこれを解き夕六時出帆終夜風順ニして駛行穩ゐなり

十月九日晴　　十一月四日

曉ゟ風強く船少しく動搖も終日意太里國の南邊を駛行も夜御慰とて水夫

を集め曲藝雜話等をなさしむ夜に入りて風靜に船靜かなり

十月十日晴　火　　十一月五日

昨夜ゟ風洋よく舟行如席絶て動搖の憂なし朝十時駛行なから水軍調練を御覽に入る尤火入の調練なりしかは滿船の巨砲連發せし時は頗る壯烈を窮めたり此日の調兵は船と船との攻擊なりと覺しが其運動坐作駿速にして到壯なりおはりに一隊の陸軍各劍銃と鎗とを持て敵船を乘越ゆる駈引をなさしむ其擧動尤敏捷なりし（船中法度寛優ニ而嚴肅せり其兵は總而水夫ニ而平生駛行に從事し戰鬪に攻擊を爲す別に兵士水夫の分なし又別に一隊の陸軍を備ふ陸地接近の節戰爭の具なりといふ）第三時意太里國の孤島なるストロンベツキといふ火山を際して駛行す山は洋中に屹立して其貌圓曲にして椀を盛たることく嶺の凹なる處より火を發して其烟終歲絶間なしといふ御國富岳淺峰の類なるへし折ふし夕陽なれは海水藍のことく金波處々に漾映し波間に其火山の突兀せしさま尤絶景なり第四時意太里國ナアプルを遙岸に見て駛行す夜八時舟中の御慰とて水夫の曲藝をなさしむ中に壹人の水夫繩

拔の術を得しものなりしか試に御陪從の者をして綿密に結束せしめしに頃刻にしてこれを解たり其法壹人の男衣服を着せし儘にて一の椅子に腰を掛太き麻繩のいと長きを出し其身體四支を椅子と共に纒縛せしめ尤嚴重に結束し畢る上ゟ身を容るの程大きなる布の袋ニて其身を覆ひ其中ニてこれを解く共結束尤嚴にして其解くこと尤速なり其曲藝も又巧なりし

十月十一日晴夕雷雨　水　　十一月六日

昨夜より風烈しけれとも艀行穩かに朝十時マルタ御着船此日は御着なれはとて船將及士官の者迄禮服ニて御着の節は船糯を爲し中央の檣に御紋を附たる御國旗を建兵卒は捧銃の禮を爲し樂手は奏樂を爲せり軍艦の港口に入りし頃兩緣の砲墩ニて貳十一發宛の祝砲を打砲も第十一時頃マルタ鎮台より御迎旁御機嫌伺として其子及其士官を差遣して御安着の祝詞を呈も水師提督及附屬士官七員を具して本船に罷出て御機嫌を伺ふ夫ゟ午餐御支度にて第十二時半本船のバッテイラニて御上陸のところ本船ニて二十一發の祝砲を發せり其港口ニは一中隊の歩兵其士官これを指揮して御上陸の節士官は手に持し劍を建兵卒は捧銃の禮を爲せり港口より馬

車御乘組騎馬の御案内四騎其前後を御警衛直樣本地鎮台の在留せる英國の官衙ニ御案内當地御滯在中公子には官邸内御止宿石見守御雇兩人シーボルト其外御供は傍近ニ旅宿相設候旨申上る官邸御着之節其正門ニ一小隊余の兵士捧銃の禮を爲し正門ニ入迄階子を御登迄の節階子の登迄口迄鎮台始附屬の士官二十人斗御出迎申上階子の兩縁ニは赤く糚なし壯麗の兵士毎階ニ並立して御警衛をなせり夫ゟ鎮台及附屬士官御案内申上官邸中の集議場樣なる處御越集議場は廣き板敷の廣間ニて其正面ニ四五段の階子あり階子の上なる最高の貴席ニ御着坐鎮台は其左ニ立をり爲通辨シーボルト一段下りたる階子の片脇ニ立り其余一齊ニ板間ニ並立せり夫ゟ御迎之士官順序を以て公子は御目見申上る鎮台及使番之者側ゟ其名其役名を申上シーボルト通辨申上る其貴戚之向は階を登りて握手の禮を爲し其余は默禮ニ而退出せり其式壯麗なりし御目見申上候士官三十人余なりし式終て後鎮台御案内ニ而兼而相設置きし官邸の御止宿なるべき御部屋御越暫時御休息第二時午餐御饗應午餐之節は鎮台の妻及娘悴等罷出て御接伴申上る第四時馬車ニ而市街御

遊覽夕七時半夜餐御饗應鎭台始水師提督鎭台附屬之書記官其外役々罷出る御接伴以為す御饗應も美を盡せり

十月十二日晴　木　　　　十一月七日

晝十二時官邸御發し馬車ニ而本地の城中御一覽武器貯置所及城櫓等逐一御歴覽夫ゟ陣馬置所御一覽第一時御歸館午餐後再ひ馬車ニ而御發し鎭台御案內港口ゟ御乘船港口處々御遊覽港口の右手なる砲臺ニ而大砲の的打御一覽打砲凡半時間程なりし港內ニ碇泊せる軍艦は悉く水夫を檣桁ニ登らせ敬禮を爲せり夫ゟドック及製鐵所御案內申上る其節御上陸場ニは陸軍兵士一小隊斗陳列して捧銃の禮を爲せり夫ゟ當時成造中のドック御一覽再御乘船ニて港內なる番船の前を御通行御往復とも二十一發の祝砲を發せり新港御一覽其節意太里國之王御乘船の軍艦船將ウ・エック罷出て御挨拶申上る第四時半御歸館此日石見守御雇兩人シーボルト御供申上る

夜七時半夜餐夜餐は昨日と同しく盛會なり御陪從之者御接伴之者都合男女三十人程なりし

十月十三日晴　金　　　　十一月八日

朝當地御安著之儀及來月曜日當地御出帆之儀等電信を以巴里へ申遣も當地鎮台及妻子江被下物之取調以有も

此日本國ゟ在勤せる本地の戍兵を集め調兵御覽ニ入るとて石見守以下一同御供鎮台及附屬之士官御案內申上公子は御馬ニて俊太郎シーボルト御供石見守以下馬車ニ而罷越も鎮台始御案內之者拾人斗騎馬ニ而御附添馬車乘組之者は其後ニ随ひ官邸の前を左江市街を御行過ニ而城門を御通拔四五丁ニ而調兵場ニ至る調兵場ニは此日調練の兵隊各其頭ニ而指令し戰隊に整頓して御着の節は樂手賀樂を奏せり調兵場の中央ニ而片寄て大隊旗を建有る處へ御越夫ゟ鎮台始不殘御供ニ而前ニ整頓しゐる陳列の前を御一周御一周之節兵隊は捧銃を爲し樂手は奏樂せりニ而元の大隊旗の本ニ御戻り馬を駐めて運動御一覽其時一齊の横隊忽ち縱隊ニ轉して行軍の式をなせり最頭の隊は黒き戎衣ニ而小隊の行進十一隊次ニ赤き戎衣ニ而小隊二隊其次ニ同襟ニ而小隊三拾七隊なり各小隊四十人ゟ四十五六人迄外に樂手隊士坑兵雜兵士官迄ニ而都合四千人程といふ行軍之法調兵場の中

央に横一文字ニ並立せし兵隊を左之方の首ゟ小隊に作り徐歩環旋して大隊旗の本ニ而御覧なる公子の前を行過て元整頓しなりし處ニ至る其行進兩度ニして初度の行進ニは毎小隊公子の前に至る士官は其手に持し劍を笠行過てこれを收兊隊に添ふて行進せり其歩蹀徐々として寸分の齟齬なく恰も器械もて環旋せる如し再度の行進は急歩なりしも其規矩は更に靜粛なり各隊ともに再度行進し終て初整頓しなりし如く横一文字に並立せし兊其中央になる小隊七八隊列を超て進むこと貳拾歩計ニして笠銃の擧動をなせり其時公子及御附添のもの少しく進んて其隊の前面に至る其兵隊は公子の其前面に至るとひとしく銃槍の手前を爲せり手前濟て公子は又元の地位に御戻り其時一列の兵隊首尾を旋回して退陣せり公子及御陪從之騎馬御供は其退陣の中央ニ在りて前後の兵隊ニ而護衞し緩歩ニ而官邸の前ニ至り各隊分離して式終る（此日公子は陣羽織御直衣ニ而馬上尤美麗なりし御案内せし鎭台其外も總而赤き裝束にて陣中御一行の節は尤雄壯なりし）第五時過御歸館第七時半夜餐（昨夜と同しく貴官の妻娘罷出る御陪宴の者殆三十人余なりし）

十月十四日晴　土　　十一月九日

朝十一時半鎮台及附屬士官御案内石見守凌雲御扈從四人シーボルト御供馬車ニ而本地の砲臺御越大砲の打御一覽夫ゟ海岸に連築せし砲臺御巡覽第一時御歸館

第三時再馬車ニ而官邸ゟ一里餘隔りたる海岸の曠野ニ而小銃の的打御覽鎮台及附屬士官御案内御附添之者一同御供市街を行過海岸の崕路を曲折し進築せし兵卒の屯所に至る其屯所の前道途高低屈曲せし處ニ一中隊余の兵卒を路の左右ニ列ねしめ御通行の節捧銃の禮をなせり屯所の前には樂手隊奏樂せり夫ゟ的打場ニ御越御一覽的は海岸の水に際せし處に巾二間余高六尺斗の白き板に中黑の筋を引たるを掛置三百歩の距離にてこれを發す兵卒は二十人一隊ニ而二列に組て發銃せり銃はシナイドルといふ尤輕便の銃なり此日公子にも御試銃ありしが的射誤たさりしかば一同相感しぬ的打場兩所ニ而其一は距離稍遠く七百歩もあるべし的は方にして六尺余と見ゆ此日風强ければ遠的の分は其的を射ること少なかりし第五時御歸館此夜は本地在留の士官及各國在留公使總而公子に謁せしめんとて夜

會を催し第八時より官邸中の集議場に御越在留士官の夫妻及各國公使等一同罷出て御目見申上る（謁見の式は御着の節と同しく公子は段の上に御着坐階下に出て拜謁す）謁終て公子は段を下り雑沓の稠衆中ニ而種々御雑話兼而相設ありし別席ニ而御茶或は氷製の菓子及種々之果物肉類抔被召上夜十時頃散宴（此夜相集りし人數凡二百人余御陪從は石見守俊太郎凌雲篤太夫シーボルト等なりし）

十月十五日晴　日　十一月十日

晝後第三時鎮台御案内ニ而本港に碇泊せるカレドニヤリと云ふ惣鐵船御一覽石見守凌雲御雇の者兩人シーボルト御供第四字御歸館俊太郎篤太夫は本地のコロ子ル誘引ニ而砲臺及新製の大砲等一覽新製の大砲拾六門（玉目千參百キロカラムといふ）夫ゟ小舟ニ而公子の御越ありし惣鐵船ニ相越して一覽惣鐵船の長九十メイトル巾二十メイトル蒸氣器械千馬力大砲貳拾四門乗組六百五十人尤牢壯なり其法度靜肅と見へて船中諸器械の布置兵卒の擧動等頗る行屆けり外面の鐵二重ニ張重て其厚サ四分五分餘ありといふ夜七時半

夜餐每度諸士官夫妻共御接伴申上る御同案凡三十人餘なりし

十月十六日晴　月　十一月十一日

此日當港御發程ニ付朝ゟ御理糂九時半御餐相濟鎮台其外被下物等相濟第十一時御着之節御上陸なりし處ゟバッテイラ御乘組過日御迎申上し軍艦エンテジイヨン御乘組官邸御發の節鎮台は共門前迄御送申上共男及士官一人御乘組の軍艦迄御送申上る官邸御發しバッテイラ御乘組之場所共兵隊を出し御護衛をなし騎馬の兵四騎御車の前を拂へり軍艦御乘組の頃砲臺ゟ二十一發の祝砲を發せり　晝十一時五十分御出帆順風ニ而舟行疾し御乘組の軍艦に並ひ碇泊せる惣鐵船昨日御覽のため御越之ところ日曜日ニ而祝砲の式なしかたく此日其式をなすとて滿船に種々の國旗を建水夫を檣桁に登せ御乘組の軍艦其鐵船に際して港口に出んとする頃二十一發の祝砲を發せり順風なれとも港口は波濤つよく船頗る動搖せり午後洋中に駃行して追々波浪穩かに舟中安然たり夜十二時頃忽然として闔船を喝動せる響聲なり時に船穩かにて公子もいまた寢に附給はす一同も御側に侍れば何事やらんと船將に問へしにこは本船の機關破摧せし

にていまた其破損明了ならされとも所詮爾後その機關を用ゆること無覺束されは再ひマルタ島御歸船機關修覆の上御航海なるへき歟又は他船もて御送可申上哉然るに本夜は順風なれは御歸船ならんには風逆すれは器械なき船にて何時マルタ御歸着も難測可相成は順風に帆を揚帆前もて航行期を延して馬塞里に御着ならんことを希ふ旨船將ゟ申上けれはさらハ本船にて御越なるへき旨御答相成しに船將も大に悦ひたり此夜は機關損したれとも風順なれは帆前にて一時八九里程を駛行すといふ

十月十七日晴　火　　十一月十二日

順風なれとも風輕けれは舟行緩に夜に入ては風全く死し船洋中に漾游せりされと波濤靜なれは舟中殊ニ穩かなり

十月十八日晴　水　　十一月十三日

朝來美晴輕風なれとも順なれは舟行稍速なり一時五六里程を行すといふ十時頃破損せし器械の僅に修繕せしとて試のため機關もて暫時航せしが

風順なれは手薄き器械は他日の具にとて帆前に艅行す夜に入り風止たれは再未成の器械にて艅行せしか大破せし機關の修繕全からすと見へて再損したり

此日御慰にとて海中に浮的を流して御試砲有之

十月十九日晴晩曇　木　　十一月十四日

朝十時サルジン島を認む夕方より北風強く間切なれとも舟行速かなり夜御慰に水夫の曲藝をなさしむ

十月廿日曇　金　　十一月十五日

朝第九時水師調練を御覧に入る午後より風強く船追々動揺せり夜に入て風いよ〳〵強く船の半面に吹當り怒濤如屋船の動揺尤甚し殊に機關なけれは片帆間切ニ帆を揚しか艅行尤危かりし夜半頃機關の損せし處より潮突入して船底に滿しこと一尺八寸程なりしか水夫集りて漸汲盡し僅に其破口を繕ひ得るといふ終夜勁風暴雨にて昏黑咫尺を辨せす其上機關なき

船なれは地方に添て駛行すれは暗礁危巖の恐ありとて夜半より揖を轉して南洋に駛行し夜明て後再其濤路を得たりといふ

十月廿一日曇　土　十一月十六日

昨夜より風烈しく雨を交へ船の動搖甚たしく朝來風尙歇されは一同海疾にて朝餐に附きし人も稀なりされとも公子には御疲もなく御歩行ありし

昨夜半より再ひ破損せし器械の又修繕せしと見へて僅に駛行を助けしが半成の機關なれバ舟行随意ならさりし午後より欝蒸の氣殷雷となり黑雲深く四顧晦冥にて濤路を認むること能はす再ひ洋中に揖を回らせしに幸に洋中に一の孤島を認め得たりとて航せしが其孤島則馬寨里の海岸にて第一時頃辛ふして港口に達す其時雨歇雨霧纔に散して四望漸分明なり昨夜よりの勁風怒濤にて駛行困せしより船將及其士官とも苦心殊に甚しく剩乘組中馬寨里港の津口詳知之者なく船地方に添ふこと能はす風烈しけれハ船を洋中に出して漾はせ危巖暗礁を避れとも何れの日達津の定めもなく怒涙に展轉せは終には成行如何やらんと一同心を痛めしに此に至り初て濤路を得船將は更なり乘組之者一同安逸之想をなし怡悅の色を顯はせり

第二時半港内御着船本船の機關隨意ならされは川蒸氣を雇へこれを曳てせて港内に入る第四時本地鎮台江御着港之旨書翰を以申遣し明廿二日第十一時半御上陸之旨申達す御着後船將ウエック江御航海中種々骨折し御挨拶として脇差一本に御國全圖を添て被下第五時本地鎮台より甲必丹を以御安着を祝し明日御上着之節馬車を以御迎之旨申上る夜暴風驟雨碇泊之群船相輾りて或は檣を折り又は檣桁を吹落し終夜響聲止ます本船の碇泊せし側に意太里船の投錨し居りして暴風に漾わされ本船に輾りてバッテイラ貳艘を摧破す又錨繩の相互に纒轉して曉に至り漸くこれを解けりといふ　夕四時篤太夫シーボルト上陸御旅宿を調ふ明日御上陸の手筈今日御着港之儀電信ニて巴里江申遣す

十月廿二日晴　日　十一月十七日

第十一時半本船のバッテイラニて御上陸御上陸之節は船粧を爲し最高の檣に御紋附の御旗を建水夫を帆桁に登らせ別に一隊の兵卒は捧銃の禮を

爲して御上陸を祝す祝砲も打砲の手筈なりしか港内狭くして舟船相接したれは其式はなし馬塞里港運上所の前ニて御上陸兼て鎮台より差出したる美麗の馬車御乗組ガランドオテルルウブルドブバエーといふ客舎御投舘御着後鎮台の書記官罷出て御機嫌を伺ふ第三時半馬車ニて市街御遊覧ブラドウといふいと佳麗なる花園を御行過海岸に出て夕陽の晩景御眺望時に宿雨新晴ニて秋花艶を増し處々噴水相映し霜を帶る葉は夕陽と紅を爭ひ遠く望めは海天渺邈として風漸烈ならされとも連日怒激せし波濤は奔馬の如く夕陽を掀て遠近の波塘には怒浪岸を捲きしと見えて様々の海草杯打揚ける風情昨日心を苦しめしは今日目を怡はしむるなるへしと坐ろに雅興を添ふと覺ふマルタ島御出發以後舟中に枕籍し鯨濤鰐霧多少の苦を免れ茲に此美景を得るは血海九地を脫し白蓮普陀の場に入れし心地して公子を始奉り一同も快を盡せり此夜御安着御祝として船將ウエック始士官拾三人江御同案之夜餐被下石見守以下一同御相伴いたす

十月廿三日晴　月　　十一月十八日
朝十時甲必丹ウヱック其妻本地ニ滯在せしとて罷出る被下物有之第十一時馬車ニ而本地汽車場御越十一時半發軔之汽車御乘組夜七時半リヨン御着ニ而小夜食滊車中御徹夜翌曉七時巴里御歸着同所會所迄向山隼人正始在留之者御出迎朝七時半御歸館

十月廿四日晴　火　　十一月十九日
第十一時半御歸館御祝として向山隼人正始御迎之者御供之者共御同案之午餐被下御附添コロ子ル致師共罷出る第一時御安着御祝としてフロリヘラルト罷出御機嫌を伺ふ

十月廿五日晴　水　　十一月十九日
御土産御殘置之分取調之た先石見守篤太夫外國方旅宿に罷越第三時ピユツトシヨウモンといふ花園御遊覽夕五時御歸館コロ子ル高松凌雲御雇兩人御供

夜五時半此度到着せし留學生徒八人御目見被仰出夜餐被下取締栗本貞次郎召連罷出る
十一月廿一日
昨夜江戸表ゟ御送相成し御服類到着今朝開緘御品取調分いたす
十月廿六日晴　木
巴里在留之英國公使交代ニ付新任之者ゟ名札差出す御旅館御入費凡積篤太夫ゟコンマンタントへ申談す
十一月廿二日
十月廿七日晴　金
朝十時隼人正石見守英國公使館へ罷越同國御越之儀引合意太里公使館へ罷越御巡國中彼是取扱ひ呉し挨拶申入る
十一月廿三日
十月廿八日曇　土
午後御旅館御入用之儀ニ付日比野清作罷出る夜石見守篤太夫外國局旅宿罷越す御巡國御入費御旅館御入用辻及是迄御遣拂之仕分方申談す
十一月廿四日
十月廿九日晴　日

英國御越之儀來十一月五日則土曜日巴里御發と御治定相成
御附添之者一同御手當類來十二月分迄內借相濟

十月卅日曇　月　　十一月廿五日

俊太郎篤太夫御買上ニ付罷越す　馬車壹輛十一月限ニ而御斷之積篤太夫
ゟコンマンタントに申達す

十一月朔曇　火　　十一月廿六日

御國行御用狀差立る京都行江戸行とも封入
御直書封入差出す英國御供御旅館御留守之者共石見守ゟ口達申渡す

十一月二日曇　水　　十一月廿七日

篤太夫外國局鹽島淺吉御旅館御置附以後御贈品に可相成御品改突合せ調
分いたす
御旅館御入費凡積コンマタントゟ差出候に付翻譯之上御入用積いたす
江戸表ゟ御取寄品京都ゟ御持越之品調分いたす

十一月廿八日

高松凌雲英國御用濟之上は願之通外宿可致旨石見守ゟ申達も同人是迄罷在候部屋山内文次郎引移之積申達も

十一月三日　木

英國御越明後五日と御治定尤カレイゟ同國軍艦ニ而御迎申上御滯留中は御旅館其外毎事英政府おゐて御取扱申上る旨ミニストルゟ申上る篤太夫東洋バンクは罷越佛貨英貨に爲替以而も御入用之儀ニ付日比野淸作御旅館は罷出る馬車御減ニ付ワレイデピイ御減之儀篤太夫ゟコンマンタント申談も

御留守中右夫婦之者御暇之積申談置

十一月廿九日

山内文次郎御旅館爲引移ニ付是迄御夫罷在候部屋取繕ひ篤太夫引移り篤太夫跡木村宗三宗三跡は文次郎引越之積篤太夫ゟコンマンタンは申談も

十一月四日曇　金

英國行之儀五日御出立之積之處其六日日曜日ニ而先方御着御不都合可有

之ニ付六日巴里御發之旨英公使館ニ申遣ス同國留學生之者へも電信ニ而
其段申遣ス

十一月五日曇　土　　十一月卅日

御出發御理装　記事なし

十一月六日曇　日　　十二月一日

朝十一時半御旅館御發し尤御陪從之者御見立之者其半時前相發しカーール
デノヲルより滊車御乗組夕七時十分カレイ港御着

英國御巡行日誌　◎自筆草稿一本表紙ニ上記ノ文字アリ今追書ス

慶應三年丁卯十一月六日晴　日　十二月一日

此日英國御越之積兼て御手筈相成ぬれは第十一時半御旅館を御發し馬車ふ而カールジユノヲルといふ瀛車場御越十二時發軔之瀛車御乘組之御陪従者御見立之者共多人數なれはとて十一時ゟ御先よ瀛車場罷越をフロリヘラルト、シベリヨン、カシヨン、御附添コロ子ル等御見立申上ろ

公子英國御越之儀は佛國博覽會之擧被爲濟候上は各國御巡行之御手初ふ可被成御手筈之ところ當時同國之女王外出之旨巴里在留公使ゟ被申越且同國のたゑ他邦御巡行ふ御不都合有之候ふ而ハ女王ふも不本意之至ふ付便宜次第可申越旨をも申立て置し而は茲ふ其期よろしく御招請申上度女王ゟ被申越をし旨在留公子ゟ中立則此日御出發と相成

英國御巡行御附添人數名面

向山隼人正

山高石見守

保科俊太郎
三田伊右衛門
高松凌雲
箕作貞一郎
澁澤篤太夫
菊池平八郎
井坂泉太郎
加治權三郎
三輪端藏
シーボルト
隼人正從者壹人
石見守從者壹人
小遣　綱吉
アンリイ

都合一行拾七人となりぬ

此日は空曇り風寒く滊車中も寂寥なり地勢追々北移しぬれは夜に入ては寒威甚し夜六時半ブロンギュといふ佛國北邊の海に接せし地御着平常の旅人は此地ゟ船を雇ひ英都倫敦府の大橋迄航すといふ夜七時十分カレイ御着オテルデデッサンといふ客舎御投舘折節英國ゟ在留せるコンシュール罷出御機嫌を伺ふ明日御航海之手續及蒸氣船用意以致し有之旨申上る

十一月七日曇午後雪寒甚　月　十二月二日

朝英國ゟ罷越しゐるメジョールエトワル罷出る昨日より風強く殊に逆風なれは御航海無覺束旨申上る十一時頃風少しく靜なるとて再御出帆之儀申立十二時午飯相濟馬車に而客舎を御發し北邊の港口ニ而御乗組御船は英政府ゟ差出せし飛脚船ニ而巨大ならされとも堅牢にて怒濤激浪に航する船なりといふ御乗船直に御出帆のところ風尚烈しく港口より白浪空を掀ゆるはありに

て剰煙霧朦朧として四望辨せす逆浪の激せし時は船中天に騰奔し九地に沒入するを覺ゆこの觖行は暫時なれとも船の動搖はけしきこと兼て聽傳へなりぬれは公子を奉始一同船室に潜居せしが船洋中に出し頃は海疾に苦さる人は十に一二なりしされとも公子は御厭もなく折々甲板上ニて御歩行或は洋中に難破せし船なりと船將申上れハしはし御覽抔被成して終には少しく御船氣ニて一同とひとしく御寢につかれし第二時頃より風雪つよく甲板上は逆浪の打上けし潮と積雪とにて物すこき風情なりしと覺しか見し人は稀なり此日同しく航海せし飛脚船多く難破して困苦せしといふ御航海中二艘程難船なりしかいつれも檣折れ揖摧け乗組の有無は辨れとも哀れなる有樣なりし

第三時英國ドウブル港御着此日此着は平常投錨之場處に着岸なしかたく途を替て着船せしといふいと狹隘なる港口より御上陸御迎之馬車來り居たれハ御乗組直に市中の入口なる客舎にて暫時御休息御上陸場迄本地ゼ子ラール市中鎮台及コロ子ル抔罷出御出迎客舎ハ御案内申上御茶カツフヘー抔被召上上陸後は海疾稍癒ゆれとも最前の苦惱烈しけれは全く疲と寒威と

にて快然の人は稀なりし

此日客舎の入口なる廣間にてゼ子ラール鎮台其外共公子御渡英の辱きを謝し其平寧を祝する禮式をなす一同禮服にて罷出廣間の正面に公子を請して左の祝詞を呈す

日本公子ヒスロヤルハイ子ス

民部大輔殿下に申す

ドブル港及ドブル府之支配人并紳士等謹て

ユウルロヤルハイ子ス英吉利の地に上陸し給ふたるを祝賀す

ユウルロヤルハイ子スの貴國漸歐洲各國の形勢を了解し且交を厚ふせんと欲するに付此度盛大なる日本君主の親弟我國に來臨し給ふは我等於も總て我國人の爲にも大に喜悅する處なり又ユウルロヤルハイ子スの我國を尋問し給ふは我貴きクイーンと東方の盛大なる君主との交際を厚ふし兩國之貿易益利益を生し且開化世中に弘まるへき確證といふへし我等

ユウルロヤルハイ子スの幸福を祈り此府中の人々ユウルロヤルハイ子ス
及貴家を尊敬するの意を表す

千八百六十七年第十二月二日

ドブル府町寄合の印を證として申す

支配人

ゼジチアーチワード手記

書記官

エドワルド、ノックル手記

右祝詞を呈する節は支配人頭の側に侍者禮式に用ゆる具數品を捧けたり
英國御滯在中御附添を命せられしメショールエドワルも罷出て祝詞を呈
し御着岸の節は二十一發の祝砲なり禮式終て第四時客舎御發し滊車場よ
り國王より出せる滊車御乘組夜六時倫敦府御着此日の滊車は別に公子の爲に設けしにて馳行尤駿速なり滊車御乘組の節道の兩縁に一中隊の歩兵相列し捧銃の禮を爲し樂手奏樂せり倫敦の滊車場には爲御迎禮車數輛を出して

御案内申上る御國留學生川路太郎中村敬輔其他生徒一同御出迎申上る夜六時半ブルヅクストリイト英國政府ニ而相設置きし客舍御投館兼而國王ゟ御招請之積ニ而客舍は政府ゟ相設け御滯在中御賄向萬端申上る旨御附添之者申上る且御雇士官シーボルト儀元英國に附屬之士官なれは御滯在中は同國ゟ御附添申付旨申聞る

十一月八日曇　火　十二月三日

本地は地位北移しぬれは秋後より寒氣強く殊ニ連日霧深く快晴の日なし朝より霧深く咫尺辨せす寒威も尤凜烈なり第十一時外國事務書記官ハモンド罷出て御機嫌を伺ふ第二時第一等外國事務執政ロードスタンレン罷出御安着を祝し明八日國王御逢之旨申立る尤御懇親之御逢ニ付御平服ニ而御越相願度且御陪從人數御減し有之度國王は當時倫敦都外なるウヱントリールの別宮ニ在之旨其外手續申上罷歸る

夜川路太郎中村敬輔ロヱード罷出る夜七時御附添メジョールヱドワル御案内本地の議政堂御越隼人正石見守俊太郎凌雲篤太夫御附兩人御供川路太郎も同樣御供被仰付議政堂はタイムスの川ニ瀕して廣大なる堂宇なり

議事場二ケ處ニ分ち其一は貴戚の向其一は諸民の決議する處之恒例議事は夜ニ入て開くといふ御越之節は議事最中なりし同所頭取之者罷出て諸方御案内申上る

十一月九日曇　水　　十二月四日

此日國王御逢之積ニ付午後御支度外國事務執政ロードスタンレン及メジヨールエドワル御案内隼人正石見守俊太郎伊右衛門御雇兩人シーボルト御供第二時客車御發し本地の瀛車場ゟ瀛車御乘組第三時別宮御着瀛車場ゟ禮車御乘組夫ゟ御逢之式有之（此日之式は別に記載し為れはこゝに略す）御逢濟夜六時御歸館夜八時御招待ニ付本地の劇場御越隼人正石見守俊太郎伊右衛門凌雲御雇兩人御供夜十一時御歸館箕作貞一郎澁澤篤太夫本地バンク罷越御用意金爲替請取川路太郎同道以為す

第一等ミニストルロードテルジイ第二等エジヨト罷出て御機嫌を伺ふ　十二月五日

十一月十日曇　木

此日調兵御覽ニ入る旨昨日御附添之者申上し而天氣あしく調兵なし而たしとて第十一時ゟタイムスといふ巨大なる新聞紙局ハ御案内申上る隼人正石見守俊太郎貞一郎篤太夫御雇兩人御供いたせ本地の新聞局は歐州に有名なる巨大の局なり其刮字板摺出し之製作尤精功簡易なり一日四十人の工人ニ而二時間十四萬枚余の紙數を摺出し毎日諸方に鬻く其器械頗る緻密ニ而精妙を盡せり

第十二時御歸館午餐後第一時半頃より至本地武器貯所御越隼人正石見守俊太郎伊右衛門凌雲貞一郎篤太夫御雇兩人御供古代の武器刀槍銃砲逐一御歴覽其餘種々奇古物御覽相成御覽なさし中に當節所用之銃シナイドルといふ新發明の銃一箇の貯所に七萬挺を藏置といふ其外古代の珍品夥しく陳羅せり別に騎馬武者の人形なり當國初代の王ゟ歴代の肖像戎服の儘眞形せしなりといふ

御歸路鐵砲師御立寄新製之銃御一覽刀劍鍛錬の仕方御覽五時半御歸館夜川路太郎罷出る此日國王太子及妃其外ハ御送品取調目錄相添御附添士官ハ引渡も大君御寫眞公子御寫眞各一枚を拜て國王ハ御贈相成

十一月十一日曇細雨　金　　十二月六日

此日は倫敦郊外之ウーリッチといふ地ニ而大砲製造器械及製作の仕方砲

兵の調練を御覧に入るとて朝十時より御發し御附添エトワル御案内隼人正石見守俊太郎伊右衛門貞一郎篤太夫御雇兩人シーボルト御供チエーリングクロスといふ瀛車場ニて瀛車御乘組テイムスといふ都府を中裁せる洪河の橋上を瀛車ニて御渡十一時頃ウーリッチ御着本地の瀛車場御着之節一中隊余の歩兵半面に正列して捧銃の禮を爲せり爲御出迎同所セチラール兩人及附屬士官數多罷出馬車御乘組ニて屯所の前に至る（セチラール其外騎馬にて御案内申上る外に騎兵二隊御車の前後ゟ御警衛申上る諸方御巡覧之節も同様御警衛申上る）屯所の前には黒き戎服の兵隊一中隊赤き戎衣之歩兵隊一中隊斗一列に並立して捧銃の禮をなし士官は手に持し劍を笠て敬禮を爲せり屯所の前を御通過ニて調兵場御越のところ調兵場には組々の砲兵各處に陣列して調兵の用意せり調兵場の前を御一周ニて其傍に設置ぬる一の巨大なるテントのことく作りたる陣屋に御入り貯蓄し置る大砲車臺彈丸軍艦砲臺築造之具浮橋假橋其外種々攻守に用ゆる武器舊來之古典より新發明之品迄精密に模造したる雛形を御巡覧再ひ調

兵場御越ニ而本日のゼ子ラールルウードの宰せる大隊旗之本ニ而運動御一覧此日の砲兵は騎砲兵とて大砲に騎兵を幷せたる隊二座一野戰砲每座六門の砲に騎兵七騎を添ふ外に大砲の駕せる馬六疋を聯駕し其駕せし馬に砲兵三人を乗たり七騎の騎兵は大砲の前に並立せり砲の跡は彈藥車壹輛に四馬を駕し二人の砲兵駕せし馬に乗りたり攻撃之節は前の騎兵は駈催し忽ち馬より下りて發砲し又馬に乗り引退く騎兵砲門彈藥車とも總而一齊に驅馳し其進退座作の駿速なる擧動の簡易靜肅なる人の四足を使ふことし其次に砲兵一座砲六門其次は稍大なる砲四門にて二座なり公子の大隊旗の本に御着なるとひとしく各隊に指令し笠隊に作りて行軍の式を爲せり其行軍大隊旗の前に至ると士官各劍を笠て禮を爲し環旋して三度に及べり初度は徐歩次は少し疾く終は急歩なりいつれも規矩正肅にて馬首車輪の位地寸分の齟齬なし行軍三次にして前に列せる騎砲兵二座は調兵場に止り其余は徐歩して陣營に退けり其止まりたる二座の騎砲兵は各隊に分離して發砲の擧動をなせり其擧動迅速にして規矩正しく馬車運用の坐作頗る精妙を究たり發砲凡半時間種々攻撃の擧動をなし其技終て陣營に退けり夫ゟ屯所御越ニ而兵隊士官を敎育せる學校築造地理精舍算量其外諸學科及休日之たみん遊見所を設置器械を備置て遊戯に用ゆる細工物の製作所兵隊ニ而催せる劇

場抔逐一御歴覽屯所の側なる食盤の間ゟ御越御晝食此食盤場は調兵の節セ子ラール始貴官之向食事をる爲なりといふ此日御案内之者御供之者一同御同案午飯前屯所之前ニ而太子之弟御逢有之太子之弟は十五六才なりしか勤學のため兵隊に加り本地に寄宿を其勤學中は其衣服諸賄とも惣而其學科に因て等を定め貴戚を以て其則を換ゆる能はすといふ午飯後一同御案内
申上大砲製造所御越巻鐵の巨砲製造之法及彈丸鑄立小銃の鉛丸製方其外
大砲ニ用ゆる器械製作逐一御歴覽夫ゟ大砲車臺を製する場所御一覽車臺の材は樫槻の如き材にて器械に仕掛しもてこれを挽裂く其易きこと鋏にて紙布を裁することし頃刻にして數十の車輪及其他の具を製し出す御一覽後再ひ
大砲彈丸の製造所御越破裂丸及實丸ニ而鐵船を破摧する彈舊砲の巨丸様
様新發明之精製御覽第四時半頃御覽濟馬車御乘組ニ而瀛車場御越夕五時
過御歸館先に瀛車場御着の節二十一發の祝砲を發せしか其期早く御聽取なしとて御晝食濟の節再二十一發の祝砲を爲せり御案内の者は終日騎馬にて諸方駈廻り御供せり
夜五時半御國留學生世話役ロヱートﾄ御招請申上ニ付隼人正石見守俊太郎
伊右衛門御雇兩人御供ニ而御越留學生取締川路太郎中村敬輔も罷出御饗
應申上夜影畫之技御覽ニ入る九時過御歸館夜九時半過ヘールマセスチー

スヤートルといふ劇場ゟ焼失二時間斗ニ而鎮火

十一月十二日曇微雪　土　　十二月七日

朝十時半ゟ典籍貯所御一覧石見守御雇両人シーボルト御供十一時半御歸館第二時外國事務執政御訊問隼人正石見守三田伊右衛門御雇両人御供シーボルトヱトワル御案内國事執政御訊海軍會議所御立寄第三時半御歸館

第三時頃巴里ゟ御用狀來る御國御用狀封入有之

上様ゟ公子ヘ御直書封入有之室賀伊豫守ゟ石見守ヘ御用狀差越も夜十時博覧會御用向ニ付外國方鹽島淺吉商人卯三郎召連罷越も

十一月十三日雪　日　　十二月八日

第一時キリストルパレイスといふ硝器ニ而作立ゐる巨屋御覧に入るとてヱドワル御案内石見守俊太郎淩雲御雇両人シーボルト御供ニて御越 キリストルパレイスは都府郊外ニ而先年本地にて催せし博物會の跡なりしか其後種々修飾して士民の遊覧場になし置ぬ其楼屋は鐵の柱にて屋根は硝器にて葺立其中に各國古代の宮殿の模様其他奇古の品を陳羅したり入口はいと長き階廊にて處々に曲折してこれを登る品物展観の場は廣き板間にて其側に巨大なる集樂場なり音頭の者の座を中央に設け其前後左

右大なる礎道のことく向高に机席を設あり會日には五千人を集め一時に奏樂すといふ其廣き板間の正面は階子ニ而これを下りて庭前に出る其庭は遊歩の爲に設けある苑園にして奇草佳木を植並へ處々に噴水なり遊見する人の爲には各處に机床を備へあり苑囿廣大にして高低なり曲折なり或は危巖にり添ふて泉を濯き流に隨て石橋を架せり尤壯麗を盡せり其庭前を下りて園林を繞り一の池上に至る其池の中央に突兀せし危巖なり其側には奇蟲怪介猛獸惡魚の類を模造し巖に添ふて蟠屈せり　御一覽濟第四時半御歸館

十一月十四日曇　月　　十二月九日

此日スリウスベクーネスといふ地ニ而大砲の遠打御覽に入るとて御附添のエドワル御案内隼人正以下一同御供朝九時半御發馬車ニ而本地の瀛車場御越瀛車御乘組第十一時半同所御着　御着の節砲岸にて二十一發の祝砲を發せり　砲兵の屯集せる陣營に御案内築城臺場等の地圖御一覽夫より大砲貯所にて發砲の手前及車臺の損せし時取繕ひの調練御一覽　此手前は士官と兵卒と打交りて其士官はコロネルよりカピテイン迄なり總而各士官期限をもて壹年程交代ニ而兵卒に加はり運動手前を爲すといふ　御一覽後屯所中の食盤場ニ而午餐　御陪従の者御案内の者とも一同御同案ニ而午餐　夫より海岸に御越　此地は海岸遠淺ニ而乾潮の節ハ英里法八里程引潮すといふ　大砲の打方御一覽　丁打の仕方海岸に掛並へある六十斤程の筒に破裂丸を込て發砲せり的は海中に在りて鐵と石とにて遠近各處に設置滿潮には潮に隱るはとて乾潮を期して試砲す近きは貳百間餘遠きは英里法二里

（御國の三十丁其貌方にして箱のことく尤堅牢なりといふ此日遠近とも六箇の的に發砲せしがいつれも其的に至れり又火矢を發する技を御覽に入る火矢は長き椎の實彈のことくにて望遠鏡臺の如き臺を立其上に長貳間斗なる鐵筒の半切せしを備置火矢を載て火を注す其火勢猛烈にして迅速なり敵陣を焚討する時の具といふ

御一覽後別ニ一箇の試砲場御越種々の大砲御覽彈玉貯所ニ而是迄相用へし彈丸種々を見本にするとて備置きしを御覽再ひ海岸に御越三百斤の大砲之試發御一覽此彈は刃鐵ニ而敵船を突裂の用なり其的貳十丁餘なりしか打砲せしより三四丁程にして其彈破裂し其勢を増し其彈丸の先鋭利なる處ニ而鐵船を突摧すといふ御一覽後同所に設置たる鐵臺場之雛形及試の爲め鐵板打抜たるを逐一御歴覽鐵臺場は唯一箇の雛形なりしか其内面は石ニ而築立凡三尺厚程なり内外面とも四寸餘厚の精鐵ニ而包立たり鐵板を打抜きしは鐵船を突摧するの試にて厚七八寸の鐵板に壹尺斗の樫木を疊みこれを請とし其樫木は太き鐵張を幾度も累重ねたるにて引通しメ附たるものなり其砲は六十斤程ニ而十丁斗の距離ニ而刃鐵彈もて試しに御らんぜしか其鐵板を貫きしこと恰も網羅の如く内面の網材は總而摧破して全材をも見す其外ニ四寸六寸位の鐵板を試しもいと多かりしかいくつれもの網目のことく摧破したり右の試を爲せし後別ニ發明して製せし鐵板一枚僅に貫くこと能はすとて本國所領のマルタ島に此度精鐵の砲臺を製するに其錬鐵の法を用ゆべしといふ第三時御一覽濟馬車ニ而滊車場御越直ニ發軔夕五時半御歸館此日同所御着の節在勤の士官多人數罷出御迎申上る砲兵屯所ニ而は短銃を持し歩兵捧銃の禮を爲せり

十一月十五日曇　火　　十二月十日

朝十時半本國政府ニ而立置あるバンク御覧ニ入るとて御附添之エトワル御案内石見守俊太郎伊右衛門篤太夫御雇兩人シーボルト御供金銀貨幣掛改之場及貯所地金積置所紙幣製作所逐一御歴覧夫ゟ金銀銅の貨幣を製する場所ニ御越ニ而御一覧此日は金銀の製作なく唯銅のみ製するを見る其製造の法頗る簡易輕便ニて然嚴肅なり兩替所の廣大にて金銀の貯蓄せしことなり(マヽ)形狀これニ而も其國の富庶を推斗るへく思はる第一時半御覧濟御歸館

此日隼人正伊右衛門シーボルト同道外國事務執政の役所ニ罷越御國議ニ付引合有之第三時半歸館

十一月十六日晴　水　　十二月十一日

此日ボルツムウスといふ地ニ而軍艦貯所其外海軍器械を御覧ニ入るとて御附添エドワル御案内石見守俊太郎凌雲貞一郎篤太夫御雇四人シーボルト御供朝十一時御旅宿を發し本地の滊車場ニ而滊車御乗組第一時四十分ボルツムウス御着夫ゟ御迎馬車ニ御乗替ホテルピイールといふ客舍御投

宿此日瀛車場御着并客舍御着之節とも海岸ニ而二十一發宛の祝砲を發せり瀛車場には赤く裝へし歩兵一中隊を出し士官は禮服ニ而皆劍を笠て禮を爲せり兵卒は捧銃の禮を爲せり馬車御通行之節は樂手隊奏樂し御車の後には赤き戎衣の騎兵二騎従へり本地在勤之アドミラアルセ子ラール其他數員之士官いつれも美しき禮服ニ而罷出御案内申上て客舍御越客舍の前には二箇の歩兵勤番所を設け交番の哨兵を出し置きたり第二時客舍ニ而御晝食御一覽は明日とて此日は客舍ニ而御休息

隼人正伊右衛門は引合筋有之ニ付御陪従なし此日は雲霧稍晴て時々日光を見るを得る倫敦都御着以來連日の曇天剰へ煙雲多く四望分明ならす殆鬱陶を覺へし而此地は海に接し氣候も稍暖而に其時薄暮なりし而海天晴暉夕陽の雲間に映する光景頗る快然なり客舍は海岸に添ふなる廣き草園中に在りて市街に雜せされは尤靜閑にして眺望甚佳なり

十一月十七日晴　木　　十二月十二日

朝十時御附添エドワル御案内石見守以下一同御供馬車ニ而本地の城門内に入門内の市街御通行ニ而港口に碇泊せる戰爭之節士官兵卒を運送せるセラジスといふ軍艦御越ニ而御一覽客舍御發之節歩兵貳中隊門前に列して捧銃の禮を爲し白き戎衣の樂手賀樂を奏せり御

車の後には赤き戎服の騎兵武騎附添たり軍艦御着の節貳十一發の祝砲なり其軍艦の製尋常の飛脚船にひとしく稍大なり士官の部屋々々はいと美麗に調へり乘組人千六百人を運輸し一時間英里法十四里を航るといふ蒸氣七百馬力なり近日當地を發しアレキサンテリヤに航すといふ

軍艦御着之節アトミラールパンスレー及附屬士官數多禮服ニて御出迎軍艦中諸部屋食盤所兵卒ノ宿所等不殘御案内御一覽後港口ゟバッテイラ船御乘組港内ニ碇舶せる軍艦御案内其最初御越なりしは近來發明ニて製作せる元來之巨艦の航海ニ不便なるを船の中程より中裁し其蒸氣を改め精鐵ニて五箇の丸き砲門を備へ壹箇の砲門ニ貳門の巨砲四箇の砲門ニ壹門宛の巨砲を備へあり其砲門の厚サ壹尺餘鐵板の内は材木の壹尺八寸程のを疊上け發砲の節は（其砲門を器械にて廻らし巨砲の口を出して打砲す每砲三百斤宛なりといふ）船の縁は惣て鐵板ニて釣塀のごとくなし置戰爭之節は船縁を釣下ケ船水面ニ浮むこと僅數尺ニなし敵より狙擊爲し難くし己は敵船ニ近寄り實彈ニて敵船を摧破すといふ此軍艦の要砲臺の近港咽喉の地ニ碇舶し進攻せし敵の巨艦を狙擊すといふ御一覽後再バッテイラニて別ニ碇舶しある巨艦貳艘を御巡覽（二艘碇舶）

せし軸と艫の相接せし處に釣橋に架し各船を往來して御覽有之其巨艦中ニ而大砲點發の調練及小銃隊の運動御一覽又別ニ巨砲的打をなさしむ其仕方千八百ヤルトの距離なる海中ニ白き板ニ黑き丸を點せる的を立初めは實丸ニ而壹發ツヽ八次次ニ四發宛聯發ニ破裂彈を發砲せり大砲の調練小銃の運動及的打の法尤正肅にて勁捷なり運發の彈多く其的に違はす破裂丸は水際にて每彈寸分の差なく發せし樣など精巧至妙を究むといふべし御越なりし軍艦每ニ中央の檣ニ御紋附ある御旗を建御乘組のバッテイラニは御國旗を建あり御一覽濟御上陸市街中ニなるアドミラールの役所ニ御越ニ而御休息御晝食御晝食の節は石見守俊太郎貞一郎御雇兩人とも御供其餘は客舍に罷歸る此日爲御相伴アドミラール附屬士官提督の妻子椽戚の婦人御同案中上る午餐中其庭前ニ而賀樂を奏せり午餐後同所ニなる廣大のドック御覽夫ゟ軍艦製造所御越軍艦ニ附屬せる鐵板蒸氣其他種々之器械製作を逐一御覽夕四時御歸館

夜七時ゼネラールビレーの在番せる陸軍役所ニて夜餐御饗應之旨ニ而御附添エドワル御案內石見守貞一郎シーボルト御供ニ而御越夜十時御歸館此日の御案內申上し提督其他士官數多罷出御相伴申上る

十一月十八日曇　金　　十二月十三日

朝七時半ポルツムウス御發滊車場ニ而八時發軔之滊車御乘組客舍御發の節海岸ニ而二十一發の祝砲を發せり歩兵一中隊客舍の前に正列し捧銃の禮を爲し樂手奏樂せり 第十時半頃グードといふ地ニ而馬車ニ御乘替夫ゟヲルトルショックトといふ調兵場ニ至る此は兼而陸軍三兵の調練を御覽ニ入るとて相設けしなれは調兵場御着之頃此日調練をへき兵隊は各所陣列し悉く戰隊ニ作りて一齊ニ並立せりグードゟ調兵場迄貳里斗の道程なり爲御迎赤隊の騎兵貳隊罷越て馬車御附添いたす 公子調兵場ニ御着なるとひとしく其戰隊の兵隊忽ち環旋し笠隊ニなして行軍の式をなせり最頭は騎兵の附屬せし大砲隊二座壹座六門騎砲兵四十騎尤一座一列ニ而行軍せり 次ニ撤兵一中隊八十人 歩兵九中隊八十人程宛 其次ニ騎兵拾貳小隊六小隊宛二種いつれも赤服ニ而金色の兜を戴く一種は兜の房赤く一種は黄なり毎隊三十二疋宛 次ニ大砲三座壹座六門貳拾斤餘 次ニ土坑兵一中隊八十人斗土坑兵は行軍の節御覽なる前を行過て隊を離れ樂手隊の後に引退く 歩兵九小隊八十人程 其次ニ輜重一隊車貳拾輛一車ニ六馬を駕て豫備車八輛を附屬せり 其次ニ又輜重一隊 車拾六輛毎車四馬外ニ豫備車四輛を添ふ前の一隊は多く浮橋釣橋又は道路の急岨なる處に架し躋淺する具を載せたり次の一隊は兵粮陣營の道具攻守に用ゆる器械及病兵手負人の養生する具を備へたり 其行軍各隊笠隊ニ作了

環旋し一隊一列にて公子の御覽なる前を徐步す其御覽なる場處と兵隊の行軍する距離を隔て二隊の樂手隊行軍の奏樂を爲せり一隊は步兵の樂手一隊は騎兵の樂手步兵の行軍は步樂手にて奏樂し騎兵の行軍は騎樂手奏樂せり徐步之行軍一周し終て再ひ環回して稍急步にて行軍し又環回して疾步の行軍を爲せり（疾步の行軍は騎兵砲兵而已ニ而馬はガロといふ至極の急步なりしが其距離正肅にして列中一騎の遲速なし）行軍濟て兵隊は其部分にて各處に整頓す其時公子は少し御車を進めて小高き地に御越ニ而御覽夫ゟ砲兵の發砲を爲し發砲畢る頃後に屯せる騎兵進擊を爲し騎兵敵陣を馳崩し引退くとひとしく步兵進て一齊に發銃せり夫ゟ攻進襲擊の擧動樣々に運轉し再ひ三兵を並せて三列になし各一齊に戰隊を作り初に砲次に騎終に步の順序を以總掛之擧動各隊連發の技藝をなせり聯發終て又各隊に分離し特角に方陣を作り砲銃交發の技を爲し三兵之調練終る夫ゟ調練場の側になる小川の邊に御越し輜重兵の技藝御一覽其法先に運行之節車に載せし器械を試る爲にして調練場の側になる廣拾間斗

の小河にかの運輸し來る浮橋の器械を其士官指令して暫時に車ゟ下し兼て設けたる周圍六尺斗に長貳間餘の薄き鐵板ニて浮袋を作りたる物を水上に浮め其小口に繩を附其浮袋に貳寸角程の細木の貳間斗なるを多く架し川巾に隨て浮袋の數を增し初に架せし處に六人の兵卒を戴て水中に突出し相續て前岸に達せしむ已に達岸して其細木の上に厚サ壹寸五分巾八寸餘の板を並べ忽ち巾壹間半餘の橋梁を作り出せり其板を並へ終て橋の兩縁は細き木に繩の附きしを以て板と細木とを結合せ動搖破摧の患なからしむ其仕方輕便に具足せし事驚くべく感すべし橋梁成て一隊の騎兵を渡せしに絶て破壞の患なし此日試みしは川巾狹けれとも其器械を增しかれを作らば何程廣き河巾ニても容易に作り爲すといえり其時間僅に半時程なりし御一覽終て馬車ニて兵隊の屯所御一覽此地は總て兵隊の屯所ニて三兵共屯集して日課を以て調練を爲す其屯所の製二階なき長屋のことく幾棟も連築し砲兵騎兵歩兵其他の兵隊各アベセニて共屯所の牌號を定め置恰も一市街をなせり其士官の屯せるハ稍大にして二階又は三階をなせり士官も兵卒も此地在住の兵は妻子あれは共に住居すといふ第二時本地セ子ラール之官邸ニて御休息午

餐（此日はセ子ラール其外士官許多御同案ニて御相伴申上る）夫ゟ同所御發し再ひグード御越汽車御乘組直
ニ發軔夕五時倫敦御歸着

十一月十九日雨　土　　十二月十四日

朝十時御發し御附添エドワル御案内石見守俊太郎伊右衛門淩雲貞一郎御
雇之者兩人御供馬車ニて都府中の巨河テイムスと申川蒸氣御乘組川口へ
設ある鐵船製造所御越鐵艦を製する器械逐一御歷覽第二時御歸館
澁澤篤太夫英貨引替方ニ付川路太郎同道ヲリエンタルバンク罷越午後同
人ロエドへ御賴相成て公子御滯英中同人方御旅館可相成積ニ付諸御買上
物いたし置候取調方ニ付罷越す川路太郎中村敬輔立會之上取調いたす此
夜右品々引分方ニ付太郎敬輔罷出調譯いたす

十一月廿日曇　日　　十二月十五日

第二時ロエイド罷出る昨夜調分いたし候品々引取方申談約定書面取爲替
いたす御附添之メジヨールエドワルへ被下物有之

十一月廿一日曇　月　十二月十六日

朝川路太郎中村敬輔ハ御滯在中御取扱ありし廉を以被下物有之此夕本地御發御歸巳之積ニ付朝より御理装夕四時御發ニ而本地の汽車場ニ而汽車御乗組夜七時ドブル御著御附添ヱドワルはドブル迄御送申上る御國生徒一同汽車場ハ御見立申上るドブル御着之節滊車場ハ一中隊の兵卒を出し同所鎮臺其他數員之士官御迎申上る最前御休息ありし客舎御投館

十一月廿二日細雨夕晴　火　十二月十七日

朝十時半客舎御發し御送ふとて差出せし蒸氣船御乗組御附添ヱドワルは御乗船迄御見立ニて取引昨夜御迎申上し鎭臺外士官罷出御見立申上る客舎ゟ御乗船場迄兵卒一中隊餘を散列せしめ御通行の節捧銃をなし樂手奏樂せり同所の砲臺ニて貳十一發の祝砲を打砲せり此日風強く雨を交ゑ船の搖動はけしかりしか他日の御航海ふ比すれは頗る易し公子ふはカレイ御着船迄甲板上ニ御散歩一行之者も深く海疾を患ひさる人は船室ふ潜臥せざりし第一時佛國カレイ御着直ニ御上陸同所汽車場の側なる客舎ニ而御晝餐第二時汽車御乗組直ニ發軔夜七時半巴里御歸着

汽車場ゟ為御迎栗本安藝守同貞次郎木村宗三フロリヘルラトシベリヨンカシヨンコロ子ルジレツト其他外國方支配向之者御留守之者等罷出る馬車も手筈之所をは直ニ御乘組夜八時過御旅館御着

此夜御供之者御迎之者一同ゟ御歸着御祝として御同案之夜餐被下

解題

小西四郎

一　徳川昭武のヨーロッパ差遣

慶応三年（一八六七）フランス皇帝ルイ・ナポレオン三世統治下のパリにおいて、万国大博覧会が開催された。これにはヨーロッパ諸国はいうまでもなく、アメリカ・アジアの多くの国々も参加し、極めて大規模なものであった。フランス国威の誇示という面に、博覧会の力点が置かれており、博覧会が開会されると、フランスと国交のある各国からは、国王や皇太子などがパリに集まり、博覧会は非常な盛会であった。

当時幕府はフランスと接近し、幕仏関係は非常に密接であった。幕府もフランス側の勧誘に応じて博覧会に参加し、多くの出品物を送った。さらに幕府は、各国が国王や皇太子をパリに派遣する例にならって、フランスとの交際をますます緊密にしようと考え、将軍徳川慶喜の弟である徳川民部大輔昭武《あきたけ》(清水家当主)を博覧会に差遣することとした。さらに幕府は昭武をしてヨーロッパの締盟各国を巡歴せしめ、国交を厚くさせようとし、その使命が終ったあと、幼年の昭武(当時数え年十四歳)をパリにとどめ、同地で勉学させようと計画した。将来幕府の首脳部の一員となると考えられる若き昭武を、外国で学問させ、教育を受けさせようと考えたことは、フランス側からの勧説もあってのことであろうが、なかなかの英断であり、幕府の近代化計画の一端と見るべきであろう。

徳川昭武の渡欧に当っては御作事奉行格御小性頭取山高石見守信離が傅役となり、外国奉行向山隼人正一履・同支配組頭田辺太一・御勘定格陸軍附調役渋沢篤太夫その外二十数名が随員となった。慶応三年初頭、徳川昭武は京都にいたが、命を受けて正月三日随員と共に大坂に下り、更に兵庫に赴き、同地から船で九日横浜に帰り、翌々十一日(西暦一八六七・二・一五)にはフランス郵船アルヘー号に塔乗し、ヨーロッパに向った。

昭武のフランス行は前年十一月二十八日に幕府から水戸藩に通達され、同日付で昭武は清水家を相続している。その後約一ヶ月半もたたない間に日本を出発するという、誠にあわただしい出発であった。

徳川昭武らの一行は、上海・香港・サイゴン・シンガポールを経て印度洋を渡り、スエズを経由して二月二十九日(西暦四月三日)マルセイユに到着、そこから陸路をとり、三月七日(四月十一日)にはパリに入った。

パリ到着後、八月初めに至る約五ヶ月の間、昭武ら一行はほとんど同地に滞在して、博覧会の見物や市中の観光を行っている。フランス当局も、遠来の客、日本の将軍の弟の一行を鄭重にもてなした。

八月六日（九月三日）から、昭武ら一行はヨーロッパの締盟各国巡歴の途についた。先ずスイスに赴き、同国からオランダに向い同月十八日（九月十五日）同国首都ハーグに到着した。そこで盛んな歓迎を受け、ついで同月二十七日ベルギーを訪い、同国内の各地を視察、九月十二日（十月九日）同国を出発してパリに帰った。

さらに九月二十日パリを出発してイタリーに向い二十二日同国に入り、二十四日にはフローレンスに到着、ついで十月朔日（十月二十七日）ミラノに到った。当時首都ローマは、同国のガルバルジー一派が政府と対立して物情騒然たるものがあった。そのため昭武らはローマ入りをやめ、イタリーのリボルス港からイギリス軍艦に塔乗しマルタ島巡歴の途についた。十月十一日（十一月六日）マルタ島着、ついで同月二十一日マルセイユに入り、二十四日（十一月十九日）パリに帰った。

パリで十余日休息してから、更に一行はイギリス訪問のため十一月六日（十二月一日）パリを出発、翌日ロンドンに到着した。イギリス滞在は約二週間、その間ロンドン市中やポーツマス軍港などを視察し、十一月二十二日（十二月十七日）にはまたパリに帰った。このように昭武は、スイス・オランダ・

ベルギー・イタリー・イギリス各国を巡歴した。

既に当時、本国日本においては幕府の大政奉還が行われ、政局は激動していた。しかし昭武は予定どおり留学することとなった。昭武がパリに帰った翌日の十一月二十三日の本書所収「巴里御在館日記」の条に「御使節御用被レ為レ遂、御巡国も一ト先被レ為レ済候、以後御留学可レ被レ遊候付、御留学中一同心得方申合書面布告相成」とあるが、その後昭武は翌慶応四年（明治元年）九月まで、主としてパリに滞在して、フランス教師などから教育を受けた。

しかし既に慶応三年十二月九日、（翌年一月三日）本国日本では「王政復古の大号令」が発せられ、ついで慶応四年一月三日戊辰戦争がはじまり、さらに江戸開城となり、幕府は瓦解した。その報知はこの年の初頭パリにも伝えられていた。昭武らの一行は、この事態を前にして如何に対処すべきか大いに苦慮したが、ついで新政府からの帰還命令を受けた。こうして昭武は十月四日マルセイユを出発し、同年十一月三日（十二月十六日）横浜に帰った。

二　渋沢栄一とその日記について

本書に収録された日記は、徳川昭武の随員となって渡欧した渋沢篤太夫の手になるものである。渋沢篤太夫とは、後に渋沢財閥をつくった渋沢栄一その人である。ここに簡単に渋沢がヨーロッパから帰国するまでの履歴を紹介しておこう。

渋沢栄一は武蔵国棒沢郡血洗村の出身、家は農業兼養蚕及び藍商などで、村人に金の融通などもしていた。彼は若いころから商人として大人以上の手腕を現したといわれる。幕末尊攘運動の昂揚した時、彼も亦志士の一員となったが、それには隣村の尾高惇忠や、常野尊攘志士に影響されるところが大きかった。文久三年二十四歳の時、尾高や、従兄渋沢喜作らと、高崎城を乗っ取り、横浜を焼打する一大攘夷運動を起そうと計った。しかしこのような無謀な計画は実現するはずはなく、事は頓座した。

栄一らの同志は解散し、彼は喜作と共に上京した。上京したのち一橋家用人平岡円四郎の推薦によって一橋家に仕官することとなり、一橋家の財政改革等に貢献した。彼の実業家的手腕が、すでにここに見られたのである。慶応二年初頭一橋慶喜が将軍となるに及んで、渋沢栄一も幕臣となったが、一橋家時代には種々手腕を振うことができた彼も、幕府という大世帯に入っては、下級の一職員であり、ほとんどなすところがなく、不満の境地に手を拱いていなければならなかった。

ところで降ってわいたように徳川昭武渡欧の随員を命ぜられたのである。有能な彼の実業家的手腕を期待して、徳川慶喜或はその側近が、彼をこの行に参加させたのであろう。「攘夷論者の渡欧」(この表題で栄一の子、渋沢秀雄の著書がある)であるが、既に渋沢はこの時、古い攘夷論から脱皮しようとしていた。そしてヨーロッパに渡り、先進各国の近代的発展を見ることによって、彼のその後の活躍の素地がつくられたのであった。

渋沢栄一は、担当の庶務及び会計について手腕を発揮した。ことに幕府瓦解の際であるので、本国からの充分な送金は期待できない。そこで経費の節減につとめ、またヨーロッパ各国に留学している学生の帰国を斡旋し、博覧会出品物の売却等を行ったりした。こうしてフランスにおける債務を全部果し、立つ鳥の後を濁さぬようにつとめたが、これは非常に煩瑣な事務であった。この間渋沢は、かなり克明な日記を記した。それには、個人の日記というべきものと、一種の公務日記ともいうべきものがあるが、次にここに収録された三種の日記について説明しよう。

本書には「航西日記」「巴里御在館日記」「御巡国日録」と題して、三つの日記が収められている。「航西日記」は、慶応三年正月十一日の横浜出帆からはじまり、フランスに到着したのちパリで博覧会等を見物し、さらにスイス・オランダ・ベルギー・イタリー・マルタ・イギリス等を巡歴した事情を記していて、イギリスから徳川昭武一行とパリに帰った十一月二十二日に終っている。克明に旅行中の感想や、一行の日々の行動を記した、最も詳細なものである。この日記の序文によれば、明治三年当時の大蔵卿伊達宗城の勧めによって、見聞した多くの備忘録等からこの日記を編輯し、刊行したものとしている。そして同行した杉浦靄山（愛蔵、外国奉行支配調役）の協力を得ている。

「巴里御在館日記」は、「航西日記」のあとをつづけ、慶応三年十月二十四日にはじまり、翌年の八月二十六日に終るもので、主として徳川昭武が留学生としてパリに滞在した間の諸事情を述べている。もっともこの日記は、渋沢の個人的日記というよりも、公務日記という性質のものである。

「御巡国日録」は、慶応三年正月三日、徳川昭武らの京都出発にはじまり、パリ着の翌日である三月八日までの記述と、同年八月六日昭武が諸国巡歴の途に上った日から、ヨーロッパ各国を巡歴し、イギリスを最後に十一月二十二日パリに帰った日までの記述とが併せてある。したがってこの日録は、最初の「航西日記」と、全く重複するものである。全くといっても日録の方は、三月九日から八月五日までの記事を欠いている。

また「御巡国日録」は、終りのイギリス訪問については「英国御巡行日誌」と特別の名称をつけているが、その理由については「自筆草稿一本、表紙ニ上記ノ文字アリ、今追書ス」と説明してある。またこの日録は、パリに到着した翌日である慶応三年三月八日の条に「右は京都御出発より仏都御着、日々ありし事共の概略を記せるのみにて、爾後の日録は旅行と異なれば、公務の条緒を摘書し置て、別に輯抄せんと欲す」とあるところから、日本出発からパリ到着までは渋沢の個人的日記の色彩が強い。その後の八月六日以降の分は、「巴里御在館日記」の十二月八日の条に「篤太夫御巡国日記（録）出来ニ付御手許御扣の分差上る」とあるところから見て、純粋の個人の日記というよりも、公務日記の性格を帯びているものであるといえよう。

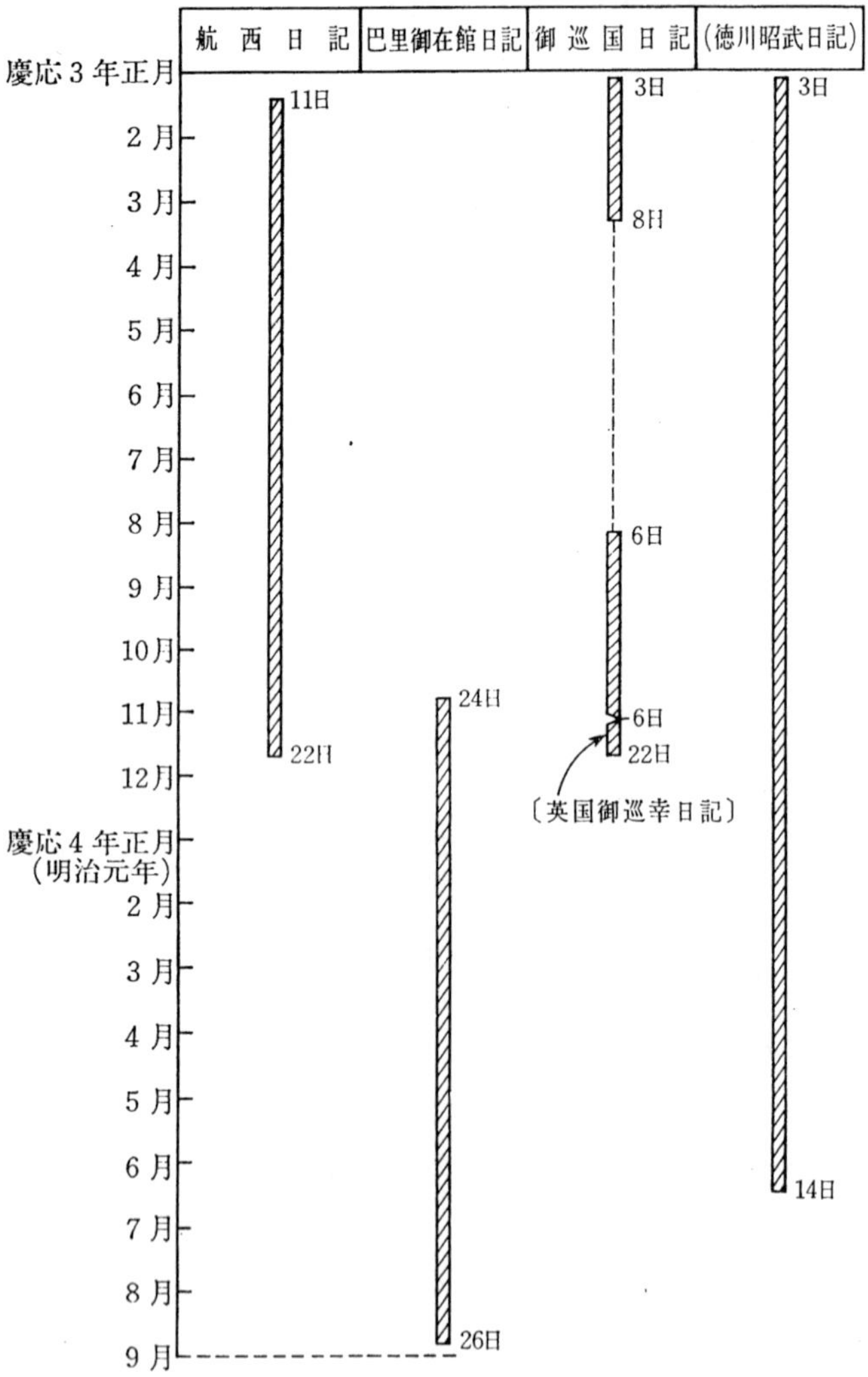
航西日記
巴里御在館日記
御巡国日記
(徳川昭武日記)
慶応3年正月
2月
3月
4月
5月
6月
7月
8月
9月
10月
11月
12月
慶応4年正月
(明治元年)
2月
3月
4月
5月
6月
7月
8月
9月
11日
22日
24日
26日
3日
8日
6日
6日
22日
〔英国御巡幸日記〕
3日
14日

「航西日記」と「御巡国日録」との関係を考えてみると、渋沢ははじめ「御巡国日録」を日記風に書き、その外に種々感想をメモに記し、のちにそのメモや杉浦靄山の助力などを得て「航西日記」をまとめたと思われる。したがって記述がほとんど重複し、また「航西日記」の方が詳しくなったのであろう。この三つの日記と、徳川昭武の自筆日記（これについては後述）が収めている範囲を図示すると前頁の如くである。

三　史料的価値について

徳川昭武一行がヨーロッパに赴いた際、かなり多くの随員がいたにもかかわらず、その時の日記は、この渋沢栄一のものしか学界に紹介されていない。恐らく他の人々も日記を記していたと考えられるが、それは明治新政府の時代となって、空しく埋もれてしまったのではなかろうか。それが幕臣の手によるものでなかったならば、多分日の目を見たのではないかと惜しまれる。

したがってこの日記は、徳川昭武を中心とする一行の毎日の行動を知る上での、最も重要な史料であることはいうまでもない。日本出発から、フランス到着までの事情をはじめ、フランス滞在中の一行の行動、欧州各国巡歴の模様、徳川昭武の留学生活などを知ることができる。

それらの記述の中でも、先ず第一に史料的価値の高いこととして万国博覧会関係があげられよう。この万国博覧会についての史料としては、「日本史籍協会叢書」の中の「徳川昭武滞欧記録」(三冊)や、同じこの叢書の「川勝家文書」(一冊)をあげることができる。しかし「徳川昭武滞欧記録」や「川勝家文書」は、幕府当局者とフランス当局者等の間に交換された公式文書や、幕府役人間の公式通信などを集めたものである。従ってそれは、博覧会に対するフランス側の出品勧誘や、出品物明細目録など、いわば表面の問題を解決する史料である。これに対して本書の渋沢の日記は、日本人が具体的に博覧会を見て、どのような感想を懐いたかをよく知らせてくれるばかりでなく、博覧会全体の規模や、その中に占める日本館の地位や、博覧会開催時期のパリ市中の模様、各国元首らの動静など、ことこまかに伝えるものである。

例えば博覧会見物の記事(五月十八日)(同二十九日)は非常に詳細であり、世界各国の参加状態などがよく述べられており、その盛大さが窺われるのみならず、渋沢らがこの博覧会に対して驚嘆の目をみはっている様子をも知ることができる。また会期中に、ロシア皇帝・皇太子がポーランド人によって狙撃された様子などが、詳細に書かれている。ちなみに徳川昭武は、彼の自筆日記にこの事件について、「是は先年、其の父ロシア国の為めに生捕られ、国も滅亡に及びし故、君父の仇を報ゆるため也と云、生年僅に二十歳、利欲の世界、僅に一人の義奴を見る、感嘆の余り記す」と書いているが、少年の感想として誠に面白い。

次に史料的価値の高いと考えられる記述は、徳川昭武の留学生としての日々の行動を記している点である。周知のごとく、幕末には幕府をはじめ諸藩から、かなり多くの留学生がヨーロッパ各国に派遣されている。しかしそれらの留学生が、具体的にどのような生活をし、どのような勉学を行ったかの史料は、極めてまれである。徳川昭武は、他の留学生とはちがって、将軍の弟であり、特別の取扱いを受け、その点では一般留学生とはかなりちがった状態に置かれていたであろう。それにしても昭武もやはり、留学生の一人であり、彼の勉強の様子を知ることから他の留学生の様子も多少は推測できよう。

徳川昭武は、前掲図表に示したように京都出発から、慶応四年（明治元年）六月十四日までの日記を書いている。これは徳川家（千葉県松戸市）に伝えられていて、未発表の日記である。幸にして私はこれを借覧して一見することができたが、表紙には「附札」として「表題無ニ付目録ニハ御日記、慶応三年丁卯ト認置候」とある。全体として記事は「航西日記」や「巴里御在館日記」などに比べて簡単である。だがそれなりにこの日記も、かなり重要な史料であることは疑いない。ことに十四・五歳のいわゆる高貴な少年の、外国文明に接しての感想などは面白い。例えば、慶応三年四月一日の舞踏会招待の日には「屋中に山水の景を作り置き、少々音曲を交え、男女数百人混乱して踏舞す、是は客を招対（マヽ）する丁寧の礼なりと云、日本にて云ふ時は田舎の大酒宴の如」と書き、さらに同月六日には「夜中仏ミニストル某より招きに付参り候所、例の通り鄙《イヤ》しき舞を見る」と書いている。この小公子は、どうもダンスは苦手であったようである。同じ四月一日の渋沢の「航西日記」の感想に「好を結び歓を尽し、人間交際の誼を厚ふするのみならず、男女年頃の者相互に容貌を認め、言語を通じ緊要を察し、自ら配偶を選求せしむる端にて……又礼義正しく彼の楽んで淫せざるの風を自然に存せるならん」とあるのとは、非常にちがっている。

史料的価値の高い第三の点は、これによって渋沢栄一という人物の一時期を知ることができることであり、同時にそこから後の財閥を形成した渋沢栄一の素地を発見できることである。渋沢栄一伝研究に、欠くべからざる重要な史料である。既述のように、渋沢はこの渡欧に先立つ四年前の文久三年には、攘夷論者として活躍し、横浜焼打まで考えていた。その人物が、ヨーロッパの文明に接してどのような感慨を抱いたかは、興味深い命題である。

既に渡欧の時期に、渋沢は古い攘夷論（「小攘夷」）から脱皮しつつあった。古い攘夷論というのは、かたくなに外国人を夷狄と考え、やみくもに外国人を襲撃したり、排斥する方向のものである。そんなことでは真に外国に対抗することはできない、むしろ富国強兵を考えて、万国に対峙する「大攘夷」の道を撰ばなければならないとの思想に転換していた。そのような変化がどこから生れたかは、なお検討しなければならない問題であるが、ともかく彼が徳川昭武の随員に撰ばれたのは、次のような理由であったといわれる。「原市之進の話によると……民部公らが大君《タイクン》（徳川将軍）の名代としてゆかれるに就いては、御傅役《おもりやく》の山高石見守をはじめ二十余人がお伴するけれども、公子の外遊を心外に思ふ七人の近習は、忠義は忠義だが、頑固も頑固で、今だに外国人を夷狄禽獣と見做す水戸人だから、博覧会終了後の仏国滞在や各国巡歴にも、とかく異論を唱へて御供先に軋轢をおこす心配もある。篤太夫はその辺の事情を胸に畳んで、俗事役（庶務会計）として随従したうへ、併せて彼の地の新知識を学んで参れといふ将軍家直々の思召だった。」（渋沢秀雄著「攘夷論者の渡欧」）

このような渋沢であったから、その日記には到るところ西欧文明の進歩に感嘆している心境が述べられている。また彼が郷里の尾高藍香に送った手紙などにもよくこのことがあらわれている。その手紙には「西洋の開化文明は、承り及び候より弥増し驚入り候事どものみ、真に天下の気運所詮人智の知り得る所にこれなく候。（中略）愚見は所詮深く外国へ接し、亦長ずる所をも学び、我が裨益と為すよりこれ有間数、是れ則ち天理の依つて来る所と存ぜられ候。先年とは反覆の様に候得ども、中々此の独立抔思ひもよらぬ事と存ぜられ候。御高論伺ひたく候。」「文物の富、器械の精は、兼ねて承り及び候処、其の実を見候ては、一段驚歎、途遺ちたるを拾はず、行く者途を譲るなど、其の実際に御座候。」と記されている。

なお本書は、この他さまざまな研究を行う上での好史料である。例えば、慶応三年から翌年にかけての日本とフランスとの関係を考察するにも役立つ。或は又ヨーロッパの諸外国が、徳川昭武を迎えてどのような態度をとったかがわかり、そこからこれらの国々と日本との関係を知ることもできる。さらにはまた幕府の瓦解が、どのような時間的経過のもとにヨーロッパに伝えられたか、又そのニュースはどのようなものであったか、そして幕臣がこれに接してどんな反応を示したかなどの興味深い事実を知ることもできる。

以上のように、本書の持つ史料的価値は極めて大きく、各方面からの利用に役立つのみならず、それ自体が一つの好箇の読みものともいえるのである。

（追記）　本稿作成のあと、郵政百年史編集室長高橋善七氏より、杉浦愛蔵の当時の日記等が残っていること、また「航西日記」は杉浦の日記を基本とした由の教示を受けたが、この点については機会を得て、紹介したいと思う。

澁《しぶ》澤《さわ》榮《えい》一《いち》滯《たい》佛《ふつ》日《にっ》記《き》

日本史籍協會叢書 126

昭和 三 年 一 月二十五日 初版
昭和四十二年 六 月二十五日 覆刻

編　者　日本史籍協會
代表者　森谷秀亮
東京都三鷹市上石原二一一二番地

發行者　財團法人 東京大學出版會
代表者　神立 誠
東京都文京區本郷七丁目三番一号
振替 東京五九九六四 電話(八一一)八八一四

印刷・株式會社平 文 社
本文用紙・北越製紙株式會社
クロス・日本クロス工業株式會社
製函・株式會社 光陽紙器製作所
製本・有限會社 新 榮 社

九一一二六

日本史籍協会叢書 126
渋沢栄一滞仏日記（オンデマンド版）

Digital Publishing

2015年1月15日 発行

編　者　　日本史籍協会
発行所　　一般財団法人　東京大学出版会
代表者　渡辺　浩
〒153-0041　東京都目黒区駒場4-5-29
TEL 03-6407-1069　FAX 03-6407-1991
URL http://www.utp.or.jp

印刷・製本　　株式会社 デジタルパブリッシングサービス
TEL 03-5225-6061
URL http://www.d-pub.co.jp/

AJ025

ISBN978-4-13-009426-9　　Printed in Japan